마음에는 평화
얼굴에는 미소

Collection of selected writings by Thich Nhat Hanh
Compiled and translated in Korean by Shiva Ryu

Copyright ⓒ Unified Buddhist Church
Published by Parallax Press, Berkeley, California, U. S. A.
Korean Translation Copyright ⓒ 2002, Gimm-Young Publishers, Inc. & Shiva Ryu
All rights reserved.
These excerpts may not be used or reproduced in any manner whatever
without written permission.

This Korean edition is published by arrangement with
Unified Buddhist Church through Parallax Press.

Photographs Copyright ⓒ Phil Borges, Tonystone Images

이 책의 한국어판 저작권은 Parallax Press를 통한
Unified Buddhist Church와의 독점 계약에 의해 김영사와 류시화에게
있으며, 사진 저작권은 Phil Borges와 Tonystone Images에 있습니다.
한국 내에서 보호를 받는 저작물이므로 무단전재와 무단복제를 금합니다.

마음에는 평화
얼굴에는 미소

틱낫한 | 류시화 옮김

김영사

한 곡의 노래가 순간에 활기를 불어 넣을 수 있다.

한 자루의 촛불이 어둠을 몰아낼 수 있고, 한 번의 웃음이 우울함을 날려 보낼 수 있다.

한 가지 희망이 당신의 정신을 새롭게 하고, 한 번의 손길이 당신의 마음을 보여줄 수 있다.

한 개의 별이 바다에서 배를 인도할 수 있다.

한 번의 악수가 영혼에 기운을 줄 수 있다.
한 송이 꽃이 꿈을 일깨울 수 있다.
한 사람의 가슴이 무엇이 진실인가를 알 수 있고, 한 사람의 삶이 세상에 차이를 가져다준다.
한 걸음이 모든 여행의 시작이고, 한 단어가 모든 기도의 시작이다.

차 례

1
내 마음속의 은자 19

2
우리는 이미 도착했다 37

3
지금 이 순간이 가장 경이로운 순간 65

4
깨어 있는 마음의 기적 85

5
노래하고 싶다면 노래하라 113

6
마음의 씨앗을 심는 법 135

7
지금 이 순간의 행복 171

8
내가 여기 있기에 그대가 거기 있다 205

9
첫사랑에 대하여 227

10
마음에는 평화 얼굴에는 미소 251

11
모든 발걸음마다 평화가 273

자두 마을에서 온 소식 8
이 책 속에 구름이 있고 태양이 있다 15

자두 마을에서 온 소식

당신에게는 육체가 주어질 것이다.
당신은 경험을 통해 배울 것이다.
실패는 없다. 오직 배움만이 있을 뿐이다.
충분히 배우지 못하면, 당신에게는 그 경험이 반복될 것이다.
배움에는 끝이 없다. '이곳' 보다 더 나은 '그곳' 은 없다.
다른 사람들은 모두 당신을 비추는 거울이다.
어떤 삶을 만들 것인가는 전적으로 당신 자신에게 달려 있다.
그리고 태어나는 순간, 당신은 이 모든 사실을 잊을 것이다.

체리 스코트 〈삶이 하나의 놀이라면, 이것이 그 규칙이다〉

사람이 죽으면, 이 생에서 만났던 영혼들이 전부 한자리에 모인다고 한다. 그런데 그들은 삶에서 자신이 겪은 일들을 돌아다보며 한바탕 배꼽을 잡고 웃는다고 한다. 자신들이 너무 심각하게 살았다는 것이다. 삶이 하나의 즐거운 놀이이며, 지구라는 별에 잠시 여행을 온 것인데도 그것을 잊고 아무것도 아닌 일에 집착하면서 영원히 살 것처럼 너무 심각했다는 것이다.

삶을 살아가면서 언제나 중요하게 다가오는 것은 마음의 평화에 대한 문제다. 우리는 곧잘 삶의 고통에 대해 외부의 것들에 그 원인을 돌리지만, 사실 그것은 거의 전적으로 우리의 마음에 달려 있다.

틱낫한은 우리의 마음을 '밭'에 비유한다. 그 밭에는 기쁨, 사랑, 이해, 즐거움, 희망과 같은 긍정적인 씨앗이 있는가 하면 두려움과 분노, 미움, 절망, 시기, 외로움, 그리고 건강치 못한 집착 등과 같은 부정적인 씨앗이 있다. 어떤 씨앗에 물을 주어 열매를 맺을 것인가는 우리의 선택에 달린 일이라고 그는 말한다.

한 여인이 꿈을 꾸었는데 시장에 가서 새로 문을 연 가게에 들어갔다. 그 가게 주인은 다름아닌 신이었다. 무엇을 파느냐고 묻자 신은 "당신의 가슴이 원하는 것은 무엇이든 팝니다"라고 대답했다. 여인은 인간이 바랄 수 있는 최고의 것을 사기로 마음먹었다. 그래서 말했다.

"마음의 평화와 사랑과 행복과 지혜, 그리고 두려움으로부터의 자유를 주세요."

신은 미소를 지으며 말했다.

"미안하지만 가게를 잘못 찾으신 것 같군요, 부인. 이 가게에선 열매를 팔지 않습니다. 오직 씨앗만을 팔지요."

수피즘(이슬람 신비주의)의 이야기

평화롭고 의미 있는 삶을 이끌어가는 정신적인 지도자 중 한 사람인 틱낫한은 시인이고, 선승이며, 평화 운동가다. 그는 달라이

라마와 더불어 오늘날 세계에서 가장 존경받는 대표적인 불교 수도승이자 영적 스승이다. 그가 세운 명상 공동체 '자두 마을'은 세계 각국에서 온 많은 이들이 종교의 벽을 허물고 각자의 믿음에 따라 진리와 마음의 평화를 추구하는 곳으로 유명하다.

중부 베트남에서 태어난 틱낫한은 열세 살 때, 정신적인 수행을 하는 삶에 몰두하기 위해 세속에서 벗어난 한 은자로부터 자신이 어떻게 영감을 받았는가를 기억하고 있다. 그때 그는 어떤 은자가 살고 있다고 알려진 산으로 학교 소풍을 갔다. 그는 그 은자를 찾기 위해 일행으로부터 빠져 나왔는데, 그 은둔자의 동굴은 비어 있었다. 그러나 그 순간 아름다운 선율과도 같은 놀라운 소리를 듣게 된다. 그것은 봄의 신선한 물로부터 나오는 소리였다. 산을 오르느라 목이 말랐던 그는 그 시원한 물의 근원지로부터 목을 축일 수 있었다.

하지만 그것은 물의 근원 이상의 것이었다. 그것은 삶의 근원이었고, 평화와 행복의 근원이었다. 그 근원에서 그는 진정한 한 은자를 발견하게 되었다. 그리고 이 경험은 그의 삶의 행로를 바꿔 놓았다. 그는 학교 친구들에게 수도승이 되겠다고 말했고, 다섯 명의 친구가 그와 뜻을 같이 했다.

열여섯 살에 수도승이 된 그는 30대 중반에 이르러 콜럼비아 대학과 프린스턴 대학으로부터 비교 종교학을 강의해 달라는 초청을 받고 미국으로 건너갔다. 그곳에서 그는 종교간의 대화와 화해, 그리고 인류에 대한 종교의 헌신을 주장해 노벨 평화상 후보에 올랐다. 그를 추천한 마틴 루터 킹 목사는 "베트남에서 온 이 부드러운 수도승만큼 노벨 평화상을 받을 자격이 있는 사람을 나는 알지 못한다"고 말했다. 또한 트래피스트 회의 유명한 카톨릭 수사이며 신비주의자인 토머스 머튼은 틱낫한의 방문을 받은 뒤 자신의 제자들에게 말했다.

"틱낫한이 문을 열고 방안으로 들어오는 방식이 그가 도달한 경지를 말해 주고 있었다. 그는 진정한 수도승이다."

머튼은 또 자신의 저서에서 말했다.

"틱낫한은 나와 인종과 국적이 같은 그 어떤 사람들보다도 나와 가까운 형제라고 할 수 있다. 그 이유는 그와 나는 사물을 보는 방식이 너무도 똑같기 때문이다."

마음의 평화를 통해 세상에 평화를 가져오는 것은 어려운 일이지만, 그것이 유일한 길이다. 평화는 무엇보다 먼저 한 개인 속에서 이루어져야 한다. 나는 사랑과 이해, 남을 위하는 마음이 평화의 근본이라고 믿는다.

틱낫한의 가르침은 바로 그러한 여행의 안내서다. 내가 존경하는 틱낫한은 숨을 자각하고, 우리의 일상 생활에서 하는 작은 행위들에 깨어 있으라고 가르침을 시작한다. 나 자신도 마음의 평화와 미소가 필요할 때면 그의 글을 읽는다.

티벳의 영적 지도자 달라이 라마

지칠 줄 모르는 평화 운동으로 인해 베트남에 입국이 금지된 틱낫한은 프랑스 파리 근처에 '스위트 포테이토(고구마)'라는 이름의 작은 명상 공동체를 세웠다. 하지만 '고구마'에 오기를 희망하는 방문객들과 구도자들의 숫자가 너무 늘어나 더 이상 수용할 수 없게 되자, 이 명상 공동체는 프랑스 남서부 보르도 지방으로 옮겨 갔다. 포도 농장들과 옥수수, 밀, 해바라기 밭으로 둘러싸인 두 개의 버려진 농장에 새로운 터전을 마련한 틱낫한은 그곳의 이름을 '플럼 빌리지(자두 마을)'로 바꾸었다.

그후 지금까지 그는 해마다 미국과 유럽을 정기적으로 여행하면서 깨어 있는 삶의 예술에 대한 강연을 하고, 우리가 살아 있는 지금 이 순간 평화를 경험하기 위한 '걷기 명상' 워크숍을 이끌어 오고 있다. 여행을 하지 않을 때는 자두 마을의 한 오두막에서 명상을 하고, 글을 쓰고, 가르치고, 밭을 갈며, 생계를 위한 가내 수공업에 종사한다. 그의 삶 자체가 조화로운 삶의 표본인 것이다.

틱낫한과 함께 걷는 명상을 하고 나면 당신의 걸음은 결코 전과 같지 않을 것이다.

요가 저널

우리가 진정으로 원하는 것은 무엇인가? 우리는 어디서 왔으며, 무엇이고 어디로 가는가? 빠름, 능력, 물질적인 성공을 강조하는 이 사회에서 틱낫한은 '숨을 쉬라. 미소지으라. 그리고 평화롭게 걸으라'고 역설한다. 한 번의 미소가 몸에 있는 수백 개의 근육을 이완시킨다고 그는 말한다. 그는 그것을 '입술 요가'라고 부른다.

틱낫한으로부터 명상을 배우는 것은 마이클 조던으로부터 농구를 배우는 것과 같다는 말이 있다. 그의 글은 너무나 쉽게 쓰여져 있어서 책을 읽는 즐거움을 선사한다. 은유나 비유는 깊은 생각을 불러일으킨다. 그가 말하는 한 가지를 이해하게 되면, 그때 비로소 우리는 모든 것을, 많은 상황을 다른 눈으로 바라보게 된다.
  삶에 대한 틱낫한의 분석은 너무도 다양해, 당신의 종교가 무엇이든 당신은 그가 말하는 예들과 설명을 자신과 쉽게 연결시킬 수 있을 것이다. 그는 분노를 평화로 변화시키는 방법을 가르쳐 준다. 그리고 유머를 섞어 설명한다. 또한 그는 매우 겸손하다. 절대로 설교하지 않으며, 자신의 글을 읽는 독자들이 어떤 시각으로 변화되기를 바라지도 않는다. 그는 우리에게 자신을 따르라고 말하는 것이 아니라, 그저 그의 곁에서 걸으며 우리 자신을 발견하라고 말한다.
  그의 말들은 감동적이고 지혜롭고 심오할 뿐 아니라 학자적이기까지 하다. 그의 경험과 신념은 그의 글들 속에 분명하고도 쉽게 표현되어 있다. 그는 마음의 평화가 환상적인 어떤 것이 아니라 지금 이 순간의 경이로움과 만나는 순간 누구나 경험할 수 있는 것이라고 가르친다.

  틱낫한은 구름과 달팽이와 무거운 기계 부속품을 하나로 연결하는 다리다. 그에게서는 진정한 종교적 존재를 발견할 수 있다.

하버드 대학 출신의 미국인 선승 리처드 베이커

미국과 유럽에는 틱낫한을 자신의 스승으로 생각하는 이들이 많다. 그가 개인적으로 가르침을 준 사람들은 물론, 가르침을 받지 않은 훨씬 더 많은 사람들까지 그를 자신의 스승이라고 여긴다. 22개국 언어로 번역된 많은 저서들을 통해 그의 가르침은 전 세계적으로 알려졌다.

이 책 〈마음에는 평화 얼굴에는 미소〉는 틱낫한의 허락을 받아 20여 권에 이르는 그의 대표적인 저서들과 아직 출판되지 않은 강연과 글 중에서 핵심적인 가르침들을 골라 편집한 것이다. 그 과정에는 틱낫한의 제자들, 한국과 미국의 편집자들, 많은 의견을 낸 다른 출판사의 직원들까지 협력했다. 탁월한 감성을 지닌 미국의 사진작가 필 보르게스는 〈달라이 라마의 행복론〉에 이어 이번에도 흔쾌히 자신의 사진들을 제공했으며, 티벳 출신의 세계적인 명상 음악 연주자인 나왕 케촉은 자신의 대표곡을 이 책의 부록으로 선물하는 것을 기쁜 마음으로 허락했다. 틱낫한이 "한 장의 종이 속에는 구름과 나무들과 벌목꾼이 다 들어 있다"고 말하듯이 이 한 권의 책 속에는 그런 많은 이들이 '함께 존재하고' 있는 것이다.

이제 당신이 할 일은 마음을 평화롭게 갖고, 자신의 호흡을 즐기며 이 책의 책장들을 넘기는 일이다. 그리고 미소지으라! 이 책은 다름 아니라 '지금 이 순간의 경이로움'과 우리 자신의 숨쉬는 일의 기적을 이야기하고 있다.

류시화

이 책 속에 구름이 있고 태양이 있다

내가 메즈리츠의 랍비를 만나러 간 것은 그에게서 율법을 배우려 함이 아니고 그가 신발끈 매는 것을 지켜보기 위함이었다.

하시디즘(유태교 신비주의)의 어느 성자

'현재에 행복하게 사는 것'은 모든 인간이 추구하는 것이다. 틱낫한은 자기 주위의 사람들이 지금 이 순간에 존재하도록 하기 위해 최선을 다한다. 언젠가 자두 마을에서 나는 정원에 있는 틱낫한을 발견하고는, 그 당시 내가 안고 있던 어떤 문제에 대한 조언을 구하고자 그에게로 다가갔다. 그 문제를 꺼내자 그는 내가 해야만 할 일들을 직접 이야기하기보다는 나를 작은 목련나무로 이끌고 가서 내게 그 꽃의 향기를 맡아 보았는가를 물었다. 그러면서 그는 말했다. 세상에는 감동해야 할 것들이 많이 있는데도, 우리는 현재 잘 되고 있지 않은 것에만 몰두한다고.

틱낫한을 만나기 전에 나는 여러 해 동안 불교와 기독교의 경전들을 이해하려고 노력했다. 나는 여러 해설서들을 읽었다. 그것들은 내게 많은 지식과 함께 혼란을 안겨 주었다. 틱낫한의 강연을 처음 들었을 때, 그는 종이 한 장 속에 '함께 존재하는' 수많은 것들에 대해 말했다. 나는 그것을 듣고 몹시 놀랐다. 항상 복잡하게만 들리고 수천 페이지의 해설을 필요로 했던 것이 어떻게 그처럼 단순하게 변할 수 있었을까? 틱낫한은 단지 흰 종이 한 장을 집어서 우리에게 그것의 본성과 그것이 혼자 독립되어 있지 않으며, 구름, 햇빛, 대지, 그리고 벌목꾼이 들이마신 공기를 포함해 수많은 다른 요소들과 상황들의 합성물일 뿐이라고 말했다. 틱낫한은 우리에게 물었다.

"당신들은 이 종이 안에 있는 구름을 볼 수 있습니까?"

그것은 어린아이조차도 이해할 수 있을 정도로 간단했다. 종이와 함께 존재하는 본성은 언어를 넘어서는 어떤 것이었으며, 그 짧은 설명으로 틱낫한과 청중, 그리고 이 세상에 있는 우리 모두가 하나로 연결될 수가 있었다.

캘리포니아에서 열린 틱낫한의 명상 캠프에 참석한 마리온 팁은 〈민들레 시〉라는 제목의 시를 썼다.

나는 미소를 잃어버렸다.
하지만 걱정하지 말라,
민들레가 그것을 간직하고 있으니.

만일 당신이 미소를 잃었지만 민들레가 당신을 위해 그 미소를 간직하고 있음을 볼 수 있다면 상황은 그다지 나쁜 게 아니라고 틱낫한은 말한다. 아직 미소가 거기에 있음을 발견할 만큼 마음이 깨어 있는 것이니까.

처음 틱낫한을 만났을 때, 그는 내게 자기가 있는 곳으로 와서 이것저것 좀 도와 달라고 했다. 그래서 나는 그가 머물고 있는 자두 마을로 갔다. 사실 내가 그를 도와 준 것보다 그가 내게 훨씬 더 많은 도움을 주었다. 틱낫한은 내게 몇백 장이 넘는 자두 마을의 소식지를 인쇄하는 일을 도와 달라고 부탁했다.

아침에 도착하자마자 나는 즉시 일을 시작하려고 했다. 그날 우리가 매우 바쁜 하루를 보낼 것이라는 걸 나는 알고 있었다. 하지만 틱낫한의 마음은 나와는 다소 달랐다. 그는 차를 한 잔 마시자고 했다. 차를 권하는 것은 틱낫한이 좋아하는 가르침의 방식 중 하나다. 그는 차를 마실 때 단지 차만 마신다. 차를 다 마셨을 때 해야 할 일에 대해서는 생각하지 않는다. 틱낫한은 차를 마시는 동안에는 차 마시는 일에 집중하고 마음을 편안하게 갖는다. 그의 제자들은 바로 그 점을 배운다.

차를 마신 뒤 틱낫한은 내게 산책을 하자고 제안했다. 나는 약간 놀랐다. 해야 할 일이 산더미처럼 쌓여 있는데 어떻게 산책할 시간이 있단 말인가? 나는 틱낫한을 따라 밖으로 나갔고, 우리는 프랑스 시골에 나 있는 아름답고도 아담한 길을 따라 평화롭게 걸었다. 걷는 동안 나 역시 인쇄하는 일에 대해 용케 모두 잊고 있었다. 얼마를 걷고 난 뒤, 틱낫한과 나는 다시 인쇄실로 돌아왔다.

날씨가 다소 쌀쌀해서 우리는 장작 난로를 지펴야만 했다. 틱낫한은 매우 즐거운 마음으로, 전혀 주저함이 없이 난로에 불을 붙였다. 그런 다음 우리는 인쇄판을 만들어야 했다. 상당한 인내를 갖고 틱낫한은 내게 인쇄판 만드는 법을 가르쳐 주었다. 처음에 그는 내게 인쇄 기계를 보여 주면서 그것이 물소와 같은 성질을 갖고 있다고 말했다. 그리고 우리는 그것의 장점뿐 아니라 그 성질에 대해 잘 알고 있어야 한다고 말했다. 그래야만 그것을 효과적으로 사용할 수가 있다는 것이었다. 그 '물소'에는 세 가지 속도가 있었다. 빠르게, 중간, 그리고 느리게. 틱낫한은 자신은 '느리게'만 사용해 봤다고 말했다. '빠르게'는 너무 시끄러울 것이고, '중간'의 경우는 인쇄시 실수가 있어 멈추려고 할 때 기계를 멈출 시간적 여유가 없어 종이를 몇 장 낭비할 수도 있다는 것이었다.

하루가 저물어갈 무렵 틱낫한이 일이 거의 끝났다고 말했을 때 나는 매우 놀랐다. 왜냐하면 정말로 다음날 아침 인쇄해야 할 페이지가 불과 몇 장밖에 남지 않았기 때문이다.

그런 식으로 틱낫한과 함께 일한 것은 내게 매우 중요한 교훈을 남겼다. 당신은 끝없이 계속되는 영원 속에 살고 있고, 데드라인이 없는 삶을 살고 있다고 느낀다. 하지만 틱낫한은 지금 이 순간에 살라고 가르친다.

틱낫한은 차를 마시고 산책을 하는 한편, 글을 쓰고, 가르치고, 정원을 가꾸고, 일을 계획하는 많은 일들을 해낸다. 그가 하는 일이 무엇이든지 그는 전투나 투쟁이라고 생각하기보다는 재미있는 놀이처럼 열정을 지니고 전념한다. '낫한'이라는 이름은 한 가지 행동이라는 뜻이고, 그는 모든 행동을 평화롭고 즐거운 마음으로 행한다. 틱낫한이 하는 모든 행동은 평화로워지는 한 방법이다.

버몬트 주 그린 마운틴 다르마 센터
애너벨 레이티

1
내 마음속의 은자

그대의 진정한 집은 지금 이 순간 속에 있다. 지금 이 순간 살아 있는 것은 하나의 기적이다.
기적은 물 위를 걷는 것이 아니다. 기적은 지금 이 순간 푸른 대지 위를 걷는 것이다.
지금 이 순간의 평화와 아름다움과 만나는 일이다.

어린 시절, 나는 북 베트남의 탄호아 지역에서 살았다. 열 살 때 나는 표지에 한 수행자의 흑백 그림이 그려져 있는 한 권의 잡지를 발견했다. 그 수행자는 풀밭 위에 앉아 있었다. 그는 아름답게 앉아 있었고, 매우 평화롭고 행복해 보였다. 그의 얼굴은 고요하고 편안했으며, 부드럽게 미소짓고 있었다. 그 그림을 바라보자, 나 자신도 매우 평화로워졌다.

당시 어린 소년이었던 나는 주위 사람들이 그렇게 고요하고 평화롭지 않다는 것을 알고 있었다. 따라서 너무도 평화로운 모습으로 풀밭에 앉아 있는 수행자의 그림을 보았을 때, 나도 그처럼 되고 싶었다. 그가 누구인지, 그의 삶이 어떠했는지에 대해 전혀 아는 바가 없었지만, 그 그림을 보는 순간 나는 그에 대한 사랑을 느꼈다. 그후 나는 그 수행자처럼 아름답고 평화롭게 앉아 있을 수 있는 사람이 되고 싶다는 강한 소망을 갖게 되었다.

내가 열한 살 때의 어느 날, 우리 반 선생님이 근처에 있는 산 정상으로 소풍을 갈 것이라고 말했다. 나는 그곳을 한 번도 가본 적이 없었다. 선생님은 우리에게 그 산 정상에는 은자 한 명이 살고 있다고 말했다. 그리고 은자란 혼자 살면서 진리를 깨닫기 위해 밤낮으로 수행에 몰두하는 사람이라고 설명해 주었다.

얼마나 환상적인 일인가! 나는 전에 은자를 한 번도 본 적이 없었고, 그래서 산에 올라가면 그를 만날 것이라는 생각에 흥분된 마음을 감출 길이 없었다.

 소풍 전날, 우리는 가져갈 음식을 준비했다. 밥을 지어 주먹밥을 만들고, 그것을 바나나 잎사귀로 쌌다. 또 주먹밥에 찍어 먹으려고 참깨와 땅콩, 소금도 준비했다. 그대는 아마도 주먹밥을 참깨와 땅콩, 소금에 찍어 먹어 본 적이 없을 것이다. 하지만 나는 그것이 정말 맛있다고 자신 있게 말할 수 있다. 그리고 우리는 마실 물을 끓였다. 왜냐하면 강물을 그대로 마시는 것은 위험했기 때문이다. 신선한 물을 가져가는 것도 멋진 일이었다.

 150명의 학생들이 줄지어 들판을 걸어갔다. 우리는 다섯 조로 나뉘어서 걸어갔다. 주먹밥 꾸러미를 손에 든 우리는 한참 만에 산기슭에 도착했고, 그때부터 산을 오르기 시작했다.

 산길에는 아름다운 나무와 바위들이 많았다. 하지만 우리는 한시라도 빨리 산 정상에 오르고 싶은 마음에 그것들을 감상할 여유가 없었다. 나는 친구들과 함께 최대한 빨리 산을 올라갔다. 실제로 우리는 계속 뛰어올라가고 있었다. 어렸을 때 나는 지금은 잘 알고 있는 걷는 명상의 즐거움을 모르고 있었다. 서두르지 않고 오로지 기쁜 마음으로 발걸음을 내딛고, 꽃과 나무, 파란 하늘을 느끼며 명상의 시간을 갖는 법을 몰랐었다.

 친구들과 함께 정상에 도착했을 때, 우리는 지칠 대로 지쳐 있었다. 산을 오르는 도중에 벌써 물을 다 마셔 버렸기 때문에 물이 한 방울도 남아 있지 않았다. 그 순간에도 내 머릿속은 온통 그 은자를 만나고 싶다는 생각으로 가득 차 있었다.

 드디어 우리는 대나무와 짚으로 만든 은자의 오두막을 발견했다. 집 안에는 작은 대나무 침대가 하나 있었지만, 그곳에는 아무도 없었다. 너무도 실망스러웠다! 나는 은자가 많은 아이들이 산을 올라온다는 소식을 듣고 아이들의 소란스러움을 피해 어디론가 숨어 버린 게 틀림없다고 생각했다.

점심 시간이 되었지만, 나는 먹고 싶은 생각이 들지 않았다. 너무 피곤하고 또 실망했기 때문이다. 하지만 나는 산속을 돌아다니다 보면 은자를 발견할지도 모른다는 생각이 들었다. 작은 아이였을 때, 나는 많은 꿈을 갖고 있었고 모든 것이 이루어질 수 있다고 생각했다. 그래서 나는 친구들 곁을 떠나 더 높은 곳으로 올라가기 시작했다.

산속을 걸어가는데 어디선가 물이 똑똑 떨어지는 소리가 들렸다. 그대가 거기 있었더라도 그 소리를 들을 수 있었을 것이다. 그것은 마치 살랑거리는 바람이나 부드러운 피아노 소리 같았다. 수정처럼 맑고 영롱한 소리였다. 그 매력적이고 평화로운 소리에 이끌려 나는 그 소리가 들려오는 곳으로 올라가기 시작했다. 타는 듯한 갈증도 나를 그곳으로 이끌었다.

얼마 가지 않아서 나는 돌에 둘러싸인 자연의 샘을 발견했다. 샘물이 땅 속 깊은 곳에서 솟아나오고 있었다. 물이 솟아나는 곳을 다양한 크기의 바위들이 둘러싸고 있어서 마치 작은 물웅덩이처럼 보였다. 물은 깊었지만 어찌나 깨끗한지 바닥까지 그대로 들여다보였다.

물이 너무도 신선해 보여서 나는 무릎을 꿇고 손바닥으로 물을 떠 마시기 시작했다. 그때 내가 느낀 행복을 그대는 상상하기 힘들 것이다. 물은 놀랄 만큼 감미로웠다. 그리고 말할 수 없을 정도로 달콤하고 신선했다!

나는 완전한 만족감을 느꼈다. 더 이상 바랄 것이 없었다. 은자를 만나고 싶은 소망도 어느덧 사라졌다. 더없이 평화롭고 행복해서 누구라도 더 이상 바라는 것이 없었을 것이다.

그때 갑자기 내가 은자를 만난 것인지도 모른다는 생각이 들었다. 나는 은자가 마술적인 힘을 갖고 있어서, 내가 그를 만날 수 있도록 자신의 모습을 샘물로 변화시켰다는 생각이 들기 시작했다. 그리고 그가 나를 보호하고 있다는 생각도 들었다. 그렇게 생각하자 마음이 행복해졌다.

나는 샘물 옆 풀밭에 누워 하늘을 올려다보았다. 파란 하늘을 배경으로 저만치 걸려 있는 나뭇가지가 보였다. 나는 완전히 긴장이 풀려 이내 깊은 잠에 빠져들었다. 얼마 동안 잠을 잤는지 알 수 없었지만, 아마 3,4분 정도 흘렀던 것 같다.

잠에서 깨어났을 때 나는 내가 어디에 있는지 알지 못했다. 하늘을 배경으로 저만치 걸려 있는 나뭇가지와 아름다운 샘을 보고 나서야, 나는 비로소 모든 것을 기억해 냈다. 다른 친구들에게 돌아갈 시간이었다. 아이들이 나를 걱정하고 있을지도 모를 일이었다. 나는 샘에게 작별 인사를 하고 다시 산을 걸어내려갔다. 숲 밖으로 걸어나오는데, 한 문장이 내 마음속에 떠올랐다. 그것은 한 줄로 된 시와 같은 것이었다.

'난 세상에서 가장 맛있는 물을 맛보았네.'

나는 언제까지나 그 문장을 기억할 것이다.

내가 돌아가자 친구들이 나를 보며 기뻐했다. 아이들은 시끄럽게 웃고 떠들었지만, 나는 말을 하고 싶지 않았다. 나는 내가 경험한 은자와 샘에 대한 이야기를 아이들에게 들려 줄 준비가 아직

되어 있지 않았다. 내게 일어난 일은 매우 소중하고 신성한 것이었다. 그래서 그것을 나 혼자 간직하고 싶었다. 나는 조용히 바닥에 앉아 점심을 먹었다. 주먹밥과 참깨는 정말 맛있었다. 마음이 고요히 가라앉으면서 나는 행복과 평화를 느꼈다.

그날 나는 샘의 모습을 한 나의 은자를 만난 것이다. 샘의 모습과 물 떨어지는 소리는 지금도 내 안에 생생히 살아 있다. 그대 역시 어디선가 자신의 은자를 만났을지도 모른다. 샘물이 아니라 그것만큼 경이로운 어떤 모습을 하고 있는 그대 자신만의 은자를. 그것은 바위, 나무, 별, 아름다운 석양이었을 것이다.

어쩌면 그대는 아직 자신의 은자를 만나지 못했을지도 모른다. 하지만 깊이 바라본다면 그대의 은자는 그대에게 모습을 드러낼 것이다. 그것은 그대 안에 있다. 사실 그대가 찾고 있는 모든 멋진 것들은 그대 안에서 발견할 수 있다. 행복과 평화, 기쁨은 그대 안에 있다. 그대는 굳이 다른 곳으로 찾아갈 필요가 없다.

그대의 진정한 집은 지금 이 순간 속에 있다. 지금 이 순간 살아 있는 것은 하나의 기적이다. 기적은 물 위를 걷는 것이 아니다. 기적은 지금 이 순간 푸른 대지 위를 걷는 것이다. 지금 이 순간의 평화와 아름다움과 만나는 일이다.

평화는 우리 주위 모든 곳에 있다. 이 세상과 자연 속에, 그리고 우리 안에, 우리의 몸과 영혼 안에 있다. 그 평화와 만나는 순간 우리는 치유되고 탈바꿈된다. 그것은 믿음의 문제가 아니다. 그것은 수행의 문제다. 우리는 다만 우리의 몸과 마음을 지금 이 순간으로 데려오는 길을 발견하기만 하면 된다. 새롭고, 경이롭고, 우리의 존재를 치유해 주는 것들과 만날 수 있도록.

지난해 뉴욕에 갔을 때, 나는 택시를 탔었다. 그런데 그 택시 운전사는 전혀 행복해 보이지 않았다. 그는 지금 이 순간에 있지 않았다. 그에게는 마음의 평화와 미소가 없었다. 운전을 하는 동안 지금 여기에 존재하지 않았다. 그리고 그런 모든 것이 그의 운전하는 방식에 그대로 드러나 있었다.

많은 이들이 그렇게 살아가고 있다. 우리는 서둘러 무엇인가를 하지만, 우리가 하고 있는 일과 하나가 되어 있지 않다. 우리의 마음은 평화롭지 않다. 몸은 이곳에 있지만, 마음은 다른 어느 곳인가에 가 있다. 과거나 미래에 가 있고, 분노와 좌절감, 희망과 꿈에 사로잡혀 있다.

우리는 진정으로 살아 있지 않다. 우리는 마치 유령처럼 떠돌아다닌다. 사랑하는 이가 그대에게 다가와 미소를 지어도 그대는 그를 진정으로 바라보지 않는다. 그러면 사랑하는 이 역시 그대를 진정으로 바라보지 않게 된다. 이 얼마나 불행한 일인가!

알베르 카뮈는 〈이방인〉이라는 소설에서, 사형을 며칠 남겨 놓지 않은 한 남자에 대해 이야기하고 있다. 독방에 홀로 앉아 있던 그 남자는 천장의 채광창을 통해 손바닥만한 푸른 하늘을 바라보다가 갑자기 진정한 삶과 만나게 되었다. 지금 이 순간의 살아 있음을 깊이 체험한 것이다. 그는 남아 있는 날들을 깨어 있는 마음으로 보내고, 매 순간을 충분히 느끼며 살겠다고 결심했다. 그리고 정말로 그렇게 며칠을 지냈다.

사형 집행을 불과 세 시간 앞두고, 신부가 고해성사를 받고 마지막 의식을 집행하기 위해 그의 독방으로 들어왔다. 하지만 그 남자는 홀로 있기를 원했다. 그는 이런저런 이유를 대며 신부를 방에서 내보내려고 했다. 그리고 마침내 자신의 뜻대로 신부가 밖으로 나가자, 남자는 혼잣말로 이렇게 말했다.

"그는 죽은 것처럼 살아 있어."

그 신부가 마치 죽은 사람처럼 살아 있다는 것이다. 남자는 자신을 구원해 주러 온 그 사람이 곧 사형을 당할 자기보다 살아 있지 않다는 걸 알았다.

많은 사람들이 살아 있는 것처럼 보이지만, 사실은 진정으로 살아 있지 않다. 왜냐하면 지금 이 순간의 삶과 만나고 있지 않기 때문이다. 카뮈가 말한 대로 우리는 마치 '죽은 사람들처럼 살아가고' 있는 것이다.

여기 그대의 몸과 마음을 하나로 만들고, 그대를 지금 이 순간의 삶 속으로 돌아오게 하는 몇 가지 길이 있다. 그 첫번째는 자신의 호흡을 자각하는 일이다. 이것은 인간이 지난 수천 년 동안 행해 온 명상법 중 하나다.

숨을 들이쉬면서, 자신이 지금 숨을 들이쉬고 있음을 자각하라. 그리고 숨을 내쉬면서, 자신이 숨을 내쉬고 있음을 자각하라. 그때 그대는 그대 안에, 그리고 그대 주위에 수많은 행복의 요소들이 있음을 발견할 것이다. 그리고 그때야 비로소 진정으로 숨쉬는 일을 즐길 수 있고, 지금 이 순간에 살아 있음을 느낄 수 있다.

삶은 오직, 지금 이 순간 속에서만 발견할 수 있다.

나는 우리가 이 사실을 축하하기 위해 축제의 날을 가져야 한다고 생각한다. 우리는 많은 의미 있는 기념일들을 갖고 있다. 크리스마스, 새해 첫날, 어버이의 날, 심지어 지구의 날까지 있다. 그런데 지금 이 순간 속에 행복하게 살아 있음을 느끼는 날을 축하하지 못할 까닭이 무엇인가?

나는 그날을 '오늘의 날'이라고 선언하고 싶다. 대지와 접촉하고, 하늘을 만나고, 나무를 느끼고, 지금 이 순간 속의 평화를 느끼는 날!

10년 전, 나는 내 오두막 앞에 세 그루의 아름다운 히말라야 삼나무를 심었다. 그 나무들 곁을 지날 때마다 나는 인사를 하고, 나무껍질에 가만히 뺨을 대고, 나무를 껴안아 본다. 그리고 숨을 깊이 들이쉬고 내쉬면서, 그 나무의 가지들과 아름다운 이파리들을 올려다본다. 나무를 껴안음으로써 나는 깊은 마음의 평화와 많은 생명력을 얻는다.

한 그루의 나무를 껴안는 것은 그대와 나무 모두에게 큰 기쁨을 선사하는 일이다. 그리고 대지와 자기 자신과 삶 모두를 신뢰하는 일이다.

나무는 아름답고, 신선하고, 대지에 깊이 뿌리박고 있다. 우리가 나무를 껴안으려고 다가갈 때, 나무는 결코 우리를 거부하지 않는다. 그대는 언제든지 나무에게로 가서 의지할 수 있다. 그래서 나는 내게 명상을 배우러 온 사람들에게 나무를 껴안는 수행을 가르친 적도 있다.

자두 마을(프랑스 남부 보르도 지방에 있는 틱낫한 명상 센터)에는 매년 여름 수백 명의 사람들에게 시원한 그늘과 기쁨을 주는 아름다운 보리수나무가 한 그루 서 있다. 몇 해 전, 큰 폭풍이 몰아쳐 가지가 많이 부러지면서 나무는 거의 죽게 되었다. 폭풍이 지나간 뒤 보리수나무를 보았을 때, 나는 정말 울고 싶었다. 나는 그 나무를 껴안을 필요를 느꼈다. 하지만 아무리 나무를 껴안아도 큰 기쁨이 느껴지지 않았다. 나는 나무가 고통받고 있음을 알았다. 그래서 그 나무를 도와 줄 방법을 찾아야겠다고 결심했다.

다행히 우리의 친구인 스코트 메이어 씨가 나무를 치료하는 의사여서 보리수를 정성껏 보살펴 준 덕분에 지금 그 나무는 어느 때보다도 건강하고 아름답다. 만일 그 나무가 없다면 자두 마을은 전혀 다르게 보일 것이다. 나는 기회가 있을 때마다 그 나무 둥치를 어루만지면서 나무를 깊이 느낀다.

나는 또 사람들에게 껴안는 명상을 가르친다. 내가 처음 껴안는 법을 배운 것은 여러 해 전 미국의 애틀랜타 공항에서였다. 한 여류 시인이 나를 공항까지 태워다 주고 나서 내게 물었다.

"불교 승려인 당신을 껴안아도 될까요?"

내가 태어난 동양에서는 남들이 보는 앞에서 그런 표현을 하는 것에 익숙하지 않다. 하지만 난 생각했다.

'난 일반적인 승려가 아니라 선수행을 하는 사람이다. 그러니 그렇게 하는 것도 큰 문제가 되진 않을 것이다.'

그래서 나는 미소를 지으며 그 여류 시인에게 말했다.

"안 될 거야 없겠죠?"

그러자 그녀는 두 팔로 나를 껴안았고, 나는 금방 나무 막대기처럼 뻣뻣해졌다. 비행기 안에서 나는 결심했다. 서양 친구들과 함께 일을 하려면 무엇보다 껴안는 법부터 배워야겠다고. 내가 껴안는 명상을 만든 것도 그 때문이다.

이 명상을 하려면, 무엇보다 그대가 껴안는 그 사람을 진정으로 껴안아야만 한다. 그대의 두 팔 안에서 그 사람을 진정으로 느껴야만 한다. 겉으로 보이기 위해 대충 껴안을 수는 없다. 자신이 진정으로 느끼고 있다는 듯 상대방의 등을 두세 번 두들겨 주는 것으로 그것을 대신해서도 안 된다. 그대는 진정으로 그 순간에 존재해야 한다. 그래서 그렇게 꾸밀 필요가 전혀 없어야 한다. 껴안는 동안 자신의 깊은 호흡을 자각하면서, 온몸과 마음으로, 그대의 전존재로 그를 껴안아야만 한다.

'숨을 들이쉬면서 나는 안다. 나의 사랑하는 사람이 내 두 팔 안에서 살아 숨쉬고 있음을. 숨을 내쉬면서 나는 안다. 그가 내게 너무도 소중한 사람임을.'

그대가 세 번 숨을 들이쉬고 내쉬면서 그를 껴안고 있는 동안, 그는 그대의 두 팔 안에서 진정한 인간으로 거듭날 것이다. 그리고 그대 역시 진정한 인간으로 변화하는 걸 느낄 것이다.

미국 콜로라도 주에서 열린 심리 치료사들을 위한 명상 모임에서 우리는 껴안는 명상을 했다. 모임이 끝난 후 참석자 중 한 사람이 자신의 집이 있는 필라델피아로 돌아가서는, 공항에서 전에는 한 번도 해본 적이 없는 방식으로 아내를 껴안았다. 그것을 경험한 그의 아내는 시카고에서 열린 우리의 다음 모임에 참석했다.

진정으로 그 순간 속에 살아 있으려면, 그대는 단지 깨어 있는 마음으로 호흡하기만 하면 된다. 그러면 두 사람은 진정으로 존재하게 된다. 그리되고 그대는 자신의 삶에서 최고의 순간을 맞이할 것이다.

나무를 만지는 것처럼 우리는 자비심을 갖고 우리 자신을, 그리고 다른 사람을 만질 수가 있다. 때로 우리는 널빤지에 망치로 못을 박다가 못 대신 손가락을 내리칠 때가 있다. 그러면 우리는 곧

바로 망치를 내려놓고 상처 난 손가락을 치료한다. 다친 손가락을 위해 응급 처치를 하고 그 밖에 할 수 있는 모든 조치를 취한다. 그리고 손가락에 대해 염려하는 마음을 갖는다.

상처가 났을 때 우리는 때로 의사와 간호사가 필요하지만, 상처를 빨리 아물게 하기 위해서는 자비심과 즐거운 마음도 필요하다. 우리가 어떤 고통을 느낄 때, 자비심으로 그것을 어루만지는 것은 훌륭한 치료법이다. 그 고통이 몸 속에 있을 때라도, 이를테면 간이나 심장, 폐 속에 있을지라도 우리는 깨어 있는 마음으로 그것을 어루만질 수 있다.

우리의 오른손은 왼손과 자주 접촉한다. 그러나 지금까지는 자비심을 갖고 접촉하진 않았을 것이다. 이제 나와 함께 한 가지 수행을 해보자. 숨을 깊이 세 번 들이쉬고 내쉬면서, 그대의 오른손으로 왼손을 만지라. 마음속에 자비심을 갖고 그렇게 하라. 그대의 왼손이 그 위로와 사랑을 받아들이는 동안, 그대의 오른손 역시 위로와 사랑을 느끼지 않는가! 이 수행은 어느 한쪽만이 아니라 양쪽 모두를 위한 것이다.

누군가 고통받을 때, 만일 우리가 자비심을 갖고 그를 어루만진다면, 그는 우리의 위안과 사랑을 느낄 것이다. 그리고 우리 또한 위안과 사랑을 받을 것이다. 우리 자신이 고통받을 때도 우리는 똑같이 할 수가 있다. 이런 방식으로 상처를 어루만지는 것은 양쪽 모두에게 도움이 된다.

가장 좋은 방법은 깨어 있는 마음으로 접촉하는 것이다. 물론 깨어 있지 않은 마음으로 접촉할 수도 있다. 아침에 일어나 세수를 할 때, 그대는 자신이 눈을 씻고 있다는 자각 없이 눈을 씻는다. 그대는 아마 다른 생각을 하고 있을 것이다. 하지만 만일 깨어 있는 마음으로 세수를 한다면, 다시 말해 자신이 세상을 볼 수 있는 눈을 갖고 있으며 그대의 얼굴을 씻을 수 있도록 먼 곳으로부터 물이 왔다는 사실을 자각한다면, 얼굴을 씻는 그 행위는 훨씬 깊은 의미를 갖게 될 것이다. 눈을 씻으면서 그대는 이렇게 말할 수 있다.

'숨을 들이쉬면서, 나는 내 눈을 느낀다. 숨을 내쉬면서, 나는 내 눈에게 미소를 짓는다.'

눈은 우리에게 생명력을 주고, 우리를 치유하고, 마음을 평화롭게 하는 중요한 요소다. 우리는 잘못된 것에는 그토록 많은 주의를 기울이면서, 경이로움과 생명력을 주는 것에는 왜 관심을 갖지 않는가? 우리는 눈에 대해 감사하는 마음을 거의 갖지 않는다. 깨어 있는 마음으로 눈을 만질 때, 우리는 깨달을 수 있다. 눈이 우리의 행복에 가장 근본이 되는 더없이 소중한 보석임을.

시력을 잃은 사람들은 단 하루라도 우리처럼 세상을 볼 수만 있다면 천국에 있는 것과 같을 것이라고 생각한다. 하지만 우리는 단지 눈을 뜨기만 하면 된다. 그러면 온갖 다양한 모습과 색이 보인다. 파란 하늘과 물결치는 언덕, 나무와 구름들, 강과 아이들, 펄럭이며 날아가는 나비들……. 그저 이곳에 앉아, 그런 색깔과 모양들을 감상하면서 우리는 더없이 행복할 수가 있다.

눈으로 보는 것은 하나의 기적이고, 행복의 중요한 조건이다. 하지만 우리는 거의 모든 순간 그것을 당연한 것으로 여긴다. 우리는 천국에 있는 것처럼 행동하지 않는다.

숨을 들이쉬면서 눈을 느끼고, 숨을 내쉬면서 자신의 눈에게 미소를 보내라. 그렇게 할 때, 그대는 진정한 평화와 기쁨과 만날 수 있다.

자신의 심장에 대해서도 그렇게 할 수 있다.

'숨을 들이쉬면서, 나는 내 심장을 느낀다. 숨을 내쉬면서, 나는 심장에게 미소를 짓는다.'

그렇게 몇 번 하면, 심장이 밤낮으로 열심히 일하고 있으며, 그리하여 평생 동안 우리를 살아 있게 한다는 사실을 깨달을 것이다. 그대의 심장은 한순간도 쉬지 않고 수천 리터의 피를 펌프질한다. 그대가 잠자고 있는 동안에도 계속 일하면서 그대에게 평화와 행복을 가져다 준다. 그대의 심장은 평화와 기쁨을 가져다 주는 근본적인 요소다. 하지만 그대는 그것을 느끼거나 감사해 하지 않는다.

우리는 단지 자신에게 고통을 주는 일들만을 느낀다. 그래서 걱정과 분노로, 또는 먹고 마시는 것들로 심장을 더욱 힘들게 만든다. 그럼으로써 우리는 자신의 평화와 기쁨을 방해하는 것이다.

숨을 들이쉬면서 자신의 심장을 느끼고, 숨을 내쉬면서 자신의 심장에게 미소를 보내라. 그렇게 할 때, 그대는 활짝 깨어 있을 수 있다. 그리고 아주 분명하게 그대의 심장을 볼 수 있다. 자신의 심장에게 미소를 보낼 때, 그대는 자비의 마음으로 심장을 마사지하고 있는 것이다. 먹어야 할 것과 먹지 말아야 할 것을 알고, 마셔야 할 것과 마시지 말아야 할 것을 알 때, 무의미한 걱정과 불안감을 떨쳐 버려야 한다는 것을 깨달을 때, 그대는 자신의 심장을 안전하게 지킬 수 있다.

그것과 똑같은 수행법을 다른 신체 기관에도 적용할 수 있다.

이를테면 간에 대해 우리는 이렇게 말할 수 있다.

'숨을 들이쉬면서, 나는 간이 내 몸을 건강하게 유지하게 위해 열심히 일하는 것을 안다. 숨을 내쉬면서, 나는 술을 너무 많이 마셔 간을 해치지 않겠다고 결심한다.'

이것은 다름 아닌 사랑의 명상이다. 우리의 눈은 우리 자신이다. 우리의 심장은 우리 자신이다. 우리의 간은 우리 자신이다. 자신의 심장과 간을 사랑하지 못하면서, 어떻게 다른 사람을 사랑할 수 있겠는가? 사랑의 명상은 무엇보다 자기 자신을 사랑하는 수행이다. 자신의 몸을 보살피고, 자신의 심장을 보살피고, 자신의 간을 보살피는 수행이다. 사랑과 자비심을 갖고 자기 자신을 어루만지는 일이다.

치통이 찾아왔을 때, 우리는 치통이 없는 것이 얼마나 행복한 일인가를 깨닫는다.

'숨을 들이쉬면서, 나는 치통이 없음을 자각한다. 숨을 내쉬면서, 나는 치통이 없음에 미소를 짓는다.'

우리는 치통이 없는 상태를 자각할 수 있고, 심지어 손으로 확인해 볼 수도 있다. 천식이 있어 숨을 제대로 쉴 수 없을 때, 우리는 자유롭게 숨쉬는 것이 얼마나 행복한 일인가를 깨닫는다. 감기로 조그만 코가 막혀도 우리는 자유롭게 숨쉬는 것이 크나큰 행복임을 알게 된다.

하지만 우리는 날마다 잘못된 것들만을 느끼며, 그 결과 점점 더 건강을 잃어 간다. 우리 안에서, 우리 주위에서 좋은 것들을 느끼는 법을 배워야 하는 이유가 바로 거기에 있다. 우리가 우리의 눈과 심장과 간, 그리고 호흡과 치통 없는 상태를 자각하고 진정으로 그것을 기뻐할 때, 우리는 평화와 행복을 위한 조건들이 이미 그곳에 있음을 안다.

온 마음으로 걸으며 발 밑에 대지를 느낄 때, 친구와 조촐하게 차 한 잔을 마시며 차와 우정에 대해 깊이 느낄 때, 그때 우리는 스스로 치유받는다. 그리고 그 치유를 세상 전체로까지 확대시킬 수가 있다. 과거에 받은 고통이 클수록, 우리는 더욱 강력한 치료사가 될 수 있다. 자신이 받은 고통으로부터 통찰력을 얻어 친구들과 세상 전체를 도울 수 있다.

언젠가 미국의 큰 교회에서 강연하면서 나는 말했다.

"여러분들은 하느님의 나라에 들어가기 위해 세상을 떠날 필요가 없습니다. 사실 하느님의 나라에 들어가려면 생생히 살아 있어야 합니다. 깨어 있는 마음으로 숨을 들이쉬고, 진정으로 살아 숨쉬면서 한 걸음을 걸으십시오. 한 걸음만 내디뎌도 여러분은 바로 하늘나라로 들어갈 수가 있습니다."

그대는 천국에 들어가기 위해 이 세상을 떠날 필요가 없다.

지금 이 순간, 충분히 살아 있기만 하면 된다.

숨을 들이쉬고 내쉬고, 아름다운 한 그루의 나무를 껴안을 때, 우리는 이미 천국에 있다. 자신의 호흡을 자각하고, 눈과 심장과 간, 그리고 치통이 없음을 자각할 때, 우리는 곧바로 천국으로 들어간다.

마음의 평화는 지금 여기 있다. 우리는 단지 그것과 만나기만 하면 된다. 진정으로 살아 있을 때, 우리는 그 나무가 천국의 일부분임을 알 수 있다. 그리고 우리 역시 천국의 일부분임을 안다. 우주 전체가 그 사실을 우리에게 알려 주기 위해 최선을 다하고 있지만, 우리는 그것도 모른 채 나무를 자르는 데 온 힘을 쏟고 있다. 땅 위의 천국에 들어가기를 원한다면, 우리에게 필요한 것은 한 번의 깨어 있는 발걸음, 한 번의 깨어 있는 호흡이다.

지금 이 순간의 평화와 만날 때, 모든 것이 진정한 존재로 탈바꿈한다. 우리는 지금 이곳에서 온전히 살아 있는 우리 자신이 된다. 나무와 아이들, 그리고 다른 모든 것들이 눈부신 모습을 하고 우리에게로 다가온다.

중국의 임제 선사는 말했다.

"기적은 땅 위를 걷는 일이다."

기적은 희박한 공기 속이나 물 위를 걷는 것이 아니라 대지 위를 걷는 일이다. 대지는 너무도 아름답다. 우리 또한 아름답다. 우리는 깨어 있는 마음으로 걸을 수 있고, 걸음을 옮길 때마다 경이로운 마음으로 어머니 대지를 느낄 수 있다. 우리는 친구에게 '평화가 함께 하기를!' 하고 기원할 필요가 없다. 평화는 이미 그들과 함께 있다. 우리는 다만 그들이 매 순간 평화를 느낄 수 있도록 도와 주기만 하면 된다.

니코스 카잔차키스는 한겨울에 편도나무 앞에 서 있던 성 프란치스코의 이야기를 들려 준다. 성 프란치스코는 어느 겨울날 편도나무에게 다가가 하느님에 대해 말해 달라고 부탁했다. 그러자 나무가 꽃을 피우기 시작했다. 순식간에 편도나무는 아름다운 꽃들로 뒤덮였다.

2
우리는 이미 도착했다

그 이야기를 읽었을 때, 나는 큰 감동을 받았다. 나는 성 프란치스코가 궁극적인 차원에 서 있음을 알았다. 그때는 겨울이어서 나무에는 잎사귀와 꽃, 열매가 없었다. 하지만 그는 절대 세계에서 꽃을 본 것이다.

인도를 여행하던 어느 날, 나는 여행을 안내해 주는 한 인도인 친구와 함께 버스에 앉아 있었다. 그 친구는 카스트 계급 가운데 수천 년 동안 사람들로부터 차별을 받아 온 계급에 속해 있었다. 창 밖 풍경을 감상하던 나는 그 친구가 몹시 긴장하고 있음을 알아차렸다. 그는 내가 즐거운 여행을 할 수 있을지 걱정하고 있는 듯했다. 그래서 나는 그에게 말했다.

"안심해요. 난 이미 여행을 즐기고 있어요. 모든 것이 마음에 들어요."

정말로 그는 걱정할 필요가 없었다. 내가 안심을 시키자 그 인도인 친구는 이내 의자에 등을 기대며 미소를 지었다. 하지만 얼마 지나지 않아 그는 또다시 긴장하고 있었다. 그를 보는 순간, 나는 지난 수천 년 동안 계속돼 온 투쟁을 발견했다. 그 친구 안에서, 그리고 카스트 계급 전체에서 일어난 투쟁을. 나를 안내하면서도 그는 계속해서 투쟁하고 있었던 것이다. 그는 한순간도 긴장을 풀 수가 없었다.

우리 모두는 자신의 육체와 마음속에서 투쟁을 벌이는 습관이 있다. 우리는 오직 미래에만 행복해질 수 있다고 믿는다. '나는 이미 도착했다'는 사실을 깨닫는 것이 중요한 이유가 바로 여기에 있다. 우리가 이미 목적지에 도착했고 더 이상 여행할 필요가 없으며, 우리가 이미 여기에 있음을 깨달을 때, 우리는 평화와 기쁨을 누릴 수 있다.

　우리가 행복해지기 위한 조건은 이미 충분하다. 우리는 단지 지금 이 순간에 존재하기만 하면 된다. 그러면 곧바로 그것들과 만날 수가 있다.

　버스에 앉아 있으면서, 그 인도인 친구는 여전히 지금 이 순간에 있지 않았다. 그는 어떻게 하면 나를 편안하게 해줄 것인지에 대해 걱정하고 있었다. 이미 내가 편안한데도. 그래서 나는 그에게 지금 이 순간에 있으라고 말했지만, 그것은 그에게 결코 쉬운 일이 아니었다. 오랫동안 그렇게 해오지 못했기 때문에, 이제는 그것이 거의 습관처럼 굳어져 있었다. 버스가 목적지에 도착해 우리가 내린 뒤에도 그 친구는 여전히 마음을 놓지 않았다. 나의 인도 여행은 매우 만족스러웠고, 그는 훌륭한 여행의 길잡이가 되어 주었다. 하지만 나는 그가 지금도 긴장하고 있을 것 같아 걱정스럽다.

　우리는 행복해질 수 있는 많은 이유를 갖고 있다. 대지는 우리에 대한 사랑으로 가득 차 있다. 그리고 우리를 참고 기다려 준다. 우리가 고통받는 것을 볼 때마다 대지는 우리를 보호해 준다. 대지를 안식처로 갖고 있는 한 우리는 어떤 것도 두려워할 필요가 없다. 심지어 죽음까지도.

　깨어 있는 마음으로 대지 위를 걸어갈 때, 우리는 나무와 숲, 꽃과 햇빛으로부터 생명을 얻는다. 대지와 접촉하는 것은 우리에게 평화와 기쁨을 주는 매우 뜻 깊은 수행이다.

　우리는 대지의 자식들이다.

우리는 대지에 의지하고, 대지는 우리에게 의지한다. 대지는 아름답고, 새롭고, 푸른 느낌을 줄 수 있는 반면에 또한 황량하고, 건조한 느낌을 줄 수도 있다. 대지로부터 어떤 느낌을 받는가는 우리가 어떤 방식으로 걷는가에 달려 있다. 깨어 있는 마음으로, 기쁨과 집중력을 갖고 대지와 만나라. 그러면 대지가 그대를 치유할 것이고, 그대는 대지를 치유할 것이다.

대지와 만나는 가장 좋은 방법은 걷는 명상을 하는 것이다. 우리는 천천히 걸으면서 대지를 어루만지고, 한 걸음 한 걸음 내딛을 때마다 기쁨과 행복의 씨앗을 심으면서 자신의 호흡을 자각한다. 우리는 다른 곳으로 갈 필요가 없다. 모든 발걸음마다 우리는 이미 그곳에 도착해 있는 것이다.

걷는 명상을 할 때 우리는 매 순간 도착한다. 우리의 진정한 집은 이 순간에 있다. 우리가 현재의 순간 속으로 깊이 들어갈 때, 우리의 후회와 슬픔은 사라지고, 우리는 삶이 수많은 경이로움으로 가득 차 있음을 발견한다. 숨을 들이쉬면서 우리는 자기 자신에게 말한다.

'나는 도착했다.'

그리고 숨을 내쉬면서 말한다.

'나는 집에 있다.'

이와 같이 할 때, 우리는 산만한 삶에서 벗어나 현재의 순간 속에 평화롭게 머물게 된다. 우리가 살아 있는 유일한 순간은 바로 현재의 순간뿐이다.

'나는 도착했다.

나는 집에 있다.

바로 여기에, 지금 이 순간 속에.
나는 존재의 중심에 서서 흔들림이 없다.
나는 자유롭다.
절대 세계 속에 나는 머문다.'

우리는 다른 어느 곳에 도착하려고 애쓸 필요가 없다. 우리의 최종 목적지는 무덤이라는 것을 우리는 알고 있다. 왜 서둘러 그곳으로 가려고 하는가? 왜 지금 이 순간의 삶 속으로 발걸음을 옮기지 않는가?

내가 머물고 있는 자두 마을에서 하는 모든 명상은 다름 아닌 도착하는 명상이다. 왜냐하면 우리는 언제나 달리며 살아왔지만 아직도 도착하지 않았기 때문이다. 자두 마을에 오려면 그대는 도착해야 한다. 그렇지 않으면 그대는 평생 동안 달릴 것이고, 그대의 자식들 또한 그렇게 달릴 것이기 때문이다. 그대는 여러 세대에 걸쳐 끊임없이 달리면서도 자신의 진정한 집을 발견하지 못할 것이다.

진정으로 도착해서 마음의 평화를 느끼기 위한 명상이 우리가 해야 할 핵심적인 수행이다. 우리는 모두 우리의 진정한 집으로부터 멀어져 있다. 도착하지 않는다면 그대는 행복할 수 없고 편안히 쉴 수도 없다.

유태인들만 수천 년 동안 집을 찾아 돌아다닌 것이 아니다. 우리 역시 편히 쉴 곳을 찾아 수천 년을 헤매었다. 그런데도 많은 사람들이 아직도 그곳을 찾지 못했다. 인류 역사상 불과 몇 안 되는 사람만이 그곳을 발견해서 평화를 얻었다. 그들은 행복하고 흔들림이 없다.

만일 그대도 아직 도착하지 않았다면, 너무 오래 달리고 있다면, 너무 피곤하다면, 이제 도착하는 수행을 해야 할 때다. 이제 그만 달리는 것을 멈추라. 왜냐하면 우리는 나날의 삶 속에서 계속해서 달리고 있고, 심지어 꿈속에서도 달리기 때문이다. 때로 우리는 발로 달리지 않고 마음속에서 달린다. 그대는 결코 쉬지 못한다.

인간의 마음은 원숭이의 마음과 같다. 쉬지 않고 움직이면서 결코 멈추지 않기 때문이다. 그런 것이 바로 원숭이의 마음이다. 언제나 무엇인가를 찾지만 결코 발견하지는 못한다. 우리는 우리 안의 원숭이를 껴안고 쉬는 법을 가르쳐야 한다. 그러면 그대는 도착할 수 있다.

자두 마을에 올 때, 그대의 목적은 철학이나 팔리어, 산스크리트어, 티벳어, 베트남어를 배우려는 것이 아니다. 그대가 자두 마을에 오는 목적은 그대 안의 고통 받는 아이를 껴안는 법을 배우기 위함이다. 그대 안에 있는 굶주린 영혼, 소란스런 원숭이를 껴안기 위함이다.

나는 집에 있다. 그대 또한 집에 있기를 바란다. 우리는 고요히 가라앉고 고통을 감싸안기 위해 어떤 에너지를 필요로 한다. 원숭이가 거기서 소란을 일으키고 있다. 아이가 거기서 고통을 받고 있다. 우리에게는 마음을 가라앉히고, 소란을 멈추게 해줄 사람이 필요하다. 깨어 있는 마음은 바로 그 일을 할 수 있는 힘을 갖고 있다. 깨어 있음은 마음을 가라앉히고, 멈추고, 치유하는 힘을 갖고 있다.

숨을 들이쉬면서 두 걸음을 걸으며 그대는 마음속으로 이렇게 말할 수 있다.

'나는 도착했다. 나는 도착했다.'

이것은 누구에게나 좋은 명상법이다. 그리고 숨을 내쉴 때는 이렇게 말한다.

'나는 집에 있다. 나는 집에 있다.'

그리고 다시 한 번 그렇게 하라. 단순히 말로만 하지 말고 그것을 온몸으로 느끼라. '나는 도착했다'라고 말할 때 그대는 진정으로 그 순간 속에 도착해야 한다. 달리는 것을 멈춰야 한다. 그대 안에서 그리고 그대 밖에서. 그대는 이제 천천히 걸으면서 더 이상 뛰지 않는다. 하지만 그대 안에서도 달리지 않는다는 것을 누가 알겠는가? 그대는 뛰는 것을 멈춰야 한다. 지금 이곳에 도착해야 한다. 만일 그대가 걷는 것을 잊어버리고 길을 잃는다면, 원숭이가 앞으로 나설 것이다. 그러면 그대는 자신으로 돌아가 원숭이를 다시 껴안는다. 그리고는 이렇게 말한다.

"사랑하는 그대여, 우리 함께 걷자."

단 며칠만 걷는 명상을 해도, 우리는 커다란 변화를 경험할 것이다. 삶의 매 순간마다 마음의 평화를 얻는 법을 배울 것이다. 우리는 미소를 지을 것이고, 그러면 우주 도처에 있는 수많은 붓다들이 우리에게 미소로 화답할 것이다. 왜냐하면 우리의 평화가 너무도 깊어졌기 때문이다.

우리가 생각하고, 느끼고, 행동하는 모든 것은 우리의 조상들과 미래의 세대들에게 영향을 미치고, 온 우주로 퍼져 간다. 그러므로 우리의 미소가 모든 존재들을 돕는다. 우리의 아이를 잘 키우려면, 우리는 단지 다툼을 멈추기만 하면 된다. 평화는 우리의 모든 발걸음마다에 있다. 우리는 이미 도착해 있다.

여기 하나의 이야기가 있다. 비엔 호아에 있는 정신 병원에 더 없이 정상적으로 보이는 한 환자가 입원했다. 그는 다른 사람들처럼 먹고 말했다. 하지만 그는 자신이 옥수수 낟알이라고 믿었기 때문에 닭을 볼 때마다 필사적으로 도망을 쳤다. 그는 자신의 본래 모습을 모르고 있었던 것이다. 간호사가 이 사실을 의사에게 보고하자, 의사가 그 환자에게 말했다.

"이것 보세요. 당신은 옥수수 낟알이 아닙니다. 당신은 인간이에요. 눈과 코와 팔을 가진 인간이라구요."

의사는 훈계하듯 말하고 나서 마침내 이렇게 물었다.

"자, 이제 당신이 누구인지 내게 말해 주겠소?"

남자가 대답했다.

"의사 선생님, 저는 한 사람의 인간입니다. 절대로 옥수수 낟알이 아닙니다."

의사는 그의 말을 듣고 무척 기뻤다. 그는 자신이 환자에게 큰 도움을 주었다고 생각했다. 하지만 확실히 치료하기 위해 의사는 남자에게 다음과 같은 문장을 반복해서 말하라고 지시했다.

"나는 인간이다. 나는 옥수수 낟알이 아니다."

의사는 그 문장을 하루에 4백 번씩 말하고, 종이에다 3백 번씩 쓰게 했다. 남자는 하루 종일 그 일에 매달리느라 밖으로 나갈 시간이 없었다. 그는 자신의 병실에서 의사가 하라는 말을 그대로 따라하고 또 종이에다 적었다.

한 달 뒤, 의사가 그의 병실에 들르자 간호사가 보고했다.

"이 환자는 아주 잘하고 있어요. 병실에만 있으면서 선생님이 하라는 말을 부지런히 따라하고 있어요."

의사가 환자에게 물었다.

"좀 어떻습니까?"

환자가 대답했다.

"아주 좋습니다. 정말 고맙습니다, 선생님."

"당신이 누군지 말할 수 있겠소?"

"물론이죠, 선생님. 저는 인간입니다. 결코 옥수수 낟알이 아닙니다."

의사가 크게 기뻐하며 말했다.

"며칠 안에 퇴원해도 되겠군요. 퇴원증을 써줄 테니 함께 내 사무실로 갑시다."

그런데 의사와 간호사, 환자가 함께 사무실로 걸어가는데, 닭 한 마리가 그들 앞으로 지나갔다. 순간 닭을 본 남자는 재빨리 도망치기 시작했다. 너무도 빨리 도망가는 바람에 의사는 그를 잡을 수조차 없었다.

한 시간이 넘어서야 간호사가 겨우 그를 붙잡아 사무실로 데려왔다. 의사가 흥분한 목소리로 말했다.

"당신은 자신이 옥수수 낟알이 아니라 인간이라고 말했잖소. 그런데 왜 닭을 보고 도망친 거요?"

그러자 남자가 말했다.

"물론 나는 내가 옥수수 낟알이 아니고 인간이라는 것을 알고 있습니다. 하지만 닭도 그 사실을 알고 있다는 것을 어떻게 알겠습니까?"

그는 열심히 노력했지만, 끝내 자신의 본래 모습을 알 수 없었다. 닭의 본성 역시 이해할 수 없었다. 우리는 각자 자신만의 본성을 갖고 있다. 다른 사람들과 더불어 평화롭고 행복하게 살고자 한다면 우리는 그들의 본성과 자기 자신의 본성을 이해해야만 한다. 일단 그것을 이해하고 나면, 평화롭고 행복하게 사는 데 아무런 문제가 없을 것이다.

명상을 하는 것은 사물의 본래 모습을 깊이 들여다보는 일이다. 우리 자신의 본성과 우리 앞에 있는 사람의 본성을 깊이 들여다보는 일이다. 그 사람의 진정한 본래 모습을 알 때, 우리는 그가 가진 어려움과 희망, 고통과 불안을 깊이 느낄 수 있다. 우리는 자리에 앉아 배우자의 손을 잡고, 눈을 바라보며 이렇게 말할 수 있다.

"내가 당신을 충분히 이해하고 있나요? 내가 당신의 고통의 씨앗에 물을 주고 있진 않나요? 아니면 당신의 기쁨의 씨앗에 물을 주고 있나요? 내가 당신을 더 잘 사랑할 수 있는 길이 있다면, 내게 알려 줘요."

만일 우리가 마음 깊은 곳에서 우러나 그렇게 말한다면, 상대방은 울음을 터뜨릴 것이다. 그것은 좋은 신호다. 그것은 대화의 문이 다시 열리고 있음을 의미한다.

어떤 문제가 일어날 때 마음의 평화를 잃지 않는다면, 그대는 그것을 평화롭고 비폭력적인 방법으로 논의할 수 있다. 하지만 마음의 평정을 잃는다면, 그대는 말하지 말아야 한다. 단지 호흡을 하며 그 호흡을 주시하라. 필요하다면 신선한 공기 속에서 나무와 구름, 강을 보며 걷기 명상을 하라. 그리하여 마음이 평화로워지고 친절한 사랑의 언어로 말할 수 있을 때, 그때 그대는 함께 이야기할 수 있다. 만일 대화를 하는 도중에 다시 화가 치밀어 오른다면 대화를 멈추고 잠시 호흡을 하라. 이것이 바로 깨어 있는 마음이다.

우리 모두는 변화하고 성장할 필요가 있다. 결혼을 할 때, 우리는 함께 변화하고 성장하며 삶의 열매를 함께 나누기로 약속한다. 한 쌍의 부부가 되어 행복하게 살아갈 때, 두 사람이 서로를 이해하고 조화롭게 지낼 때, 우리는 자신의 행복과 기쁨을 다른 많은 사람들에게도 나눠 줄 수 있다.

그대는 자신의 배우자에 대해 이미 모든 것을 알고 있다고 생각할지도 모른다. 하지만 사실은 그렇지 않다. 물리학자들은 전자 하나에 대해 수십 년 동안 연구해 왔지만, 여전히 전자에 대해 모든 것을 이해한다고 주장하지 않는다.

그런데 하물며 어떻게 그대가 한 인간에 대해 모든 것을 안다고 생각할 수 있는가? 차를 운전할 때, 그대는 자기 생각에만 몰두해서 옆에 앉아 있는 아내의 존재를 잊어버린다. 그대가 계속 그렇게 아내를 대한다면, 아내는 서서히 죽어갈 것이다. 그대의 아내는 그대의 관심과 보살핌을 필요로 하기 때문이다.

어느 날 오후, 자두 마을에서 나는 마치 굶주린 유령처럼 보이는 한 여성을 보았다. 그때는 자두 마을이 가장 아름다운 계절이었다. 꽃들이 활짝 피어나고 모든 사람들의 얼굴에도 미소가 피어 있었다. 하지만 그녀에게서는 그 어떤 것도 느낄 수가 없었다. 그녀의 고통만이 내게 전해질 뿐이었다. 그녀는 혼자서 걸어가고 있었고, 걸음을 내디딜 때마다 외로움으로 서서히 죽어갔다. 그녀는 다른 사람들과 함께 있기 위해 자두 마을로 왔지만, 어느 누구와도 함께 있을 수가 없었다.

　우리 사회는 수백만의 굶주린 유령들을 만들어 낸다. 어른 아이 할 것 없이 많은 사람들이 뿌리 없이 떠돌고 있다. 나는 열 살도 안 되는 아이들이 그렇게 다니는 것을 본 적이 있다. 그런 사람들은 집안에서 결코 행복을 느끼지 못하며, 믿는 것도 없고, 어디에도 속해 있지 않다. 이것이 우리 시대의 가장 심각한 병이다. 아무것도 믿지 않는다면, 어떻게 살아갈 수 있겠는가? 미소를 머금고, 보리수나무와 아름다운 하늘을 느낄 수 있는 에너지를 어디서 얻을 수 있겠는가? 그대는 길을 잃고 아무런 책임감도 없이 살아갈 것이다. 그리고 술과 마약이 그대의 육체를 파괴할 것이다.

　우리의 정부는 마약 문제를 해결하기 위해서는 마약 밀수를 금지시키고 마약을 팔거나 사용하는 사람들을 감옥에 집어넣어야 한다고 생각한다. 하지만 마약을 손에 넣을 수 있는 상황은 마약 문제를 일으키는 부차적인 원인일 뿐이다. 가장 중요한 원인은 너무도 많은 사람들이 자신의 삶에서 의미를 발견하지 못하고, 아무것도 믿지 않는다는 것이다. 만일 그대가 마약을 하고 술을 먹는다면, 그것은 그대 자신이 행복하지 않기 때문이다. 다시 말해 그대는 자기 자신과 가족, 세상과 전통을 받아들이지 않고, 그 모두를 송두리째 거부하고 싶은 것이다.

　우리는 고통으로부터 치료받기 위해 명상을 한다. 명상은 우리에게 고통을 변화시키는 근본적인 치료 방법을 가르쳐 줄 수 있다. 하지만 가장 근본적인 치료는 무엇보다 본질의 세계를 경험하는 것이다.

삶에는 두 가지 차원이 있다. 우리는 그 두 가지 차원을 모두 만날 수 있어야 한다. 첫번째 차원은 파도와 같다. 우리는 그것을 역사적인 차원이라 부른다. 두번째 차원은 바다와 같은 것으로, 우리는 그것을 궁극적인 차원, 곧 절대 세계라 부른다. 우리는 삶을 살아가면서 대개 파도만을 만난다. 하지만 바다와 만나는 법을 배울 때, 명상이 주는 최고의 열매를 얻을 수가 있다.

역사적인 차원에서 볼 때, 우리에게는 출생 증명서와 사망 증명서가 주어진다. 그대의 어머니가 세상을 떠나는 날, 그대는 고통을 겪을 것이다. 누군가 그대에게 다가와 관심을 보여 주면, 그대는 다소 위로를 받을 것이다. 그리고 그 친구의 우정과 다정함, 따뜻한 손길을 느낄 것이다. 이것이 파도의 세계다. 그것은 탄생과 죽음, 상승과 하강, 나타남과 사라짐으로 특징지워지는 세계다. 파도에는 처음과 끝이 있다.

하지만 우리는 그 특징이 바다에서 생겨났다고 말할 수 없다. 바다의 세계에는 탄생과 죽음, 존재와 비존재, 시작과 끝이 없기 때문이다. 바다를 만질 때 우리는 궁극적인 차원에 있는 실체를 만지는 것이고, 바로 그 순간 앞에서 말한 모든 개념들로부터 벗어날 수가 있다.

바다의 파도를 보라. 종이 위에 파도를 그려 보라. 첫번째 파도, 두번째 파도, 세번째, 네번째……. 파도의 삶을 사는 것은 매우 어렵다. 우리들 각자는 하나의 파도다. 자신이 태어났다고 생각하는 순간이 있다. 그리고 자신이 죽어서 더 이상 존재하지 않을 순간이 분명히 있을 것이다. 그렇지 않은가? 이런 생각들이 날마다 우리를 괴롭힌다.

'그전에 나는 존재하지 않았다. 그 순간 이후로 나는 완전히 사라질 것이다. 지금 나는 존재한다. 그전에 나는 존재하지 않았고, 이후에 나는 존재하지 않을 것이다.'

그대는 이런 생각들로부터 자유롭지 못하다. 그리고 그 생각들은 그대가 느끼는 모든 두려움을 만들어 낸다. 이제 그대는 철학자가 된다. 두번째 질문은 이것이다.

'다른 파도들과 같아지기 위해 나는 어떻게 해야 할까?'

그는 너무도 뛰어나다. 그래서 다른 파도들로부터 존경을 받는다. 왜 신은 나를 작은 파도로 창조하고, 그를 큰 파도로 창조했을까? 여기서 심한 질투와 시기가 생겨나고 그대는 혁명가가 되길 원한다. 그대는 모든 것을 평등하게 만들기를 원한다. 파도의 삶을 계속 살아갈 때 우월함과 열등함, 아름다움의 차이 같은 것이 계속 그대를 괴롭힌다. 그대는 흔들린다. 그대는 자유롭지 않다.

하지만 거기 그대가 만나지 못한 자신의 또 다른 차원이 있다. 지금 그대가 만나고 있는 것은 파도의 차원이다. 거기에는 탄생과 죽음, 위와 아래, 존재와 존재하지 않는 것이 있다. 하지만 그대는 내가 말하는 다른 차원을 아직 만나지 못했다. 그것은 바로 바다의 차원이다.

그대는 자신으로 돌아가길 원한다. 그대 자신에게로, 그대의 진정한 집으로. 그대는 도착하길 원하지만 결코 도착하지 못한다. 그대의 진정한 집은 바로 그대 안에 있으며, 그것은 바다이다.

파도는 파도의 삶을 살면서 동시에 바다의 삶을 살 수 있다. 그것이 우리가 해야 할 일이다. 우리는 지금 여기서 궁극적인 차원을 살아야 한다. 지금 여기로 돌아올 때, 우리는 궁극적인 차원과 만날 수 있다. 현상의 측면에서 보는 것은 파도를 보는 것이다. 그리고 각각의 파도는 다른 모든 파도들과 다르다. 자기가 있고 자기 아닌 것이 있다.

자신의 진정한 집, 곧 바다로 들어갈 때, 그대는 더 이상 두려워하지 않는다. 바다가 된 그대는 결코 죽을 수 없다. 우월함과 열등함, 아름다움의 차이도 없다. 얼마나 멋진 일인가. 바다는 파도의 진정한 본성이다. 자신이 바다라는 것을 깨닫는 순간 그대는 더 이상 흔들리지 않는다. 그대는 모든 것으로부터 자유로워진다. 생각과 두려움과 욕망은 더 이상 그대를 괴롭히지 못한다.

2세기 무렵의 인도 철학자 나가르주나는 물었다.

"어떤 것이 탄생하기 전, 그것은 존재하고 있었는가 아니면 존재하지 않았는가?"

닭이 알을 낳기 전, 알은 존재하고 있었는가 아니면 존재하지 않았는가? 어떤 것이 탄생하기 전 이미 그것이 거기에 있다면, 이미 존재하고 있는 그것은 어떻게 태어날 수 있었을까? 아기 역시 엄마의 자궁 속에 이미 있는데, 우리는 어떻게 아기가 아직 태어나지 않았다고 말할 수 있는가?

나가르주나는 이미 존재하는 것은 태어날 수 없다고 말한다. 태어난다는 것은 무에서 어떤 것이 생겨난다는 의미다. 아무것도 없는 상태에서 무언가가 된다는 것이다. 하지만 무에서는 어떤 것도 태어날 수 없다. 한 송이 꽃은 흙과 광물질, 씨앗과 햇빛, 비와 그 밖의 많은 것들로부터 탄생한다.

명상은 우리에게 모든 것은 태어나는 것이 아님을 일깨워 준다. 삶은 끊임없이 이어지는 하나의 연속이다. 우리는 생일 축하 노래

대신 '삶이 계속 이어진 것을 축하하는' 노래를 부를 수도 있을 것이다. 어머니가 돌아가신 날조차도 계속해서 이어지는 날이다. 어머니는 다른 모습으로 계속 살아 있는 것이다.

내 친구 중 하나는 연세가 아흔세 살이나 되는 어머니를 보살피고 있었다. 의사는 친구의 어머니가 언제든 돌아가실 수 있다고 말했다. 내 친구는 1년이 넘게 어머니에게 명상을 가르쳤고, 그것은 어머니에게 큰 도움이 되었다. 그녀는 어머니의 행복의 씨앗에 물을 주기 시작한 것이다. 지금 친구의 어머니는 딸이 찾아갈 때마다 무척 활기 찬 모습으로 딸을 맞이한다. 최근에 친구는 어머니에게 이렇게 말했다.

"이 육체는 정말로 어머니 것이 아니에요. 어머니의 몸은 그보다 훨씬 더 커요. 어머니에게는 아홉 명의 자식이 있고, 수십 명의 손자들이 있고, 증손자들도 있어요. 우리는 모두 어머니로부터 이어진 존재들이고, 모두 행복하고 건강해요. 어머니는 우리 속에서 언제나 살아 숨쉬고 있는 거예요."

그녀의 어머니는 딸의 말을 이해할 수 있었고, 그래서 미소를 지었다.

내 친구는 계속해서 말했다.

"젊었을 때, 어머니는 많은 사람들에게 요리와 다른 많은 일들을 가르쳐 주었어요. 사람들을 행복하게 해주었지요. 지금 우리도 그렇게 하고 있어요. 어머니가 시작하신 일을 계속하고 있는 거예요. 젊었을 때, 어머니는 시를 쓰고 노래를 불렀어요. 그리고 지금 우리도 시를 쓰고 아름답게 노래를 불러요. 어머니는 우리들 속에서 계속 살아 숨쉬고 있어요. 어머니는 여러 곳에 동시에 살아 있는 거예요."

이것이 작은 자아를 뛰어넘는 명상이다. 그녀의 어머니는 이 명상을 통해 육체가 자신의 진정한 자아의 일부분에 불과하다는 사실을 깨달았다. 이제 그녀는 몸은 세상을 떠나도 자신이 여러 모습으로 계속 살아 있으리란 것을 이해했다.

그대의 어머니가 세상을 떠났다고 누가 말할 수 있는가? 그대는 어머니가 존재하는지 안 하는지, 살아 있는지 죽었는지 말할 수 없다. 왜냐하면 그것은 역사적인 차원에서 본 것이기 때문이다. 궁극적인 차원에서 어머니를 만날 때, 그대는 어머니가 여전히 그대 곁에 존재해 있음을 깨달을 것이다.

꽃도 마찬가지다.

꽃은 태어나는 것처럼 보인다.

하지만 꽃은 다른 모습으로 언제나 그곳에 있었다. 시간이 지나면 꽃은 죽은 것처럼 보이지만, 우리는 그것에 속지 말아야 한다. 꽃은 다만 숨바꼭질 놀이를 하고 있을 뿐이다. 꽃은 우리에게 모습을 드러냈다가 다시 숨어 버린다. 주의를 기울인다면, 우리는 언제든 꽃을 발견할 수 있다.

그대의 어머니 또한 놀이를 하고 있다. 그녀는 그대의 어머니로 태어난 것처럼 보였다. 그리고 어머니의 역할을 아주 잘 해냈다. 이제 그녀는 어머니로서 그대의 성장을 돕기 위해 그곳에 없는 것처럼 보이는 것일 뿐이다.

어느 날 숲을 걷다가 바싹 마른 나뭇잎 하나를 밟으려고 하는 순간, 나는 궁극적인 차원에서 그 나뭇잎을 바라보았다. 나는 그 나뭇잎이 사실은 죽지 않았음을 알았다. 그것은 축축한 흙과 하나가 되어, 이듬해 봄에 다른 모습으로 나무에서 싹틀 준비를 하고 있었다. 나는 그 나뭇잎에게 미소를 지으며 말했다.

"넌 지금 죽은 척하고 있구나."

내가 밟을 뻔했던 나뭇잎을 포함해 모든 것이 태어나고 죽는 것처럼 보인다. 붓다는 말했다.

"조건이 충분히 갖춰지면 몸이 나타난다. 그러면 우리는 몸이 존재한다고 말한다. 조건이 충분히 갖춰지지 않을 때, 우리는 몸을 인식할 수 없다. 그때 우리는 몸이 존재하지 않는다고 말한다."

그렇다. 단지 그 차이일 뿐이다. 이른바 우리가 죽는 날이란 우리가 다른 많은 모습으로 계속 이어지는 날을 뜻한다. 만일 그대가 궁극적인 차원에서 그대의 어머니를 만나는 법을 안다면, 어머니는 언제나 그대와 함께 거기에 머물러 있을 것이다. 만일 그대가 그대의 손, 그대의 얼굴, 그대의 머리카락을 만지면서 매우 깊이 바라본다면, 어머니가 그대 안에서 미소짓고 있음을 발견하게 될 것이다. 그것이 바로 깊은 명상이고, 또한 가장 깊은 차원의 치료다.

절대 세계란 곧 모든 관념이 사라지는 것을 의미한다. 탄생과 죽음, 있음과 없음, 나타남과 사라짐을 포함한 모든 관념의 소멸을 뜻한다. 절대 세계는 삶의 궁극적인 차원이다. 고요와 평화와 기쁨의 상태다. 그것은 죽은 다음에야 도달하는 상태가 아니다. 깨어 있는 마음으로 호흡하고, 걷고, 한 잔의 차를 마실 때, 그대는 바로 지금 이 순간 속에서 절대 세계와 만날 수 있다. 시작이란 없기 때문에 그대는 사실 계속 그 세계에 있었다. 그리고 모든 존재와 모든 사람들도 그 세계 속에 살고 있다.

그리스의 소설가 니코스 카잔차키스는 한겨울에 편도나무 앞에 서 있던 성 프란치스코의 이야기를 들려 준다. 성 프란치스코는 어느 겨울날 편도나무에게 다가가 하느님에 대해 말해 달라고 부탁했다. 그러자 갑자기 나무가 꽃을 피우기 시작했다. 순식간에 편도나무는 아름다운 꽃들로 뒤덮였다.

그 이야기를 읽었을 때, 나는 큰 감동을 받았다. 나는 성 프란치스코가 궁극적인 차원에 서 있음을 알았다. 그때는 겨울이어서 나무에는 잎사귀와 꽃, 열매가 없었다. 하지만 그는 절대 세계에서 꽃을 본 것이다.

우리는 궁극적인 차원을 만날 수 없다고 여길지도 모른다. 하지만 사실은 그렇지 않다. 우리는 이미 그것을 만났다. 문제는 더욱 깊이, 그리고 더욱 자주 만날 수 있는가 하는 것이다. 예를 들어 '전체적으로 바라보라'는 말은 궁극적인 차원을 만날 수 있는 방향을 제시하고 있다. 사물을 전체적인 시각으로 바라볼 때, 우리는 더욱 지혜로워지고 한결 기분이 좋아진다. 그때 우리는 조그맣고 사소한 일에 사로잡히지 않는다. 전체적인 눈으로 볼 때, 우리는 많은 실수를 피할 수 있고 삶과 행복에 대해 더욱 심오한 시각을 가질 수가 있다.

역사적인 차원에 머물러 있을 때, 그대는 매번 수많은 파도에 흔들린다. 그대는 자신이 하는 일에서 어려움을 겪을 수도 있고, 슈퍼마켓에서 길게 줄을 서서 기다려야 할 때도 있다. 친구와 전화를 하다가 혼선이 될 때도 있다. 그때마다 그대는 피곤해지고, 우울하고, 화가 난다. 그것은 그대가 현재의 상황에만 사로잡혀 있기 때문이다. 하지만 눈을 감고 백 년 뒤의 세계를 상상한다면,

그런 문제들이 하나도 중요하지 않다는 사실을 금방 깨달을 것이다. 그렇게 백 년 뒤까지 생각이 미친다면, 그대는 상황을 매우 다르게 바라볼 것이다. 하물며 궁극적인 차원과 만날 때 얼마나 그대에게 극적인 변화가 일어나겠는가!

그대는 궁극적인 차원과 만날 수 있는 충분한 능력을 가지고 있다. 이 글을 쓰면서 나는 내 발이 자두 마을의 땅 위에 있고, 프랑스의 대지를 딛고 있음을 느낀다. 또한 프랑스의 대지가 독일, 스페인, 이탈리아, 러시아는 물론 심지어 인도, 중국, 베트남에까지 연결되어 있음을 느낀다. 전체적으로 생각할 때, 나는 내 자신이 단지 한 곳이 아닌 여러 곳에 서 있음을 안다. 왜냐하면 내가 자두 마을을 느낄 때, 유럽과 아시아 모두를 느끼기 때문이다. 중국은 단지 내 발 밑의 작은 땅이 이어진 곳에 있을 뿐이다. 유라시아 대륙의 한 곳에 서 있을 때, 나는 지구의 전 대륙 위에 서 있는 것과 같다.

이러한 깨달음은 지금 그대가 서 있는 그 지점이 지구 전체를 포함할 수 있도록 탈바꿈시켜 준다. 걷는 명상을 하면서 자신이 아름다운 지구별 위를 걸어가고 있음을 깨달을 때, 그대는 자기 자신과 자신이 내딛는 걸음을 매우 다르게 느끼게 될 것이다. 그 때 그대는 좁은 시야와 한정된 틀에서 벗어날 수가 있다. 걸음을 한 발자국 옮길 때마다 그대는 자신이 지구 전체와 만나고 있음을 느낀다. 그런 자각과 함께 자신의 발걸음을 느낄 때, 그대는 많은 고통과 잘못된 관념들로부터 벗어날 수가 있다.

깊은 자각 속에서 어떤 것을 만날 때, 그대는 곧 모든 것과 만나게 된다. 이것은 시간에 대해서도 진실이다. 그대가 활짝 깨어 있는 상태로 한순간과 만난다면, 그대는 곧 모든 순간과 만나는 것이다. 불교의 〈화엄경〉에 따르면, 그대가 한순간을 깊이 느끼는 순간 그 순간 속으로 모든 과거와 미래가 들어온다고 한다. '하나 속에 모든 것이 들어 있는' 것이다.

지금 이 순간을 만난다는 것은 과거나 미래를 지워 버린다는 의미가 아니다. 지금 이 순간을 만날 때, 그대는 현재가 과거로부터 생겨났으며 또한 미래를 창조하고 있음을 깨닫는다. 현재를 만날 때, 그대는 과거와 미래를 동시에 만나는 것이다. 즉 무한한 시간 전체, 실체의 궁극적인 차원을 만나는 것이다. 깨어 있는 마음으로 차 한 잔을 마실 때, 그대는 현재의 순간을 만나고 시간 전체와 만나게 된다.

그것이 바로 성 프란치스코가 한 일이었다. 그가 편도나무를 깊이 느끼자, 한겨울임에도 불구하고 그는 나무에 꽃이 피는 것을 볼 수 있었다. 그는 그 순간, 시간을 초월한 것이다.

명상은 삶의 매 순간을 깊이 사는 것이다. 명상을 통해 우리는 파도가 오로지 바다로 이루어져 있음을 깨닫는다. 그리고 역사적인 차원과 궁극적인 차원이 하나임을 깨닫는다. 파도의 세계에서 살고 있는 동안에도 우리는 바다를 만나고, 파도가 단지 바다라는 것을 알 수 있다. 파도만 만난다면, 우리는 고통받을 것이다. 그러나 바다와 만나는 법을 배운다면, 큰 위안을 얻을 것이다.

절대 세계에 이를 때, 우리는 많은 걱정들로부터 해방된다. 과거에 우리를 화나게 했던 일들은 더 이상 중요하지 않다. 바로 어제 일어난 일이라 해도 아무 상관이 없다. 그대가 무한한 시간과 공간을 만날 수 있다고 생각해 보라.

우리는 역사적인 차원에서 위로받고 치료받기 위해 명상을 한다. 우리는 몸과 마음을 고요히 가라앉히고, 평화롭고 신선하고 흔들림 없는 마음을 갖는다. 친절과 자비를 실천하고 분노를 탈바꿈시킬 때, 우리는 위안을 받는다.

하지만 실체의 궁극적인 차원과 만날 때, 우리는 가장 깊은 차원의 위로를 받을 수가 있다. 우리 모두는 그 절대 세계에 이를 수 있으며, 그렇게 되었을 때 탄생과 죽음, 하나와 여럿, 나타남과 사라짐 등의 개념으로부터도 자유로워질 수 있다.

지난가을 영국에 있을 때 나는 이런 꿈을 꾼 적이 있다. 내 동생과 내가 시장 한가운데 서 있는데, 한 남자가 시장 모퉁이에 있는 자기 가게로 우리를 불렀다. 우리가 그곳으로 들어갔을 때, 나는 그 가게에 진열된 물건들이 전부 내가 직접 경험한 사건들임을 깨달았다. 내가 동생과 함께, 또는 나와 가까운 다른 사람들과 함께 경험한 사건들이었던 것이다. 그 경험들, 그 물건들 대부분이 고통스런 것들이었다. 가난, 화재, 홍수, 폭풍, 배고픔, 인종 차별, 무지, 미움, 두려움, 절망, 정치적인 탄압, 불의, 전쟁, 죽음, 불행 등이 그것이었다. 그 각각의 물건들을 만질 때마다 내 안에 큰 슬픔과 함께 자비의 감정이 물밀어 왔다.

그런 다음 우리는 그 가게의 한가운데로 들어갔다. 그곳에는 기다란 탁자가 있고, 그 위에 초등학생 공책들이 여러 권 진열되어 있었다. 탁자 왼쪽 끝에서 나는 내가 쓰던 공책과 동생이 쓰던 것을 발견했다. 나는 내 공책으로 다가가 안을 펼쳐 보았다. 그곳에는 내가 어린 시절에 경험했던 많은 행복한 일들과 의미 있는 사건들이 기록되어 있었다. 물론 고통스런 일들도 적혀 있었다. 동생의 공책을 펼쳐 보았더니, 그곳에도 나와 비슷한 경험들이 적혀 있었다.

 그 당시 나는 어린 시절의 일들을 책으로 쓰고 있었는데, 그 공책에 적혀 있는 것들은 하나도 포함되어 있지 않았다. 어쩌면 그것들은 내가 꿈에서만 경험한 것들이고 잠에서 깨어났을 때 전부 잊어버린 것들인지도 모른다. 또 어쩌면 그것들은 전생에서 경험한 일들이었는지도 모른다. 어느 것이 맞는지 분명하지는 않았지만, 나는 그것들이 내가 정말로 경험한 일들이라는 걸 확신할 수 있었다. 그래서 그것들을 책에 포함시켜야겠다는 생각이 들었다. 그런 생각이 들자 나는 무척 기뻤다. 그것들을 다시는 잊어버리고 싶지 않았기 때문이다.

 바로 그때, 우리를 안으로 불러들인 그 가게 주인이 끔찍한 말을 하는 것이었다. 그는 내 오른편에 서서 내게 말했다.

 "넌 이 모든 일들을 다시 겪어야만 한다."

 그는 마치 판결을 내리듯, 그리고 비난하듯 그렇게 말했다. 마치 그에게 그런 결정을 내릴 권위라도 있다는 듯한 목소리였다. 나는 충격을 받았다. 내가 정말로 그 모든 고통을 다시 겪어야만 한단 말인가? 그 모든 화재, 홍수, 폭풍, 배고픔, 인종 차별, 무지, 미움, 절망, 두려움, 슬픔, 정치적인 탄압, 불의, 불행, 전쟁, 죽음들을?

 나는 이루 헤아릴 수 없이 많은 생 동안 내 동생과 함께, 그리고 다른 동료 여행자들과 함께 그것들을 겪었다는 느낌이 들었다. 우리는 너무도 많은 어두운 터널들을 통과했으며, 이제 마침내 넓고 자유로운 공간에 도달했다. 그런데 그 모든 일들을 다시 경험해야만 한다니!

나는 강한 반발심을 느꼈다. 그래서 속으로 외쳤다.

'아, 그건 안 돼!'

하지만 다음 순간 내 반응이 바뀌었다. 나는 그 남자의 얼굴을 향해 단호하게 말했다.

"당신은 나를 두려움에 떨게 할 수 없다. 설령 내가 이 모든 일들을 다시 경험해야만 한다 할지라도, 난 떨지 않을 것이다! 한 번만이 아니라, 필요하다면 수천 번이 될지라도."

그 순간 나는 잠에서 깨어났으며, 꿈의 내용을 기억할 수가 없었다. 단지 방금 매우 강렬하고 중요한 꿈을 꾸었다는 것만 알 수 있을 뿐이었다. 그래서 나는 침대에 앉아 호흡을 했다. 그러자 서서히 꿈의 내용들이 떠올라 왔다. 첫번째로 떠오른 생각은 내가 며칠 내로 이번 생을 마치고 새로운 여행을 시작하게 되리라는 예감이었다. 나는 마음이 평온했다. 죽음은 내게 큰 문제가 아니었다. 나는 조금도 두렵지 않았다.

하지만 다음 순간, 그것이 잘못된 예감이라는 걸 알았다. 그 꿈은 그것보다 훨씬 더 깊은 의미를 지니고 있었다. 좀더 깊이 들여다보자, 나는 그 가게 주인이 내 안에 있는 두려움의 씨앗, 게으름의 씨앗을 대변한다는 사실을 발견했다. 그것은 내 영혼의 깊은 곳, 내 무의식에서 나온 것이었다. 그에 대한 나의 첫번째 반응은 역사적인 차원, 파도의 차원에서 나온 것이었다. 하지만 두번째 반응은 궁극적인 차원, 곧 바다의 차원에서 비롯된 것이다. 탄생도 없고 죽음도 없는 세계와 만났을 때 나는 더 이상 아무것도 두

럽지 않았다. 그 남자와 맞설 수 있도록 내게 힘과 용기를 준 것은 바로 통찰력과 자유에서 나온 확신이었다.

나의 어머니가 돌아가시고 7년이 지난 어느 날 밤이었다. 나는 한밤중에 문득 잠에서 깨어 밖으로 나가 밝게 빛나는 달을 보았다. 새벽 두세 시쯤에 떠 있는 달은 언제나 깊고, 평화롭고, 부드러운 빛을 지니고 있다. 아이에 대한 엄마의 사랑 같은 빛이다. 나는 어머니의 사랑이 나를 감싸고 있는 듯한 느낌이 들었다. 그리고 어머니가 여전히 살아 있고, 언제나 살아 있으리란 것을 깨달았다. 잠에서 깨어나기 두세 시간 전, 나는 꿈속에서 어머니를 너무도 분명하게 보았다. 어머니는 젊고 아름다웠으며, 어머니와 나는 함께 이야기를 나누고 있었다.

그 뒤로 나는 어머니가 언제나 나와 함께 있음을 알았다. 어머니는 죽은 것처럼 보였지만, 그것은 사실이 아니다. 우리의 어머니와 아버지들은 늘 우리 안에 살아 있다. 우리의 깨달음은 곧 그들의 깨달음이다. 우리가 변화를 위해 하는 모든 일들은 곧 그들의 변화를 위한 것이다. 우리의 아이들과 또 그 아이의 아이들을 위한 것이다.

이곳에 있는 흙을 만질 때, 그대는 저곳에 있는 흙까지도 만지는 것이다. 지금 이 순간을 만날 때, 그대는 과거와 미래를 만나는 것이다. 시간을 만날 때, 그대는 공간을 만나는 것이다. 그리고 공간을 만날 때, 그대는 시간을 만나는 것이다.

이른 봄 레몬나무를 만질 때, 그대는 서너 달 뒤에 나무에 달릴 레몬을 만지는 것이다. 레몬이 이미 거기 있기 때문에 그대는 그렇게 할 수 있다. 그대는 레몬나무를 역사적인 차원에서 만날 수도 있고 궁극적인 차원에서 만날 수도 있다. 어느 차원에서 만날 것인가는 그대에게 달린 일이다.

명상은 궁극적인 차원에서 자기 자신과 잎사귀, 그리고 나무를 만나는 것이다. 파도를 만날 때, 그대는 동시에 바다를 만나는 것이다. 그것이 우리가 해야 할 수행이다. 앉아 있고, 걷고, 차를 마시는 동안 친구들과 함께 깨어 있는 마음을 실천한다면, 그대는 역사적인 차원에 살면서도 궁극적인 차원과 만날 수 있다. 그대의 두려움과 고통, 분노는 쉽게 탈바꿈할 것이다. 그러면 그대는 파도에 갇히지 않고 바다를 만날 수가 있다.

평화와 기쁨의 세계는 우리의 손끝에 있다. 우리는 다만 우리의 손가락으로 그것을 만지기만 하면 된다. 자두 마을의 주방에 들어서면서, 나는 명상을 배우러 온 여성에게 이렇게 묻는다.

"무얼 하고 있습니까?"

만일 그녀가 "당근을 자르고 있습니다" 하고 대답한다면, 나는 조금 실망할 것이다. 나는 그녀가 역사적인 차원에서 벗어나 궁극적인 차원을 만나기를 희망한다. 그녀는 단지 고개를 들고 미소를 지으면 된다. 또는 그녀가 다른 생각에 사로잡혀 있다가 내 질문을 듣고 지금 이 순간으로 돌아왔다면, 고개를 들고 이렇게 말할 수도 있을 것이다.

"고맙습니다. 전 지금 숨을 쉬고 있습니다."

이것은 좋은 대답이 될 수 있다. 그대는 하늘나라에 들어가기 위해 세상을 떠날 필요가 없다. 하늘나라에 들어가려면 그대는 지금 이 순간에 살아 있어야 한다. 무엇이 그대로 하여금 살아 있게 하는가? 바로 깨어 있는 마음이다. 깨어 있는 마음을 가질 때 그대 주위와 그대 안의 모든 것이 진리의 세계로 들어가는 문이 될 수 있다.

어렸을 때 나는 아프리카 정글에서 길을 잃은 프랑스인 사냥꾼에 대한 소설을 읽은 적이 있다. 그는 자신이 죽게 될 것이라고 생각했다. 왜냐하면 정글 밖으로 나가는 길을 찾을 수 없었기 때문이다. 하지만 그는 에고가 강한 사람이어서 신에게 기도하려고 하지 않았다. 그래서 그는 농담하듯 신에게 말했다.

"신이시여, 당신이 정말로 존재한다면 이곳으로 와서 나를 좀 구해 보시죠!"

몇 분 뒤, 한 아프리카인이 나타나 그가 정글 밖으로 나갈 수 있게 도와 주었다. 나중에 프랑스인 사냥꾼은 이렇게 말했다.

"나는 신을 불렀는데, 흑인이 왔다."

그는 그 아프리카인이 신이라는 걸 몰랐던 것이다.

우리는 꽃과 조약돌, 새와 구르는 천둥을 통해 구원받을 수 있다. 모든 것이 우리에게 하늘의 메시지, 장엄한 우주의 메시지를 전해 줄 수 있다. 모든 것이 지금 이곳에서 우리에게 삶을 일깨워 줄 수 있다. 어떤 것이라도 하찮게 여기지 말아야 한다.

우리는 우리 안에 기적적인 힘을 갖고 있다. 만일 우리가 깨어 있는 상태에서 하루하루를 살아간다면, 만일 사랑과 보살피는 마음을 갖고 깨어 있는 상태에서 모든 걸음을 내딛는다면, 우리는 기적을 만들 수 있다. 우리가 사는 세상을 기적이 일어나는 장소로 탈바꿈시킬 수 있다.

깨어 있음 속에서 천천히 걸음을 옮기는 것은 자신을 대자유에 이르게 하는 일이다. 그대는 걸으면서 모든 걱정과 불안, 계획과 집착으로부터 자신을 해방시킨다. 한 번의 발걸음은 그대를 모든 고통으로부터 해방시키는 힘을 갖고 있다. 지금 이 순간 살아 숨 쉴 때, 그대는 그대 자신을 변화시킨다. 그대의 자비로운 마음이 바로 그 변화된 자신을 증명해 줄 것이다.

3
지금 이 순간이 가장 경이로운 순간

우리는 저마다 안으로 들어갈 수 있는 오두막을 갖고 있다. 휴식을 취하고 호흡할 수 있는
장소를 갖고 있다. 하지만 그것은 그대가 세상으로부터 멀어진다는 의미가 아니다.
그대가 자기 자신과 더 많이 만나는 것을 의미한다.

어느 날 나는 내가 사는 오두막 근처의 아름다운 숲을 찾아가 보기로 마음먹었다. 나는 샌드위치와 담요를 챙기면서 숲에서 혼자 조용히 하루를 보내야겠다고 생각했다.

그날 아침 오두막을 떠나기 전, 나는 햇빛에 집 안 물건들을 말리기 위해 오두막의 모든 문과 창문을 열어 놓았다. 하지만 오후가 되자 날씨가 급변했다. 세찬 바람이 불기 시작하더니 검은 구름이 하늘에서 몰려왔다. 그때 오두막의 문을 모두 열어 놓고 나온 사실이 떠올랐고, 나는 곧바로 집으로 돌아가기로 결정했다. 집에 도착했을 때 나는 오두막이 엉망이 되어 있는 것을 발견했다. 오두막 안은 춥고 어두웠다. 바람이 책상 위의 종이들을 날려보내 바닥에는 온통 종이가 흩어져 있었다. 전혀 즐겁지 않은 상황이었다.

나는 먼저 모든 창문과 문을 닫았다. 그리고 어둠을 몰아내기 위해 램프에 불을 켰다. 내가 그 다음으로 한 일은 집 안을 따뜻하게 덥힐 수 있도록 벽난로에 불을 지핀 일이었다. 벽난로에 불이 붙자 나는 바닥에 흩어진 종이들을 주워 책상 위에 올려 놓고 돌로 눌러 놓았다.

그리고 다시 벽난로로 갔다. 불꽃이 아름답게 타오르고 있었다. 이제 집 안이 환해지고 내 몸도 따뜻해졌다. 나는 벽난로 앞에 앉아 밖에서 들려오는 윙윙거리는 바람소리에 귀를 기울였다. 나뭇가지들이 바람에 이리저리 흔들리는 모습을 상상하면서 더할 수 없는 안락함을 느꼈다. 그런 날씨에 불 옆에 앉아 있는 것은 정말 기분 좋은 일이었다. 나는 내 자신의 숨소리를, 숨을 들이쉬고 내쉬는 소리를 들을 수가 있었다. 무척 편안한 기분이었다.

삶을 살아가다 보면, 그렇듯 비참하고 공허하고 추운 느낌이 들 때가 있다. 행복하지 않은 순간들이 있다. 그런 때는 모든 것이 잘못되어 가고 있는 것처럼 보인다.

그대 또한 삶의 어느 순간에 그런 느낌을 가졌던 적이 있을 것이다. 우리는 어떤 행동이나 말로 그 상황을 바꿔 보려 하지만 아무런 소용이 없다. 그래서 우리는 생각한다.

'오늘은 나의 날이 아니야.'

그날 내 오두막이 바로 그런 상황이었다.

그럴 때 그대가 할 수 있는 최선의 행동은 자기 자신으로 돌아가는 일이다. 그대의 오두막으로 돌아가 창문과 문을 모두 닫고, 램프에 불을 켜고, 벽난로에 불을 지피는 것이다. 그것은 그대가 잠시 행위를 멈춘다는 뜻이다. 그대는 더 이상 서둘러 무엇인가를 보거나, 듣거나, 말하지 않는다. 그대는 자기 자신에게로 돌아가 자신의 호흡과 하나가 된다. 이것이 그대 자신의 오두막으로 돌아간다는 말의 의미다.

우리는 저마다 안으로 들어갈 수 있는 오두막을 갖고 있다. 휴식을 취하고 호흡할 수 있는 장소를 갖고 있다. 하지만 그것은 그대가 세상으로부터 멀어진다는 의미가 아니다. 그대가 자기 자신과 더 많이 만나는 것을 의미한다. 자신과 만나는 가장 좋은 방법은 호흡을 하는 것이다.

한번 시도해 보라. 단지 그대가 있는 곳에서 행동을 멈추고, 자신이 숨을 들이쉬고 내쉬는 것을 느끼라. 숨을 들이쉬면서 이렇게 말하라.

'숨을 들이쉬면서, 나는 지금 이 순간에 존재한다.'

숨을 내쉬면서 이렇게 말하라.

'숨을 내쉬면서, 나는 안다, 지금이 가장 경이로운 순간임을.'

그 말을 반복하라. 또한 숨을 들이쉬며 '지금 이 순간'이라고 말하고, 숨을 내쉬면서 '경이로운 순간'이라고만 말할 수도 있다.

그런 식으로 호흡하면 정말 기분이 좋아질 것이다. 행동을 멈추고 그런 식으로 호흡하는 것을 깨어 있는 호흡 또는 호흡 명상이라고 부른다. 깨어 있는 마음으로 호흡할 때, 내면에 있는 그대의 오두막이 더욱 편안하게 느껴질 것이다. 내면에 있는 그대의 오두막이 편안할 때, 그대는 더욱 기쁜 마음으로 바깥 세계와 접촉할 수 있다.

때로 우리는 사람들 틈에서 피곤함과 추위, 외로움을 느낀다. 우리는 사람들에게서 벗어나 자기 자신이 되고 다시 따뜻해지기를 바라는지도 모른다. 내가 오두막에서 불가에 앉아 차갑고 축축한 바람으로부터 보호를 받는 것처럼. 우리의 감각은 외부 세계를 향해 열려 있는 창문이다. 그리고 이따금 거센 바람이 불어와 우리 안에 있는 모든 것을 흩뜨려 놓는다.

우리 중 많은 이들이 자신의 창문을 언제나 열어 놓고 산다. 그래서 세상의 일과 소리들이 우리를 침범하고, 마구 휘저어 놓도록 허용한다. 그리하여 슬픔과 고민에 빠진 우리의 자아가 사정없이 노출된다. 우리는 너무도 춥고, 외롭고, 때로는 두렵기까지 하다.

그대는 무서운 텔레비전 프로그램을 보면서도 그것을 끄지 못하는 자신을 발견한 적이 있는가? 귀청을 때리는 소음과 총격소리가 정신을 못 차리게 하고 있다. 하지만 그대는 일어서서 텔레비전을 끄지 않는다. 왜 그런 식으로 스스로를 고문하는가? 그대는 자신의 창문을 닫고 싶지 않은가? 고독이 두려운가? 홀로 자기 자신을 마주할 때 발견하게 될지도 모르는 공허함과 외로움이 두려운가?

우리는 우리가 느끼고 지각하는 바로 그것이다. 만일 우리가 화가 나 있다면, 우리는 분노다. 만일 우리가 사랑에 빠져 있다면, 우리는 곧 사랑이다. 만일 우리가 눈 덮인 산 정상을 바라보고 있다면, 우리 자신이 곧 그 산이다. 나쁜 텔레비전 프로그램을 보고 있을 때, 우리는 그 텔레비전 프로그램이 된다. 꿈을 꾸고 있을 때, 우리는 그 꿈 자체다. 마술 지팡이가 없어도 우리는 우리가 원하는 모든 것이 될 수 있다.

그렇다면 우리는 왜 나쁜 영화와 텔레비전 프로그램에 우리의 창문을 열어 놓는 걸까? 쉽게 돈을 벌기 위해 선정적인 것을 추구하는 감독이 만든 영화, 심장이 쿵쿵 뛰게 만들고 주먹을 꽉 쥐게 하는 영화, 그래서 지쳐서 극장 밖을 나서게 만드는 영화를 왜 보는 것일까? 누가 그런 영화와 텔레비전 프로그램을 만들 수 있도록 허용했는가? 특히 어린 청소년들을 대상으로.

바로 우리가 그렇게 한 것이다! 우리는 화면에 어떤 것이 등장하든지 너무도 방관적인 자세로, 너무도 쉽게 무엇이든 받아들일 준비가 되어 있다. 또한 자기 자신의 삶을 창조하기에는 너무도 외롭고, 게으르고, 지루함에 빠져 있다. 우리는 텔레비전을 켜놓은 채 다른 사람이 우리를 인도하고, 만들고, 파괴하도록 내버려

둔다. 그런 식으로 자신을 방치하는 것은 아무 책임감 없이 행동하는 다른 사람들의 손에 자신의 운명을 맡겨 놓는 것이나 다름없다. 우리는 어떤 프로그램이 우리의 신경계와 영혼에 해로운가, 어떤 프로그램과 영화가 유익한가에 대해 깨어 있어야만 한다.

나는 단순히 영화나 텔레비전에 대해서만 말하는 것이 아니다. 우리 주위에는 우리 자신과 다른 사람들이 만들어 놓은 유혹들이 얼마나 많은가? 하루 동안에도 우리는 얼마나 자주 그런 것들에 빠져 자기 자신을 잃고 마음이 산만해지는가?

우리는 우리의 운명과 마음의 평화를 지키기 위해 매우 조심해야 한다. 그것은 모든 창문을 닫으라는 뜻이 아니다. 왜냐하면 우리가 '바깥'이라고 말하는 세상에는 기적이 많이 있기 때문이다. 그 기적들에 그대의 창문을 열어 놓으라. 깨어 있음의 빛을 갖고 그 모든 것을 바라보라.

맑게 흐르는 시냇물 옆에 앉아 있거나, 아름다운 음악을 듣거나, 또는 훌륭한 영화를 보고 있는 동안에도 시냇물과 음악, 그리고 영화에 완전히 빠져 자기 자신을 잃어버리지 말라. 끊임없이 그대 자신과 그대의 호흡을 자각하라. 깨어 있음의 태양이 우리 안에서 빛날 때, 우리는 대부분의 위험들을 피할 수 있다. 그러면 시냇물은 더욱 맑아지고, 음악은 더욱 조화롭게 들리고, 영화는 예술가의 혼을 보여 줄 것이다.

처음으로 명상을 시작하는 이들은 열어 놓으면 자신의 영혼을 어지럽힐지도 모르는 창문을 닫기 위해 도시를 떠나 산골짜기로 가려고 할 것이다. 그곳에서 그는 고요한 숲과 하나가 되고, '바깥세계'의 혼란에 휩쓸리지 않으면서 자기 자신을 재발견하고 되찾을 수가 있다. 성스럽고 고요한 숲은 그대를 깨어 있게 하는 데 큰 도움이 된다. 그 깨어 있음이 깊이 뿌리를 내렸을 때, 흔들림 없이 그것을 유지할 수 있을 때, 그대는 다시 도시로 돌아가 큰 문제 없이 살아갈 수 있을 것이다. 하지만 그런 수준에 이르기 전에는 그대는 매 순간마다 깨어 있기 위해 노력해야만 한다. 그리고 그대에게 가장 도움이 되는 환경과 생활을 선택해야 한다.

만일 그대가 전문적인 비평가라면 관찰하는 마음으로 책이나 영화를 볼 것이다. 책이나 영화를 보는 동안 그대는 비평가로서의 자신의 책임감을 자각하고 그것들의 맹목적인 '희생자'가 되지 않는다. 그때 그대는 자신의 주인이다.

깨어 있는 삶을 살 때, 그대는 자신의 주인이 된다. 그렇게 되면 그대의 창문이 세상을 향해 열려 있더라도, 그대는 세상으로부터 강요당하지 않는다. 감기에 걸렸을 때는 찬물로 샤워하지 말라. 그대가 자신의 감각을 보호해야 할 필요를 느낀다면, 그것은 아직 그대가 세상을 거리낌없이 마주할 만큼 강하지 않기 때문이다. 마치 감기에 걸린 사람이 아직 찬물로 샤워를 할 만큼 건강하지 못한 것처럼.

내가 라보이 출판사에서 일하던 어느 날, 한 신문사로부터 예술과 문학에 대해 말해 달라는 요청을 받은 일이 있었다. 라보이 출판사는 우리 몇 사람이 베트남에서 시작한 작은 출판사였다. 나는 예술과 문학은 드러냄과 치료의 역할을 동시에 해야 한다고 말했다. 드러낸다는 것은 인간과 세상의 현재 모습을 거짓 없이 그대로 보여 준다는 뜻이다. 그리고 치료한다는 것은 세상 사람들을 치료하는 방법을 보여 준다는 뜻이다. 붓다는 종종 의술의 왕으로 불리는데, 그것은 그의 가르침이 각각의 특별한 존재와 상황에 맞게 적용될 수 있기 때문이다.

싯다르타는 숲으로 들어가 여러 해 동안 강가에 앉아 있은 뒤, 사람들이 있는 세상으로 돌아왔다. 오늘날 우리는 시끄럽고 오염된 사회, 부정한 일들로 가득 찬 세상에서 살고 있지만, 공원이나 강가에서 잠시 동안 위안을 받을 수 있다. 현대의 음악과 문학 그리고 오락은 치료에 거의 도움을 주지 못한다. 반대로 그것들은 대부분 우리 모두에게 괴로움과 절망감, 피곤함을 안겨 준다. 따라서 우리는 자기 자신을 보호할 방법을 발견하고, 우리의 감각의 창문을 언제 열고 닫아야 하는가를 배울 필요가 있다. 그것이 명상을 하는 첫걸음이다.

나는 내게 잘 맞으며, 나의 행복과 평화, 건강에 도움이 되는 환경과 도구들이 필요하다는 것을 알고 있다. 그것들은 어디에 있는가? 그것들은 바로 저기 '바깥 세계'에 있다. 숲 속의 시냇물, 어린아이의 눈, 다정한 친구, 훌륭한 책, 음악회, 맛있고 몸에 좋은 음식, 나는 그 모든 것을 이용할 수 있음을 안다. 하지만 깨어 있지 않다면 나는 그것들을 충분히 즐기고 음미할 수가 없다.

시냇가에 앉아 있을 때, 우리는 시냇물의 웃음소리를 듣고, 반짝이는 물을 보고, 근처에서 빛나는 조약돌과 싱그러운 초록색 풀들을 알아차릴 수 있다. 그러면서 행복감에 압도당할 수 있다. 그때 우리는 시냇물의 신선함, 순수함, 깨끗함과 하나가 된다.

하지만 우리는 아주 잠깐만 그런 충만감을 느낄 수 있는지도 모른다. 우리의 마음속에는 고민이 있고, 우리는 다른 것들을 생각하기 시작한다. 그러면 우리는 더 이상 시냇물과 하나가 아니다.

우리의 마음이 도시에서 헤매고 있다면 평화로운 숲 속에 앉아 있어도 아무 소용이 없다. 우리가 한 아이나 친구와 함께 살 때, 그들이 가진 신선함과 따뜻함이 우리의 긴장을 풀어 줄 수 있다. 하지만 우리의 마음이 그들과 함께 있지 않다면 소중한 그들의 존재는 무시되고 그들은 더 이상 존재하지 않는다. 우리는 그들의 가치를 진정으로 느끼기 위해 그들의 존재를 자각하고, 그들이 곧 우리의 행복이 되도록 해야 한다. 소홀함과 망각을 통해 그들에게 불만을 갖고, 그들에게 많은 걸 요구하거나 비난한다면 우리는 결국 그들을 잃을 것이다. 그리고 그들이 떠나 버린 다음에야 그들의 가치를 깨닫고 후회할 것이다. 하지만 일단 그들이 떠나 버리면 아무리 후회해도 소용이 없다.

주위를 돌아보면 삶은 기적적인 일들로 가득하다.

한 잔의 물, 한 줄기 햇살, 나뭇잎, 애벌레, 꽃, 웃음, 빗방울, 모두가 하나의 기적이다.

그대가 깨어 있는 마음으로 삶을 살아간다면 어디서나 쉽게 기적을 볼 수 있다. 각각의 인간 존재는 다양한 기적의 산물이다. 수천 가지의 색깔과 형태를 보는 눈, 벌이 날아가는 소리와 구르는 천둥소리를 듣는 귀, 우주 전체에 대한 생각을 할 때만큼 쉽게 먼지 입자에 대해서도 생각하는 두뇌, 모든 존재의 심장 박동과 리듬을 맞추면서 뛰는 심장……. 하루하루를 투쟁하듯 살아가면서 지치고 좌절할 때 우리는 이런 기적들을 알아차리지 못할 수도 있다. 하지만 기적들은 언제나 거기에 있다.

그대의 마당에 있는 사과나무를 보라.

주의를 집중해서 그것을 보라. 그것은 정말로 하나의 기적이다.

그것을 알아차린다면 그대는 사과나무를 잘 돌볼 것이고 그대 또한 그 기적의 일부가 될 것이다. 일주일만 그렇게 돌보더라도 나뭇잎들이 더 초록으로 빛날 것이다.

그대 주위에 있는 사람들에 대해서도 마찬가지다. 깨어 있음의 빛 속에서 그대가 더 많이 주의를 쏟고, 더 이해하고 더 사랑할 때, 그대는 스스로 성장하고 더욱 사랑스런 존재가 된다. 뿐만 아니라 그대라는 존재 덕분에 다른 사람들도 그렇게 된다. 세상 전체가 평화로운 한 사람에 의해 달라질 수가 있다.

우리의 마음이 모든 것을 창조한다. 눈에 덮여 환하게 빛나는 거대한 산은 그대가 그것에 대해 명상할 때 그대 자신이 된다. 그 산의 존재는 그대의 깨어 있음에 달려 있다. 그대가 눈을 감고 있을 때라도 그대의 마음이 깨어 있는 한 그 산은 거기에 존재한다.

감각의 창문을 닫고 명상을 하며 앉아 있을 때, 그대는 우주 전체를 느낀다. 왜인가? 거기에 마음이 있기 때문이다. 눈을 감고 있어도 그대는 마음의 눈을 통해 더 잘 볼 수 있다. 세상의 풍경과 소리들은 그대의 '적'이 아니다. 그대의 '적'은 잊어버리는 것, 곧 깨어 있지 않은 마음이다.

내가 글을 쓰고 있는 지금, 프랑스 노동자들이 주당 노동 시간을 40시간에서 35시간으로 줄이기 위해 투쟁하고 있다. 그들은 자신들의 목표를 달성하기 위해 열심히 싸우고 있다. 하지만 그들은 그 다섯 시간을 어떻게 이용할 것인가? 만일 그들이 여느 토요일 저녁 시간을 보내듯이 그 시간을 이용한다면, 다시 말해 술집을 가거나 텔레비전 앞에 앉아 있다면 그것은 굉장한 시간 낭비가 아닐 수 없다.

　우리 모두는 긴장을 풀고 삶을 누릴 시간이 필요하다. 하지만 어떻게? 시간이 날 때 우리는 '아무것도 안 하는 것'을 피하기 위해 텔레비전에서 방영되는 아무 프로그램이나 본다. 그것을 우리는 집에 홀로 있는 것이라고 생각한다. 텔레비전을 보는 것은 우리를 더욱 피곤하게 하고, 신경질적으로 만들며, 삶의 균형감을 잃게 한다. 하지만 우리는 그런 결과에 대해서는 거의 자각하지 못한다. 우리가 열심히 투쟁해서 얻어 내려는 자유 시간은 텔레비전 방송국과 그들의 광고주들이 선전하는 물건들에게 점령당한다. 결국 우리는 그들의 식민지가 되어 버린다. 이제 우리는 휴식을 얻고 행복해지기 위해 우리의 소중한 시간을 잘 사용할 방법을 찾아야 한다.

　우리는 좋은 프로그램을 볼 수도 있고, 아름다운 곳을 찾아갈 수도 있고, 다정한 벗을 만날 수도, 그리고 자신이 좋아하는 책과 음반을 고를 수도 있다. 그리고 긴장을 풀고 우리가 선택한 것에 만족하며 살아갈 수 있다.

　하지만 이 사실을 잊지 말아야 한다. 우리가 선택한 것이 곧 우리 자신이 된다는 사실을! 햇빛이 내리비칠 때 벤치에 앉아 있거나 한낮에 산 정상에 올라가 본 적이 있는가? 두 팔을 넓게 벌리고 깊이 심호흡을 하면서 그대의 폐에 순수하고 맑은 공기를 가득 채워 무한히 커지는 느낌을 맛본 적이 있는가? 마치 하늘과 바다, 산이 된 듯한 느낌을 가진 적이 있는가? 만일 그대가 바다와 산에서 너무 멀리 떨어진 곳에 있다면 가부좌를 하고 앉아 부드럽고 깊게 호흡하라. 그러면 바다와 산, 우주 전체가 그대 안으로 들어

올 것이다.

　의식한다는 것은 곧 무엇인가를 의식하는 것이다. 마음이 산에 머물러 있을 때, 마음은 곧 산이 된다. 마음이 바다에 머물러 있을 때, 마음은 곧바로 바다가 된다. 우리가 '안다'라고 말할 때, 그 말 속에는 아는 것과 아는 사람이 모두 포함되어 있다. 자신의 육체에 대해 명상할 때, 우리는 우리의 육체가 된다. 우리는 우리의 관찰을 우리의 육체에만 한정시키지만, 실제로는 우리의 육체가 우주의 나머지 부분들과 분리될 수 없음을 알고 있다.

　만일 우리가 무한한 공간에 대해 명상한다면, 우리는 무한한 공간이 된다. 그리고 시간과 공간 둘 다를 포함하는 의식에 대해 명상한다면, 우리는 곧 무한한 의식 상태에 이른다. 모든 존재가 사실은 '나'라는 것을 갖고 있지 않다는 사실에 대해 명상한다면, 우리는 '내가 사라진 상태'로 들어갈 수가 있다. 깨어 있음이 마음의 모든 움직임에 빛을 비출 수 있다면 그러한 의식 상태에 이르는 것이 우리가 생각하는 것만큼 어려운 것은 아니다.

　나는 '바깥 세계'라는 표현을 쓸 때마다 그 말에 인용 부호를 쓴다. 그 이유는 그것이 내게는 정말로 '바깥 세계'가 아니기 때문이다. 그것을 깊이 들여다보라. 세계가 그대의 육체 밖에 있는가? 그것이 그대의 마음 밖에 있는가? 우리의 몸, 곧 피와 살과 뼈는 이 '바깥 세계'에 속해 있다. 사실 우리의 뇌와 신경계 또한 그것으로부터 벗어날 수 없다. 그대는 아마도 그대의 뇌를 이루고 있는 수백 평방센티미터의 공간을 '내부'로 생각할지도 모른다. 하지만 그렇지 않다. 뇌는 공간을 차지하고 있고, 공간은 '바깥 세계'의 일부분이다. 그렇지 않은가?

그렇다면 우리의 마음은 '내부' 세계에 있는가? 어디서 우리의 마음을 찾을 수 있는가? 그대는 그것을 공간 속에서 확인할 수 있는가? 아니다. 그대가 할 수 있는 일은 오직 마음을 관찰하고, 마음이 자기 자신을 관찰하는 것을 관찰하는 일이다. 마치 하나의 물건을 바라보는 것처럼 그대의 마음을 바라보려고 노력하라.

우리는 마음이 뇌와 신경계와 연결되어 있음을 알고 있다. 그것은 기억, 느낌, 생각, 인식, 지식 같은 것들이다. 이런 정신 현상들은 마음에 그 뿌리를 두고 있다. 그것들은 태어나고 죽으며, 강렬함의 차이를 갖고 있다. 그렇다면 우리는 그것들을 공간이나 시간 속에서 찾을 수 있는가? 공간의 경우는, 그 신경계는 뇌라는 공간에 위치하고 있다고 말할 수 있을 것이다. 또한 시간의 경우는, 그것들이 어제나 오늘 또는 내일 일어난다고 말할 수 있을 것이다.

따라서 마음 그 자체는 소위 말하는 '바깥 세계'의 일부로 간주될 수 있다. 그런 식으로 계속 살펴나가면 그대는 모든 것이 '바깥 세계'에 속해 있는 것 같다는 느낌을 갖게 될 것이다. 하지만 도대체 무엇의 '바깥'이란 말인가? '안'이 없이 어떻게 '바깥'이 있을 수 있는가?

그렇다고 성급하게 '바깥 세계'는 마음속에 있으며, 마음은 우주 전체를 포함하고 있다는 섣부른 결론에 뛰어들지는 말라. 그런 결론 역시 계속해서 '안'과 '밖'을 구분하는 것이다. '모든 것은 마음 안에서 발견할 수 있다. 마음 밖에는 아무것도 존재하지 않는다'고 말하는 것은 '바깥 세상을 창조하는 것은 마음이다'라고 말하는 것만큼이나 어처구니없는 말이다.

우리의 혼란은 '안'과 '밖'을 구분하는 습관에서 일어난다. 일상 생활에서는 그런 구별이 필요하다. 집 안에 있을 때, 우리는 추운 겨울이라도 가볍고 편안한 옷을 입을 것이다. 하지만 따뜻한 옷을 입지 않고 밖으로 나간다면 감기에 걸릴 것이다. 높고 낮음, 하나와 여럿, 오고 감, 탄생과 죽음 같은 개념들은 일상 생활 속에서는 매우 중요한 것들이다.

하지만 우주의 진정한 본질에 대해 명상을 하기 위해 실용성의 영역을 떠날 때, 우리는 그런 개념들도 남겨 두고 떠나야만 한다. 명상을 추구하는 사람에게는 관념을 버리는 것이 무엇보다 중요하다. 우리의 마음은 항상 구분짓기를 좋아한다. 이를테면 시간과 공간, 위와 아래, 안과 밖, 자신과 타인, 원인과 결과, 탄생과 죽음, 하나와 여럿 같은 것들이다. 그리고 물리적 현상이든 마음의 현상이든 일단 그런 구분 속에 넣은 뒤 그것들을 조사해 진정한 본성을 발견하려고 한다. 그것은 마치 물의 모양과 크기를 알아내기 위해 서로 다른 모양과 크기의 병에 물을 채우는 것과 같다.

진리 자체는 그런 개념들을 뛰어넘어 있다. 따라서 그대가 만일 진리를 꿰뚫어보고자 한다면, 일상 속에서 사용하는 모든 관념적인 구분들을 깨뜨릴 수 있어야 한다. 상대성 이론은 시간과 공간이 절대적이고 서로 독립되어 있다는 생각을 버리지 않는다면 우주를 이해하는 데 진전을 이룰 수 없다고 말한다. 또한 양자 이론은 원자 속의 소립자의 세계를 이해하려면 물질과 빈 공간, 원인과 결과, 앞과 뒤 같은 일상 생활 속에서는 매우 유용하게 쓰이는 개념들에서 벗어나야 한다고 말한다.

오늘날 양자 물리학자들은 관찰자의 의식이 관찰되는 대상과 밀접한 관계를 갖고 있음을 알고 있다. 그리하여 그들은 인간의 의식에 점점 더 깊은 관심을 기울이고 있다. 몇 해 전 프랑스 문화부는 스페인의 코르도바에서 일주일 동안 '마음과 과학'에 대한 세미나를 열었다. 많은 저명한 학자들이 참석했으며, 그중 대다수가 세계와 마음이 같은 성질을 갖고 있음을 확신한다고 말했다.

일부 과학자들이 마음의 근본적인 특징을 밝혀내곤 하지만, 아직도 많은 과학자들이 연구실에서 다른 것들을 연구하듯 마음을 연구하려고 하는 것은 문제라고 나는 생각한다. 그렇게 되면 거기에는 마음은 더 이상 없어지고, 개념에 의해 만들어진 마음의 투영만이 있게 된다. 불교 경전에 나오는 다음 구절을 기억하라.

"몸 안에서 몸을 관찰하라. 느낌 안에서 느낌을 관찰하라. 마음 안에서 마음을 관찰하라."

이것은 그대가 몸 속에 살면서 몸에 대해 완전히 깨어 있어야 한다는 뜻이다. 몸을 분리된 대상처럼 연구만 해서는 안 된다는 뜻이다. 느낌과 마음을 자각하면서 살라. 단순히 그것들을 연구하려고 들지 말라. 다만 그것들에 대해 깨어 있으라. 우리가 몸에 대해 깨어 있을 때 우리는 그 몸과 하나가 될 수 있다.

꽃이 피어나는 이유는 햇빛이 싹을 비추면서 따뜻하게 덥혀 주고, 그것과 하나가 되기 때문이다. 명상은 진리에 대한 개념이 아니라, 진리 그 자체의 직접적인 모습을 드러내고 체험하게 한다. 우리는 그것을 통찰력이라 부른다. 그리고 그것은 깨어 있음과 집중을 바탕으로 한 이해다.

이해는 생각의 결과가 아니라 명상의 결과다. 생각한다는 것은 기억의 창고에서 개념이라는 덩어리들을 가져다가 기념물을 만드는 것이다. 우리는 그런 헛간과 궁전을 '생각'이라 부른다. 하지만 생각은 그것만으로는 창조적인 가치가 전혀 없다. 생각이 진정한 내용을 지닐 때는 오직 이해의 빛을 받는 때다. 이해라는 것은 생각의 결과로 생기지 않는다. 그것은 의식적으로 깨어 있는 상태가 계속된 결과다. 때로는 이해가 생각을 뜻하는 것처럼 보일 수도 있지만, 생각은 종종 충분한 이해를 가져오기에는 너무도 고정되고 제한되어 있다. 때로는 말이나 생각보다 한 번 바라보거나 미소짓는 것이 그대의 이해를 훨씬 잘 표현한다.

벌의 춤을 보라. 벌에 대한 책이나 영화를 본 적이 있는가? 꽃이 만발한 언덕을 발견한 벌은 벌집으로 날아가 자신의 동료들에게 꽃들이 어디 있는지 정확히 알려 준다. 그런데 벌은 춤으로써 그것을 전달한다. 벌은 아주 멀리 있는 장소까지도 동료들에게 알려 줄 수 있다. K. 폰 프리슈는 벌들의 춤 언어에 대해 연구한 끝에 그런 사실을 밝혀 냈다.

우리 인간들 또한 어떻게 춤을 추는지 안다. 어떤 이들은 몸으로 춤을 추고, 또 다른 이들은 그림이나 음악으로 춤을 춘다. 우리의 말이나 글도 춤의 스텝, 노래의 음정, 그림의 붓놀림과 아무 차이가 없다. 그것들은 많든 적든 기술을 필요로 한다. 그래서 우리는 그것들을 통해 자신의 마음을 서투르게 또는 훌륭하게 전달할 수가 있다.

하지만 그 기술은 예술가의 손이나 말하는 사람의 언어에만 달려 있지 않다. 듣는 사람 또한 기술과 분별력이 있어야 한다. 말을 사용할 때는 관념을 벗어나기가 특히 어렵다. 말하는 사람이 기술적으로 그것을 피하더라도 듣는 사람이 여전히 그 덫에 빠질 수 있기 때문이다. 빈 병을 보라. 그 병들은 채워지기 전부터 분명한 모양과 크기를 갖고 있었다. 선을 수행하는 사람들은 말을 사용하지 말라고 자주 충고한다. 그것은 말을 믿지 말라는 뜻이 아니라, 그것에 얽매이는 위험을 피하라는 뜻이다. 또한 듣는 사람을 위해 말을 가능한 한 기술적으로 사용하라는 뜻이다.

인도의 철학자 나가르주나는 〈중론〉이란 경전을 썼는데, 이 책에서 그는 개념을 파괴하기 위해 개념을 사용했다. 그는 새로운 교리를 창조하려고 했던 것이 아니라, 물이 존재하는 데는 어떤 형태도 필요하지 않다는 것을 증명하기 위해 모든 병, 모든 항아리, 모든 화병, 모든 그릇을 깨뜨리고자 했던 것이다. 그는 우리에게 춤을 보여 주고자 했던 것이다. 우리로 하여금 단지 실체의 그림자에 만족하지 않고 직접 실체와 마주할 있도록 모든 구분과 장벽을 떨쳐 버리는 춤을.

우리는 인간으로서 우리가 성취한 지식을 자랑한다. 그것은 우리 인간이라는 종의 보물이고, 우리가 '무생물'에서 막 '생물'이 되면서부터 시간이 시작된 이래로 후대로 전해져 내려왔다. '앎'에 대해 이야기할 때, 우리는 곧바로 우리처럼 큰 두뇌를 가진 인간만을 생각할 뿐, 그것이 무생물을 포함한 모든 생명체에게 나타나는 현상임을 잊어버린다.

분명히 벌과 거미와 말벌들도 고도의 기술을 갖고 있다. 그들은 더없이 아름다운 구조물을 만든다. 벌의 집, 말벌의 둥지, 거미의 거미줄을 보며 우리는 그들의 훌륭한 기술을 인정하면서도 이렇게 말한다.

"그런 벌레들은 생각하는 법을 모른다. 그들은 수학 문제를 풀 수 없다. 어떤 계획을 세울 수도 없다. 그들은 지능을 갖고 있지 않다. 그들이 갖고 있는 것은 오직 본능뿐이다."

　그렇지만 그들에게 둥지와 거미줄을 준 것은 우리 인간들이 아니다. 우리가 감탄해 마지않는 경이로운 구조물을 설계하고 만든 것은 다름 아닌 '뇌가 없는' 작은 생물들이다. 그들에게 '앎'이 없다면, 누가 과연 그 일을 하는 것인가?

　그들은 '앎'을 갖고 있다. 진화를 거듭하면서 그 지식들을 얻은 것이다.

　식물에서도 우리는 그런 앎의 기적을 발견한다. 사과나무는 뿌리와 가지, 잎사귀와 꽃, 그리고 열매 맺는 법을 '알고' 있다. 그대는 사과나무가 지능이 없으므로 다른 선택의 여지가 없다고 말할 것이다. 하지만 그대는 자신의 갈비뼈와 내분비선, 그리고 등뼈를 그대의 지능으로 만들었는가? 그것은 우리의 생각하는 능력 등 모든 것을 포함하고 있는 '앎'이 한 일이다.

　우리는 '앎'이 느낌과 인식과 관계가 있다고 생각하는 데 너무 익숙해져서 무생물에게는 '생명과 감각, 지능이 없다'라는 딱지를 쉽게 붙여 버린다. 하지만 그것들은 단지 우리의 관점에서 볼 때만 생명이 없는 것이다. 바위는 수많은 분자들로 구성되어 있다. 그리고 분자들은 또다시 수많은 원자들과 원자 속의 소립자들로 이루어져 있으며, 그것들은 전자기와 핵력에 의해 하나로 결합되어 있다. 원자는 생명이 없는 단단한 조각이 아니며, 활기가 없는 물질도 아니다. 원자는 그 안에서 무한히 작은 소립자들(양성자, 전자, 중성자 등)이 엄청난 속도로 끊임없이 움직이는 넓은 빈 공간이다. 소립자들은 왜 그런 식으로 움직이는 것일까? 이래도 바위가 '활기와 생명, 감각이 없다'라고 말할 수 있는가?
　시인 라마르틴은 이렇게 물은 적이 있다.
　"생명 없는 물질이여, 그대는 영혼을 갖고 있는가?"
　우리가 갖고 있는 생각과 믿음에 맞춰 영혼을 정의한다면, 두말할 것도 없이 그들은 영혼을 갖고 있지 않으며, 그것을 증명해 보일 수도 없다. 그러나 역동적으로 살아 있는 실체라는 의미에서 그들은 틀림없이 영혼을 갖고 있다!
　내가 이런 말들을 하는 것은 그대를 즐겁게 하기 위해, 재미있고 재치 있는 말들을 늘어놓기 위해서가 아니다. 그것들은 우리의 습관적이고 문제가 되는 사고 방식, 나날의 삶을 통해 만들어진 낡은 습관을 부수고 파괴하기 위한 도구들이다. 가구를 부수거나 나무를 쪼개 장작으로 만들기 위한 끌과 쇠지레, 도끼들이다.
　통나무를 쪼개려면 갈라진 틈에 쐐기를 박고 통나무가 서서히 둘로 쪼개질 때까지 망치로 내리쳐야 한다. 이 글을 읽는 것 또한 그대 안에 쐐기를 박는 것과 같다. 그리고 쐐기가 박힐 것인가는 그대의 관심, 그대의 명상 수행에 달려 있다. 내가 말하고 있는 것이 그대에게 분명히 다가오지 않는다면, 그대가 이렇듯 사물을 다른 시각으로 뒤집어서 보는 데 아직 익숙하지 않기 때문일 것이다. 편견과 차별이 없는 마음으로 실체를 바라보라는 요구를 처음 받았을지도 모른다. 또는 아직 내 춤이 너무 서툴기 때문일 수도 있다. 그것은 중요하지 않다. 우리는 또 다른 방법을 시도할 수도 있을 것이다. 어떤 한 문을 통과할 수 없다면, 우리는 그 밖의 다른 많은 문들을 시도할 수 있다. 불교에서는 진리로 들어가는 8만 4천 개의 문이 있다고 말한다. 나는 우리가 그것보다 더 많은 문을 만들어야 한다고 생각한다.

중요한 것은 실체를 들여다보는 일이지, 나의 말을 이해하는 것이 아니다. 내 말은 단지 그대의 주의를 환기시키는 벌의 춤이나, 달을 가리키는 손가락 같은 것일 뿐이다. 그대는 자신의 눈으로 바라봐야만 한다. 완전한 깨어 있는 상태로 눈을 크게 뜨고서.

나는 그대가 내 말을 개념으로 바꿔 놓지 않기를 바란다. 그대 안에 저장할 수 있는 새로운 개념으로 말이다. 나는 그대에게 무엇인가를 주길 원치 않는다. 단지 그대를 위해 벌처럼 춤을 추고 싶을 뿐이다. 그대가 무엇인가를 보았다면 그대 자신이 그것을 보았다는 것을 깨달아야 한다. 그것은 그대 안에 있지 내 춤 속에 있지 않다.

잠자는 아이에게로 가서 그 곁에 앉으라. 그리고 아이를 바라보라. 아니면 마당으로 나가서 사과나무 앞에 앉으라. 또는 주방으로 가서 차를 끓이라.

무엇을 하든 주의를 집중해서, 완전히 깨어 있는 마음으로 하라. 부주의하게 자신을 잃어버리지 말라. 아이와 나무, 그리고 차 마시는 일과 하나가 되는 것에 대해 생각하지 말라. 그것에 대해 생각할 필요가 전혀 없다. 그저 아이와 함께 있는 것을 즐기고, 나무와 함께 있는 것을 즐기고, 차 마시는 일을 즐기라. 입가에 미소를 띄우고서.

4
깨어 있는 마음의 기적

젊은 시절, 나는 가장 큰 고통은 태어나고, 병들고, 늙고, 죽고, 꿈을 이루지 못하는 것이라고 배웠다. 또한 사랑하는 사람과 헤어지고, 자신이 싫어하는 것과 만나는 것이라고 배웠다. 하지만 인간의 진정한 고통은 우리가 실체를 잘못 바라보기 때문에 생겨난다.

한 송이 꽃을 깊이 들여다볼 때, 우리는 그것이 꽃이 아닌 요소들로 이루어져 있음을 알 수 있다. 그것은 햇빛, 비, 흙, 거름, 공기, 그리고 시간 같은 것으로 이루어져 있다. 계속 깊이 들여다본다면, 우리는 그 꽃이 거름이 되어 가는 중임을 알게 될 것이다. 만일 그것을 모르고 있었다면, 꽃이 썩어 갈 때 우리는 큰 충격을 받을 것이다.

반대로 거름을 깊이 들여다볼 때, 우리는 그것 역시 꽃이 되어 가고 있음을 알 수 있다. 그리고 꽃과 거름이 '함께 존재하고 있음'을 깨닫는다. 꽃과 거름은 서로를 필요로 한다. 유기 비료를 쓰는 정원사는 거름을 결코 하찮게 생각하지 않는다. 왜냐하면 그는 거름을 금잔화와 장미 등 여러 다양한 꽃들로 탈바꿈시키는 방법을 알고 있기 때문이다.

우리 자신을 깊이 들여다볼 때, 우리는 꽃과 쓰레기를 함께 본다. 우리는 저마다 분노와 미움, 우울증과 인종 차별 같은 많은 종류의 쓰레기를 안에 지니고 있다. 하지만 걱정할 필요는 없다. 정원사가 거름을 꽃으로 변화시키는 방법을 알듯이, 우리 또한 분노와 미움, 우울증과 인종 차별을 사랑과 이해로 탈바꿈시킬 수 있기 때문이다. 명상이 하는 일이 바로 그것이다.

불교 심리학에 따르면 우리의 의식은 두 부분으로 나누어져 있다. 그것은 지하실이 있는 집과 같다. 집의 1층에는 거실이 있고,

우리는 그것을 '표면의식'이라고 부른다. 그리고 그 아래층에는 지하실이 있는데, 우리는 그것을 '잠재의식'이라 부른다. 잠재의식 속에는 우리가 행동하고, 경험하고, 느낀 모든 것들이 씨앗 또는 필름의 형태로 저장되어 있다. 우리의 지하실은 상상할 수 있는 온갖 종류의 영화가 비디오 테이프에 담겨 있는 기록 보관소와 같다. 1층 거실에서 우리는 소파에 앉아 영화 필름이 지하실에서 올라올 때마다 그것을 본다.

〈분노〉와 〈두려움〉, 그리고 〈절망〉 같은 제목의 영화들은 자신의 힘만으로도 지하실에서 올라올 수 있다. 그것들은 거실 문을 활짝 열어 젖히고, 우리가 선택을 하든 안 하든 갑자기 비디오 속으로 뛰어들어 영화를 상연한다. 그런 일이 일어날 때마다 우리는 꼼짝없이 영화를 보는 수밖에 다른 방법이 없다.

다행히 각각의 영화는 그 길이가 정해져 있다. 따라서 상영이 끝나면 다시 지하실로 돌아간다. 하지만 우리가 영화를 한 번 볼 때마다 그것은 기록 보관소의 선반에서 더 좋은 자리를 차지하게 된다. 그래서 우리는 그것이 곧 또다시 1층으로 올라오리라는 걸 짐작할 수 있다. 때로 외부의 자극을 강하게 받을 때, 이를테면 감정이 상하는 말을 들을 때, 우리의 텔레비전 화면에 즉시 영화가 상영된다. 우리는 그런 영화를 보면서 많은 시간을 보내고, 그 영화들 대부분은 우리에게 해로운 영향을 미친다. 따라서 행복해지기 위해서는 그 영화들의 상영을 중단시키는 법을 배우는 것이 중요하다.

세상의 종교 경전들은 대개 우리의 마음을 밭으로 표현한다. 온갖 종류의 씨앗을 심을 수 있는 땅이 우리의 마음이라는 것이다.

우리는 그곳에 고통과 행복, 기쁨과 슬픔, 두려움과 분노, 그리고 희망의 씨앗을 심을 수 있다. 잠재의식 또한 우리의 모든 씨앗이 들어 있는 저장 창고에 비유할 수 있다.

하나의 씨앗이 우리의 표면의식에 등장할 때, 그것은 언제나 더욱 강해져서 창고로 돌아간다. 우리의 삶의 질은 잠재의식 속에 있는 씨앗들의 질에 달려 있다.

우리는 자주 우리의 표면의식 속에 분노와 슬픔, 두려움의 씨앗을 등장시키는 습관이 있다. 그러면 기쁨과 행복, 평화의 씨앗이 싹틀 기회는 그만큼 적어진다. 깨어 있다는 것은 씨앗들이 창고에서 올라올 때, 그것을 하나하나 자각한다는 뜻이다. 또한 기회가 있을 때마다 가장 건강한 씨앗들에게 물을 주어 더욱 건강하게 자라도록 도와 준다는 뜻이다. 평화와 아름다움을 느낄 때마다 우리 안에 있는 평화와 아름다움의 씨앗에 물을 주는 것과 같다. 그때 아름다운 꽃들이 우리의 의식 속에서 활짝 피어날 것이다.

씨앗에 물을 주는 시간이 길어질수록 씨앗은 더욱더 건강해진다. 예를 들어 우리가 어떤 나무 앞에 서서 자신의 호흡을 느끼면서 5분을 보낸다면, 우리 안에 있는 긍정적인 씨앗은 물을 얻어 더욱 건강하게 자랄 것이다. 그 5분 동안 두려움과 고통 같은 다른 씨앗들은 물을 얻지 못할 것이다. 우리는 그런 식으로 날마다 수행을 해야 한다.

우리의 표면의식에 나타났던 모든 씨앗은 언제나 더욱 강해져서 잠재의식의 창고로 돌아간다. 우리가 건강한 씨앗에 온 마음을 다해 물을 준다면, 우리의 잠재의식은 틀림없이 우리를 치유해 줄 것이다.

세상에는 경이로운 것들이 수없이 많다. 하지만 우리는 잘못된 것에만 주의를 기울이고 좋은 것에는 관심을 갖지 않는다. 만일 우리가 자신의 호흡을 자각하면서 좋은 것을 느끼기 위해 노력한다면, 우리는 더욱 쉽게 치유될 것이다.

많은 사람들이 너무나 많은 고통을 겪고 있어서 꽃을 만지거나 아이의 손을 잡을 만한 마음의 여유가 없다. 하지만 우리는 아름답고 건강한 것을 느끼기 위해 노력해야 한다. 그것이 우리의 잠재의식이 치유의 역할을 하도록 돕는 길이다. 우리가 우리 안 그리고 우리 주위에서 평화와 치유의 힘을 느낄 때, 우리의 잠재의식은 고통을 변화시킬 수 있다. 우리는 나무와 새, 그리고 귀여운 아이들을 통해 치유받아야 한다. 그렇지 않으면 되풀이해서 고통을 느낄 것이다.

우리의 잠재의식 속에 있는 경이로운 씨앗 중의 하나는 깨어 있는 마음의 씨앗이다. 깨어 있는 마음을 가질 때, 우리는 지금 이 순간 일어나고 있는 일을 자각할 수 있다. 깨어 있는 마음은 우리를 변화시키고 치유하는 중요한 힘이다. 하지만 우리의 깨어 있는 마음은 망각과 고통 속에 오랫동안 묻혀 있었다.

자신이 세상을 볼 수 있는 눈과 몸을 건강히 유지시키는 심장과 간을 갖고 있으며, 치통을 갖고 있지 않다는 사실을 우리는 거의 자각하지 않는다.

우리는 망각 속에 살아가면서 다른 곳에서 행복을 찾는다.

우리 안 그리고 우리 주위에 이미 소중한 행복의 요소들이 있음을 무시하고 외면한다.

숨을 들이쉬고 내쉬면서 자신 앞에 아름답게 살아 있는 한 그루의 나무를 볼 때, 우리는 깨어 있는 마음의 씨앗에 물을 주는 것이다. 그러면 씨앗은 더욱 강하게 자랄 것이다.

처음 명상을 시작할 때, 우리의 깨어 있는 마음은 15와트 전구처럼 약할 것이다. 하지만 우리가 호흡에 관심을 기울이자마자 그것은 더욱 강해진다. 그리고 이 명상을 몇 주 동안 하고 나면, 깨어 있는 마음은 100와트 전구처럼 밝아진다. 깨어 있는 마음이 빛날 때, 우리는 우리 안, 그리고 우리 주위에서 수많은 경이로움들과 만날 수 있다. 또한 그렇게 하는 동안 우리는 우리 안에 있는 평화와 기쁨, 행복의 씨앗에 물을 주고, 불행의 씨앗에는 물을 주지 않는다.

명상을 처음 시작할 때, 우리 안의 불행의 씨앗은 강력한 힘을 갖고 있다. 왜냐하면 우리가 매일 그 씨앗에 물을 주었기 때문이다. 배우자와 아이들 또한 우리의 분노의 씨앗에 물을 주어 왔다. 왜냐하면 그들도 그들 자신의 고통을 느끼면서 오직 고통의 씨앗에 물을 주는 것만을 알고 있기 때문이다. 불행의 씨앗의 힘이 강할 때, 우리가 굳이 지하실에서 나오라고 말하지 않더라도 그것은 거실 문을 밀치고 안으로 들어올 것이다. 그것이 들어오면 당연히 우리는 기분이 나빠질 것이다. 우리는 그것을 억누르고 지하실에 가둬 두려고 노력한다. 하지만 그동안 불행의 씨앗에 너무 많은 물을 주었기 때문에, 우리가 부르지 않더라도 그것은 우리 의식의 표면으로 뛰쳐나온다.

행복해지려면 깨어 있는 마음의 씨앗에 물을 주어야 한다. 깨어 있는 마음은 깨우침과 자각, 이해와 관심, 자비와 해방, 변화와 치유의 씨앗이 된다. 깨어 있을 때, 우리 안 그리고 우리 주위에서 삶의 신성하고 즐거운 모습과 만날 수 있다. 망각 속에 있을 때는 만날 수 없는 그것들을. 깨어 있는 마음으로 그 경이로운 것들과 만날 때 그것들은 저마다 최고의 화려한 모습을 드러낸다.

깨어 있는 마음으로 자신의 고통과 마주할 때, 우리는 그것을 변화시키기 시작한다. 아이가 거실에서 울고 있을 때, 엄마는 곧바로 달려가 아이를 두 팔로 다정히 껴안는다. 엄마의 마음은 사랑과 애정으로 가득 차 있다. 때문에 엄마가 아이를 껴안을 때, 엄마의 사랑과 애정이 아이에게 전해지면서 아이는 금세 울음을 그치게 된다. 깨어 있는 마음은 그대가 고통스러워 울 때마다 그대를 보살펴 주는 엄마와 같다.

꽃을 깊이 바라볼 때, 우리는 꽃이 피어 있도록 도와 주는 꽃 아닌 요소들을 본다. 구름과 대지, 정원사와 흙이 그것이다. 우리의 고통을 깊이 들여다볼 때, 우리는 고통이 우리 자신만의 고통이 아니라는 걸 깨닫는다. 우리의 조상과 부모, 사회가 많은 고통의 씨앗을 우리에게 전해 준 것이다. 우리는 그런 씨앗들이 있음을 인정해야 한다.

자두 마을에서 함께 명상하던 한 소년이 내게 이런 이야기를 들려 준 적이 있다. 열세 살 때 그 아이는 아버지에게 무척 화가 나 있었다. 자신이 넘어져 다칠 때마다, 아버지가 화를 내며 소리를 질렀기 때문이다. 소년은 자신이 어른이 되면 절대로 그렇게 하지 않으리라고 결심했다.

그런데 얼마 전, 그 소년의 여동생이 친구들과 놀다가 그네에서 떨어져 무릎이 까지는 일이 있었다. 무릎에서 피가 흐르는 것을 보면서 소년은 화가 치밀어 올랐다. 소년은 동생에게 이렇게 소리치고 싶었다.

'이런 바보! 도대체 왜 그렇게 된 거야?'

하지만 소년은 마음을 차분히 가라앉혔다. 왜냐하면 아이는 깨어 있는 수행을 통해 자신의 분노를 자각하는 법을 알고 있었기 때문이다. 따라서 아이는 분노한 마음을 그대로 바깥으로 내뿜지 않았다.

그곳에 있던 어른들이 동생의 상처를 씻고 반창고를 붙여 주었다. 아이는 천천히 걸어가면서 생각했다. 아이는 문득 자신이 아버지와 똑같다는 사실을 발견했다. 자신의 분노에 적절히 대처하지 못한다면, 그것이 자신의 자식에게까지 전해지리라는 것을 아이는 깨달았다. 열세 살짜리 아이로서는 놀랄 만한 통찰력을 얻은 것이다. 또한 아이는 아버지도 자신처럼 한 사람의 희생자였음을 깨달았다. 아버지의 분노의 씨앗은 그의 부모들로부터 전해졌을 것이다. 깨어 있는 수행을 한 덕분에 아이는 자신의 분노를 통찰력으로 변화시킬 수 있었다. 그후 아이는 아버지에게로 가서 이제 당신을 이해하기 때문에 진정으로 사랑할 수 있게 되었노라고 말했다.

짜증이 나서 아이들에게 거칠게 말할 때, 우리는 아이 속에 있는 고통의 씨앗에 물을 주는 것이다. 아이가 다시 거친 태도로 반응할 때, 아이는 우리 안에 있는 고통의 씨앗에 물을 주는 것이다. 그런 방식으로 살아간다면 고통은 점점 더 커지고 깊어진다. 깨어 있는 마음으로 침착하게 숨을 들이쉬고 내쉬면서, 우리는 우리 안에 있는 여러 고통들을 깊이 들여다볼 수 있다. 그렇게 할 때, 우리는 또한 우리의 조상과 문화, 세상을 이해하기 시작한다. 그것을 이해하는 순간 우리는 주위 사람들을 애정과 자비심으로 대할 수 있다. 비난하려는 마음 없이. 깊은 통찰력을 가질 때 우리는 진정한 평화와 화해에 이를 수 있다. 그리고 다른 사람과의 갈등이 사라질 때, 자기 내면의 갈등도 사라진다.

고통의 씨앗들은 언제나 밖으로 나오려고 한다.

만일 그것을 억압한다면, 그대의 마음속 흐름이 막힐 것이고 그 결과 병이 날 것이다.

깨어 있는 수행을 하면, 그대는 거실 문을 활짝 열고 그 고통이 들어오게 할 만큼 강해질 수 있다. 깨어 있는 마음속으로 고통이 들어올 때마다 그것은 힘을 잃을 것이다. 그리고 나중에 잠재의식으로 돌아갈 때는 더욱 힘이 약해져 있을 것이다. 고통이 다시 나타날 때, 엄마가 아이를 반기듯 깨어 있는 마음으로 고통을 환영하라. 그러면 고통은 줄어들어 전보다 훨씬 약해진 상태로 지하실로 내려갈 것이다. 이런 식으로 그대의 영혼 속에 좋은 순환을 창조할 수가 있다.

우리의 몸 속에서 피가 원활하게 순환할 때, 우리는 편안함을 느낀다. 마찬가지로 우리의 정신 에너지가 잠재의식과 표면의식 사이에서 잘 순환할 때, 우리는 행복을 느낀다. 깨어 있는 마음이 고통을 받아들이고 변화시킬 수 있다면, 우리는 더 이상 고통을 두려워할 필요가 없다.

무엇인가 불쾌한 일이 일어날 때 그대는 매우 당황하거나 화를 낼 수 있다. 그때 그대는 소리를 지르거나 울고 싶을 것이다. 그대의 자매나 형제가 그대가 좋아하지 않는 어떤 행동을 하거나 말을 할 수도 있다. 그때 그대가 침착하게 "왜 그렇게 한 거야?" 하고 물을 수 있다면, 그건 좋은 일이다. 하지만 화가 치솟을 때는 대개 상대방에게 소리를 지르거나 울고 싶을 것이다.

　마음에 상처를 받을 때, 우리는 상대방에게 상처를 주는 행동이나 말을 해서 되갚아 주려고 한다. 하지만 우리가 상처를 주는 말로 대응할 때, 상대방은 그보다 훨씬 잔인한 말을 찾을 것이다. 그러면 싸움을 끝낼 방법을 찾을 수가 없다.

　누군가 그대를 화나게 할 때, 말로 대응하지 않는 것이 현명한 방법이다. 그대가 첫번째로 할 일은 행동을 멈추고 자신의 호흡으로 돌아가는 것이다. 그것이 내가 쓰는 방법이다. 나는 이렇게 말한다.

　"숨을 들이쉬면서, 나는 내가 화가 난 것을 안다. 숨을 내쉬면서, 분노는 여전히 거기 있다."

　이렇게 두세 번 호흡하고 나면, 내 안에서 작은 변화가 일어나고 분노가 서서히 가라앉는다. 우리는 우리 자신과 타인을 불행에 빠뜨리지 않는 방식으로 행동할 수 있다. 우리는 불행한 상황을 즐거운 상황으로 바꿀 수 있다. 하지만 그러기 위해서는 약간의 수행이 필요하다. 우리는 학교에서 많은 것을 배우지만, 행복해지고 고통을 덜 받는 방법에 대해 배울 기회는 거의 없다.

　그대의 의식 속에는 그대가 가진 모든 씨앗, 모든 필름이 들어 있다. 좋은 씨앗들이 더욱 강하면, 그대는 더욱더 행복을 느낄 것이다. 명상은 깨어 있음의 씨앗이 잘 자라도록 도와 준다. 그리고 그대 안에 있는 빛을 더 밝게 해준다.

　깨어 있는 마음으로 살아갈 때, 그대는 기쁨의 씨앗에 물을 주고, 슬픔과 고통의 씨앗을 탈바꿈시키는 방법을 알게 될 것이다.

그때 그대 안에는 이해와 자비와 사랑이 꽃필 것이다.

젊은 승려 시절, 나는 가장 큰 고통은 태어나고, 병들고, 늙고, 죽고, 꿈을 이루지 못하는 것이라고 배웠다. 또한 사랑하는 사람과 헤어지고, 자신이 싫어하는 것과 만나는 것이라고 배웠다. 하지만 인간의 진정한 고통은 우리가 실체를 잘못 바라보기 때문에 생겨난다.

깊이 바라보라. 그러면 태어나고, 늙고, 병들고, 죽고, 꿈을 이루지 못하고, 사랑하는 사람과 헤어지고, 싫어하는 것과 마주치는 것 속에도 그 자체의 경이로움이 있음을 발견할 것이다. 그 모든 것이 존재의 소중한 측면이다. 그것이 없다면 그대는 존재할 수가 없다.

가장 중요한 것은 덧없음을 받아들이는 법을 배우는 일이다. 그리고 자신이 결코 태어나지도 않았고 죽지도 않으리란 것을 알고 미소짓는 일이다. 붓다는 이런 이야기를 들려 주었다.

"한 남자가 개에게 돌을 던졌다. 심한 고통을 느낀 개는 돌을 향해 짖어댔다. 그 개는 고통의 원인이 돌이 아니라 남자에게 있음을 이해하지 못했다."

마찬가지로 우리는 형태, 소리, 냄새, 맛, 그리고 감촉이 우리에게 고통을 주는 근원이라고 생각한다. 그리고 고통을 극복하기 위해 형태, 소리, 냄새, 맛, 그리고 감촉을 모두 없애 버려야 한다고 여긴다. 우리는 고통이 형태, 소리, 냄새, 맛, 그리고 감촉을 이용하는 우리의 방법에서 비롯된다는 것을 깨닫지 못한다. 왜냐하면 우리는 우리의 좁은 시각과 이기적인 욕망이라는 어두운 커튼을 통해 실체를 바라보기 때문이다.

한때 미국에서 지낼 무렵, 나는 베트남 사람의 친근한 목소리가 간절히 듣고 싶었다. 때로는 2분만 그 목소리를 들을 수 있다면 하루 종일 행복할 수 있을 것 같을 때도 있었다.

어느 날 아침, 내 친구 푸횡으로부터 전화가 걸려 왔다. 그와 대화하는 것이 그렇게 자연스러울 수가 없었다. 우리는 길게 이야기 하지 않았지만 나는 하루 종일 기분이 좋았다.

그 뒤로 나는 누군가와 대화를 나눌 때마다 그가 말하는 내용과 말투에 최대한 주의를 기울인다. 그 결과 상대방의 걱정과 꿈, 희망에 대해 들을 수 있다. 세심하게 귀를 기울여 상대방이 말하려는 모든 것을 이해하기란 쉽지 않다. 하지만 우리 각자는 깊이 듣는 능력을 조금씩 키워 나갈 수 있다.

나는 더 이상 내 감각에 자극을 주는 현상에 무관심하지 않다.

나뭇잎과 아이의 목소리는 모두 우리 삶의 보물이다.

그런 기적들이 전해 주는 메시지를 받기 위해 나는 깊이 보고, 깊이 듣는다.

사랑하는 사람과의 이별, 실망감, 그리고 좋지 않은 일에 대한 짜증 또한 건설적이고 멋진 일이다. 지금 그대의 모습은 부분적으로는 불쾌한 경험의 결과다. 하지만 깊이 바라보면, 그대는 타인과 자신의 약점 속에서 놀라운 것을 발견할 수 있다. 그리고 그 통찰력은 결코 시들지 않을 것이다. 통찰력을 갖고 볼 때, 그대는 탄생과 죽음의 세계와 그런 것들을 초월한 절대의 세계가 같음을 알 수 있다. 어떤 사건을 행운과 불운, 좋은 일과 나쁜 일로 간단히 판단할 수는 없다.

어떤 사건이 갖고 있는 진정한 영향을 알려면 모든 시간과 모든 공간을 다 여행해야만 할 것이다. 모든 성공은 어느 정도의 어려움을 지니고 있다. 그리고 모든 실패는 우리에게 더욱 큰 지혜를 주고 미래의 성공을 위한 밑거름이 된다. 모든 사건은 행운이자 불운이다. 행운과 불운, 좋은 일과 나쁜 일은 오직 우리의 인식 속에서만 존재한다.

사람들은 선과 악에 대해 언급하지 않는다면 도덕을 세울 수 없다고 생각한다. 하지만 구름은 떠가고, 꽃은 피고, 바람은 분다. 거기 선과 악을 구별할 필요가 있는가? 구름과 꽃, 바람처럼 사는 사람들이 있다. 그들은 도덕에 대해 생각하지 않지만, 많은 사람들이 그들의 말과 행동을 종교와 윤리의 본보기라고 말하면서 그들을 성인으로 받든다. 그 성인들은 그저 미소만 짓고 있다. 만일 그들이 무엇이 선이고 악인지 모른다고 말한다면, 사람들은 그들이 미쳤다고 생각할 것이다.

누가 진정한 시인인가? 진정한 시인이 매일 마시는 달콤한 이슬은 다른 사람들에게는 독이 될 수 있다. 사물의 본질을 꿰뚫어보는 사람들에게는 앎은 곧바로 행동으로 이어진다. 진정으로 아는 사람들에게 행동의 철학 같은 것은 필요치 않다. 그들에게는 지식이나 이뤄야 할 목표가 없다. 바람이 불고, 구름이 떠다니고, 꽃이 피듯 그렇게 살아갈 뿐이다.

공중을 나는 법을 알 때, 그대는 지도가 필요 없다. 그대의 언어는 구름과 바람과 꽃의 언어다. 만일 그대가 철학적인 질문을 받는다면, 그대는 시로 대답할 것이다. 아니면 그대는 이렇게 물을 것이다.

"아침을 먹었나요? 그럼 설거지를 하시죠."
또는 숲을 가리키며 이렇게 말할 것이다.
"그대가 나를 믿지 않는다면, 와서 보라. 가을이 왔다. 갖가지 색으로 흩어진 낙엽들이 숲을 온통 뒤덮고 있다!"
그래도 그들이 볼 수 없다고 하면, 그대는 막대기를 들고 그들을 후려치겠다고 위협할 것이다. 그들이 관념을 사용해 실체에 다가가는 것을 막기 위해.
우리 시대에는 낡은 것과 새로운 것의 갈등이 점점 거세질 것이다. 갈등은 아직 끝나지 않았고, 우리는 그 갈등이 가져다 주는 상처를 고스란히 간직하고 있다. 오늘날 철학자들이 제기하는 질문들은 우리에게 혼란과 불안감만을 일으킨다. 혼란에 빠진 우리는 존재하는 것은 의미가 없으며 심지어 어리석은 짓이라고 생각한다. 그리고 우리의 어두운 마음을 더욱 무겁게 만드는 이런 말들까지 한다.
"존재하는 것은 역겨운 일이다. 인간은 혐오스런 존재다. 누구도 자신이 선해지기를 바랄 수 없다. 아름다운 삶을 살아갈 방법은 존재하지 않는다."
그러면서도 사람들은 또한 자유롭게 자신이 원하는 사람이 될 수 있다는 환상을 버리지 않는다. 하지만 우리는 단순히 자신의 가슴에 새겨진 상처에 반응하거나 우리의 집단적인 카르마에서 비롯된 행동을 한다. 거의 모든 사람들이 자신의 진정한 목소리에 귀를 기울이지 않는다. 우리가 우리 자신이 아닐 때, 우리에게 있다고 생각하는 어떤 자유도 환상일 뿐이다.
때로 그대는 자유를 거부한다. 왜냐하면 자유를 두려워하기 때문이다. 그대 자신의 진정한 모습은 이끼와 벽돌 밑에 묻혀 있다. 그대는 그것을 깨고 나와 자유를 얻어야 하지만 그것이 자신을 부숴 버릴까 봐 두려워한다. 그대는 이끼와 벽돌이 그대의 진정한 모습이 아니라는 것을 끊임없이 기억해야 한다.

그것을 깨달을 때, 그대는 새로운 시각으로 모든 현상과 모든 진리를 바라보게 될 것이다. 먼저 자신을 깊이 바라보고, 자신의 육체의 경이로움을 발견하는 것에서부터 시작하라. 그대의 육체를 경멸하고 무시할 이유는 전혀 없다. 그대 가까이에 있는 것을 무시하지 말라. 그대는 그것을 소중히 여기지 않는다. 심지어 저주하기까지 한다.

그대의 눈을 생각해 보라. 눈처럼 경이로운 것을 어떻게 당연하게 여길 수 있는가? 하지만 그대는 자신의 눈을 당연하게 여긴다. 그대는 경이로운 것들을 깊이 바라보지 않는다. 그것들을 무시하고 그 결과 그것들을 잃어버린다. 마치 그대의 눈이 존재하지도 않는 것처럼. 장님이 되어서야 그대는 눈이 얼마나 소중한가를 깨닫지만, 그때는 이미 너무 늦다. 잃었던 시력을 회복한 사람은 눈의 소중함을 이해한다. 이제 그 사람은 바로 여기 이곳에서 행복하게 살아갈 수 있다. 형태와 색깔의 세계는 우리에게 날마다 더없는 기쁨을 주는 기적이다. 그것을 깨닫고 나면 우리는 파란 하늘과 흰구름을 볼 때마다 미소짓지 않을 수 없다.

세상은 끊임없이 자신의 새로움과 화려함을 드러내고 있다. 시력을 되찾은 사람은 천국이 바로 여기 있음을 안다. 하지만 얼마 지나지 않아 그 사람 역시 자신의 눈을 당연히 여기기 시작할 것이다. 천국이 시시하게 느껴지면서 몇 달 안에 자신이 천국에 있음을 잊어버릴 것이다. 하지만 '영적인 눈'이 열려 있을 때, 우리는 변함없이 모든 진리와 모든 경이로움들을 볼 수 있다.

거듭 말하지만, 우주 안에서 우리와 밀접하게 연결되어 있지 않은 현상이란 없다. 나비의 날갯짓에서부터 별들의 운행에 이르기까지 모든 것이 우리 자신과 관련되어 있다.

모든 현상은 서로 의존하고 있다. 우리가 먼지나 꽃, 인간 존재에 대해 생각할 때, 우리의 생각은 하나라든가 여럿이라든가 하는 계산의 관념으로부터 벗어나지 못한다. 우리는 하나와 여럿, 하나와 하나 아닌 것 사이에 선을 긋는다. 하지만 먼지와 꽃 그리고 인간 존재들의 서로 의존하는 특성을 진정으로 깨닫는다면, 그러한 금들이 무의미함을 알게 될 것이다.

그대가 산을 자주 오르는 사람이거나 숲과 자연을 좋아하는 사람이라면, 숲이 우리의 몸 밖에 있는 폐라는 것을 알 것이다. 하지만 우리는 수백만 평방미터에 이르는 나무가 잘려 나가도 눈 하나 깜짝하지 않는다. 또한 우리는 공기와 강을 더럽히고, 오존층의 일부를 파괴했다. 우리는 자신의 작은 세계에만 갇혀 자신의 편안함만을 생각하면서 커다란 자신을 파괴한다.

만일 이 상황을 변화시키고 싶다면, 우리는 우선 진정한 자신이 되는 것에서부터 시작해야만 한다. 진정한 자신이 된다는 말은 우리가 숲과 강 그리고 오존층이 되어야 한다는 의미다. 자신이 숲이라고 상상한다면, 우리는 나무가 원하는 것과 두려워하는 것을 알 수 있을 것이다. 만일 그렇게 하지 않는다면, 숲은 사라질 것이고 우리는 평화를 잃어버릴 것이다. 우리가 나무와 함께 존재한다는 것을 자각할 때, 나무가 살아 있을 수 있도록 노력해야 한다는 것을 깨달을 것이다. 지난 수십 년 동안 자동차와 공장 때문에 산성비가 내리면서 수많은 나무가 사라졌다. 우리는 나무와 함께 존재하기 때문에 나무가 살지 못하면 우리 또한 조만간 사라지고 말 것이다.

우리 인간들은 자신이 똑똑하다고 생각한다. 하지만 난초는 우아하게 대칭을 이루는 꽃을 피우는 법을 알고, 달팽이는 아름답고 균형 잡힌 껍질 만드는 법을 안다. 그들의 지식과 비교할 때, 우리가 가진 지식이 훨씬 더 가치가 있다고 말할 수 없다. 우리는 난초와 달팽이 앞에서 깊이 머리를 숙여야 하고, 제왕나비와 목련나무 앞에서 존경하는 마음으로 두 손을 모아야 한다. 그렇듯 모든 생명체에게 존경심을 가질 때, 우리는 우리 안에 있는 가장 고귀한 특성을 깨닫게 될 것이다.

참나무는 참나무다. 참나무에게 필요한 것은 그것뿐이다. 참나무가 자기 자신이 아니게 되면, 우리 모두는 어려운 상황에 빠질 것이다. 우리는 전생에 바위와 구름, 한 그루 나무였다. 또한 우리는 참나무였다. 이것은 단지 불교적인 것이 아니다. 과학적인 것이다. 우리 인간은 그리 오래되지 않은 종이다. 우리는 식물이었고, 나무였고, 불과 얼마 전에야 인간이 되었다. 우리는 우리의 과거의 존재를 기억하고 겸손해져야 한다. 우리는 한 그루의 참나무로부터 많은 것을 배울 수 있다.

모든 생명은 변화한다. 우리 모두는 대지의 자식이고, 언젠가 대지는 우리를 다시 흙으로 데려갈 것이다. 우리는 계속해서 어머니 대지로부터 생겨나서 대지로부터 보살핌을 받다가 다시 대지로 돌아간다. 우리처럼 식물들도 태어나 일정 기간을 살다가 대지로 돌아간다. 죽은 식물은 썩으면서 우리의 밭을 기름지게 만든다. 살아 있는 식물과 썩어 가는 식물은 같은 실체의 일부분이다. 하나가 없으면 다른 하나도 존재할 수 없다. 여섯 달 뒤에 거름은 다시 신선한 식물이 된다. 식물과 대지는 서로 의존한다. 대지가 신선하고, 아름답고, 푸를 것인가 아니면 바싹 말라 불모의 땅이 될 것인가는 식물들에게 달려 있다.

대지는 또한 우리에게 의존한다. 우리가 대지 위를 걷는 방식은 동물과 식물에게 큰 영향을 준다. 그동안 우리는 수많은 동물과 식물을 죽이고 그들이 사는 환경을 파괴했다. 그런 생물 중에는 멸종된 것들도 많다. 그 결과 지금 우리의 환경이 우리를 해치고 있다.

우리는 자신이 무엇을 하는지 어디로 가고 있는지를 모르는 몽유병자와 같다. 우리가 잠에서 깨어날 것인가 아닌가는 우리가 어머니 대지를 깨어 있는 마음으로 걸을 수 있는가 아닌가에 달려 있다. 우리 자신을 포함한 모든 생명의 미래는 우리의 깨어 있는 발걸음에 달려 있다.

새들의 노랫소리는 기쁨과 아름다움, 그리고 순수함의 표현이다. 그리고 그것들은 우리 안에서 생명력과 사랑을 불러일으킨다. 우주의 많은 존재들이 우리를 조건 없이 사랑하고 있다. 나무와 물, 그리고 공기는 우리에게 어떤 것도 요구하지 않는다. 단지 우리를 사랑할 뿐이다. 하지만 우리는 그 사랑을 필요로 하면서도 계속해서 그것들을 해친다. 동물과 공기, 나무를 해치는 것은 우리 자신을 해치는 짓이다. 동물과 공기, 나무와 광물이 계속해서 그들 자신이 될 수 있도록 우리는 모든 존재를 조건 없이 사랑하는 법을 배워야만 한다.

　환경 운동은 깊이를 갖고 있어야 한다. 깊이뿐 아니라 우주적인 넓이를 갖고 있어야 한다. 우리의 의식도 공해로 가득 차 있다. 텔레비전, 영화, 신문은 우리 자신과 아이들에게 공해가 되는 매체들이다. 그것들은 우리 안에 폭력과 불안의 씨앗을 심고 우리를 오염시킨다. 우리가 화학 비료로 농사짓고, 나무를 자르고, 물을 오염시키면서 우리의 환경을 파괴하는 것처럼. 우리는 지구의 환경과 마음의 환경을 동시에 보호할 필요가 있다. 그렇지 않으면 그런 식의 폭력과 무모한 행동이 더욱 많은 생명을 해칠 것이다.

　우리의 지구, 푸르고 아름다운 지구는 지금 위험에 빠져 있다. 우리 모두가 그 사실을 알고 있다. 하지만 우리는 우리의 나날의 삶이 지구의 상황과 전혀 관계가 없는 것처럼 행동한다. 지구가 그대의 몸이라면, 그대는 지구가 받는 고통을 대부분 느낄 수 있을 것이다.

　많은 이들이 지구의 고통을 알고 있고, 그들의 가슴은 자비심으로 가득 차 있다. 그들은 자신들이 무슨 일을 해야 하는지 알고 있고, 상황을 바꾸기 위해 정치, 사회, 환경 분야에서 열심히 일하고 있다. 그러나 정신 없이 일한 뒤에는 그만 용기를 잃어버린다. 왜냐하면 그들에게는 자신의 행동을 지속적으로 뒷받침해 주는 힘이 부족하기 때문이다. 진정한 힘은 권력이나 돈 또는 무기가 아니라 깊은 내면의 평화에서 나온다.

　우리의 나날의 삶, 곧 생각하고 말하고 행동하는 방식을 변화시킨다면, 우리는 세상을 변화시킬 것이다. 환경을 보호하는 최선의 방법은 우리 안의 환경주의자를 보호하는 것이다.

처음 승려가 되었을 때, 나는 불교 철학을 공부해야만 했다. 그때 나는 열일곱 살밖에 안 되어서 존재계가 가진 '상호 의존'의 속성이나 '함께 일어남', 그리고 '주체와 객체의 하나됨'과 같은 개념을 이해할 수 없었다. 관찰자가 관찰 대상으로부터 독립해서 존재할 수 없는 이유를 나는 정말 이해하기 힘들었다. 물론 철학 시험에서는 그런 대로 높은 점수를 받았지만 정말로 그것을 이해하는 것은 아니었다. 나는 인간이 현상을 자각하기 때문에 현상의 유한한 세계가 의식의 초월적인 영역 안으로 들어오는 것이라고 추측했다. 존재는 '존재하지 않음'의 반대로 정의할 수 있을 뿐이다. 따라서 존재나 존재하지 않음에 대한 의식이 없다면, 그것은 아무것도 존재하지 않는 것과 마찬가지다. 하지만 그것들에 담긴 더 깊은 의미는 분명하게 이해할 수가 없었다.

내가 이 글을 쓰고 있는 지금, 아직 아무도 이 글을 읽지 않았다. 내 글 속에는 나의 생각과 느낌, 종이와 잉크, 시간과 공간, 나의 필체는 물론 이 글이 존재하도록 해준 다른 현상들이 포함되어 있다. 그리고 이 글은 오직 내 의식 속에서만 존재한다. 어느 날 이 글을 읽을 독자들 또한 내 의식 속에 있다. 모든 현상들, 이를테면 베트남에 자라는 꽃이 만발한 자몽과 오렌지나무, 우아한 코코넛나무와 높이 솟은 야자수, 그리고 번화한 뉴욕 시와 그곳의 태양과 눈과 구름, 달과 별들은 모두 내 의식 속에 있다. 그것들은 단지 하나의 관념일 뿐이다.

나의 모든 친구들과 독자들, 그리고 내가 지금까지 만져 보거나 생각한 모든 자몽과 별과일을 포함한 내 세계는 관념의 세계다. 이 글을 읽으면서 그대는 글 속에서 나를 볼 수 있을까? 나의 생각과 느낌뿐 아니라 내가 말한 도시들은 곧 그대의 의식 속의 관념이 될 것이다. 그대가 가진 그 관념들은 대상들과 직접 접촉해서 얻은 것이 아니다. 물질적인 실체는 없지만, 의식이라는 매개체를 통해 공유된 것이다. 의식의 대상인 그 물질은 개인이나 집단 모두에게 사라져 버린 상태다.

관념의 세계에서 주체와 객체는 동전의 양면이다. 이런 생각이 떠오른 것은 수년 전 어느 한밤중이었다. 그때 나는 어떤 대나무 숲 사원에 머물고 있었다. 그날 나는 새벽 2시 30분쯤에 일어나서 다시 잠들지 못하고 있었다. 나는 첫번째 새벽 종소리를 들을 때까지 조용히 자리에 누워 있었다.

종소리가 울린 다음 나는 자리에서 일어나 슬리퍼를 찾으려고 했다. 하지만 슬리퍼가 침대에서 멀리 떨어져 있는 것 같았다. 그래서 나는 맨발로 창문으로 걸어갔다. 발바닥 밑의 찬 바닥이 매우 신선하고 상쾌한 느낌을 주었다. 나는 창턱에 기대서 가만히 밖을 바라보았다. 아직도 너무 어두워 아무것도 보이지 않았다. 하지만 정원의 나무들이 여전히 거기 있음을 나는 알았다. 협죽도 덤불이 여전히 똑같은 자리에 있었고, 들풀들도 여전히 창문 아래서 자라고 있었다.

그 순간 나는 의식하는 사람이 의식의 대상으로부터 분리될 수 없음을 경험했다. 협죽도와 들풀은 의식의 대상일 뿐이었다. 의식의 주체와 대상은 어떤 것도 자각할 수 없다. 산과 강, 대지와 태양은 모두 의식의 중심에 놓여 있다. 그런 깨달음이 일어날 때 시간과 공간은 소멸된다. 원인과 결과, 탄생과 죽음 등 모든 것이 사라진다. 우리는 어떤 별로부터 수십만 광년 떨어진 곳에 살고 있지만, 우리는 순식간에 그 거리를 가로지를 수 있다. 과거의 성인들은 백만 분의 1초 안에 지금 이 순간 속으로 돌아올 수 있다. 그들의 존재는 환한 불꽃처럼 선명하다.

나는 창가에 서서 미소를 지었다. 누군가 웃는 내 모습을 보았다면 나를 정신 나간 사람으로 생각했을 것이다. 밤의 장막은 칠흑 같았지만 아무 의미도 없는 것이 아니었다. 그것이 내 의식 속에서 더없이 분명해졌다. 기적과도 같은 모든 존재들이 내 미소를 받아 빛이 났다.

내가 여기 있기 때문에 그대가 거기 있다. 우리는 함께 존재한다. 만일 우리가 존재하지 못한다면, 어떤 것도 존재하지 못할 것이다. 주체와 대상, 주인과 손님은 서로의 일부분이다. 나는 알았다. 아침이 되었을 때, 눈에 보이는 세상에 대해 어떤 새롭고 특별한 것을 발견하게 되지는 않으리라는 것을. 서쪽의 파란 하늘과 동쪽의 분홍색 지평선은 오직 내 의식 속에서만 존재한다. 파란색은 따로 떨어진 생명을 갖고 있지 않고, 분홍색도 마찬가지다. 그것들은 단지 내 의식 속에 있는 파란색과 분홍색일 뿐이다. 탄생과 죽음, 같음과 다름, 오는 것과 가는 것도 마찬가지다. 그것은 내 의식 속에 있는 갖가지 모습들이다.

그대가 내 눈을 바라본다면 그대 자신을 볼 수 있을 것이다. 그대가 환히 빛나면 내 눈도 환히 빛날 것이다. 그대가 기적과 같다면, 내 의식도 기적일 것이다. 그대가 멀리 떨어져 있다면, 나도 멀리 떨어져 있을 것이다. 내 눈을 들여다보라. 그러면 그대는 그대의 우주가 밝은지 어두운지, 무한한지 유한한지, 사라질 것인지 영원할 것인지 알게 되리라.

어두운 밤 조용히 미소지으며, 나는 구름처럼 부드럽고 시냇물 위로 떠가는 깃털처럼 가벼워진 느낌이 들었다. 일렁이는 작은 물결이 내 머리를 받쳐 주고 있었다. 고개를 들자 낮에 지나갔던 파란 하늘과 흰 구름이 보였다. 구름은 여전히 하얗고 하늘은 여전히 파란색이었다. 아니 더 하얗고 파랬는지도 모른다. 그것은 태어남도 없고 죽음도 없는 실체의 본성을 보여 주는 상징이 아닐까? 나는 숲에서 가을 낙엽이 바스락거리는 소리와 들판에서 들풀이 흔들리는 소리를 들었다.

하늘에 떠 있는 별 하나를 발견하는 순간 나는 곧바로 내가 서 있는 곳으로 돌아왔다. 내 발바닥은 차가운 바닥에 닿아 있었고, 두 손은 창턱에 올려져 있었다. 별이 말했다.

"내가 여기 있어요. 내가 있기 때문에 우주가 있는 거예요. 내가 존재하기 때문에 당신이 존재하지요. 내가 있기 때문에 조약돌과 저 구름이 있어요. 이 모든 것들이 진정으로 존재하지 않는다면, 내가 어떻게 있을 수 있겠어요? 하나의 먼지가 다른 모든 것들을 존재하게 하지요. 먼지가 없다면 우주도 없고, 당신과 나도 없을 거예요."

나는 이 대지 위에 있어서 행복하다.

강은 자신 안에서 모든 것을 비춘다. 강이 흐르는 덕분에 생명이 흐를 수 있다.

그리고 죽음은 생명 속에 있다. 왜냐하면 죽음이 없다면 생명이 있을 수 없기 때문이다. 그 흐름을 환영하라. 덧없음과 자기 아닌 것들을 환영하라. 덧없음과 자기 아닌 것들 덕분에 우리는 시인들이 찬양하는 아름다운 세계를 갖고 있다. 아름다운 바나나나무와 태양까지 뻗은 향기로운 야자나무를 갖고 있다.

대지는 먼지로 가득 차 있다. 우리의 눈은 먼지로 가득 차 있다. 다른 곳에서 천국을 찾을 필요가 없다. 우리는 단지 고개를 들어 달과 별을 바라보기만 하면 된다. 중요한 것은 자각이다. 눈을 뜨면 보일 것이다. 천국에는 틀림없이 야자수와 별과일, 라임 오렌지나무와 자몽이 있을 것이다. 내가 과거에 탄생과 죽음을 벗어난 곳에서 천국을 찾았던 일을 생각하면 웃음이 나온다. 기적 같은 진실이 있는 곳은 다름 아닌 탄생과 죽음이 있는 세계다.

베트남에는 가끔 굉장한 폭풍우가 온다. 어느 날 나는 친구 집의 창문 옆에 앉아 있었다. 그리고 영원히 보고 있었을지도 모르는 한 장면을 보고 있었다. 길 건너편에 지붕이 낮은 잡화점이 하나 있었다. 둘둘 감은 밧줄, 철조망, 냄비 등이 처마 끝에 매달려 있었다. 생선 소스와 콩간장, 양초와 땅콩 사탕 등의 수백 가지의 음식들도 진열되어 있었다. 그 가게는 사람들로 북적거리고 흐릿한 전등이 달려 있었다. 폭풍의 먹구름이 거리를 덮자 가게의 물건들은 구별하기조차 힘들었다.

대여섯 살쯤 돼 보이는 사내아이가 허름한 반바지를 입고 가게 앞 계단에 앉아 있었다. 그 아이는 등받이가 없는 조그만 의자에 앉아 있었다. 아이는 오랫동안 뙤약볕 아래서 뛰어놀았는지 피부가 검게 그을려 있었다. 아이는 밥그릇을 손에 들고 밥을 먹으면서 처마 밑에서 비를 피하고 있었다. 지붕에서 떨어져 내린 빗물이 아이가 있는 계단 앞에 물웅덩이를 만들어 놓았다.

　아이는 한 손으로 밥그릇을 들고 다른 손으로는 젓가락을 잡고 있었다. 아이는 천천히 밥을 먹으면서 눈은 지붕에서 쏟아져 내리는 빗물에 고정되어 있었다. 굵은 물방울이 물웅덩이의 표면으로 떨어지면서 튀어오르고 있었다.

　길 건너편에 있었지만, 나는 아이의 밥에 오리알이 으깨져 있고 그 위에 생선 소스가 얹어져 있는 것을 볼 수 있었다. 아이는 천천히 젓가락을 들어 입으로 가져갔고, 한 입씩 맛을 음미하며 먹었다. 아이는 비를 바라보고 있었고, 완전히 만족하고 있는 듯 보였다. 정말 행복한 모습이었다. 나는 아이의 심장이 뛰는 것을 느낄 수 있었다. 아이의 폐와 위와 간, 그리고 다른 모든 기관들도 완벽한 조화 속에서 기능하고 있었다. 만일 아이가 치통을 앓고 있었다면, 그 순간 행복을 누릴 수 없었을 것이다.

　더없이 아름다운 보석과 꽃, 일몰의 모습에 취한 것처럼 나는 아이를 바라보았다. 진리와 천국이 그 순간 모습을 드러냈다. 나는 아이의 모습에 완전히 몰두해 있었다. 아이는 신성한 존재처럼 보였다. 한 번 눈을 깜박이고, 한 번 밥을 먹을 때마다 자신의 행복을 온몸으로 보여 주는 어린 신과도 같았다.

　아이는 걱정과 불안에서 완전히 벗어나 있었다. 가난도 생각하지 않았다. 아이는 자신의 허름한 반바지를 다른 아이들의 멋진 옷과 비교하지 않았다. 신발이 없다고 슬퍼하지도 않았다. 푹신한 의자가 아니라 등받이가 없는 딱딱한 의자에 앉아 있는 것도 신경 쓰지 않았다. 아이는 어떤 것도 바라지 않았다. 그 순간 완전한 평화를 누리고 있었다. 단지 아이를 바라보고 있었을 뿐이지만, 아이와 똑같은 행복이 내 온몸으로 밀려왔다.

　보라색 그림자가 거리를 휙 지나갔다. 아이는 잠깐 고개를 들었다. 희미한 밝은 색에 깜짝 놀라는 눈빛이었다. 곧이어 아이는 물웅덩이 속의 춤추는 물거품으로 다시 눈길을 돌렸다. 아이는 밥과 오리알을 조심스럽게 씹었다. 그리고 기쁜 표정으로 비를 바라보았다. 아이는 지나가는 사람에게 더 이상 관심이 없었다. 빨간색과 자주색 아오자이를 입은 젊은 여성 둘이 우산을 들고 지나갔지만 아이는 그들을 쳐다보지 않았다. 그런데 아이가 갑자기 고개를 돌려 거리를 바라보았다.

　아이가 미소를 지으며 새로운 무언가에 몰두하자, 나 또한 아이를 따라 거리를 바라보았다. 두 아이가 한 친구를 나무 수레에 태워 주고 있었다. 세 아이는 완전한 알몸으로 물웅덩이에서 물을 첨벙거리며 즐겁게 놀고 있었다. 아이들은 수레바퀴를 빙글빙글 돌렸고, 수레를 웅덩이로 밀고 들어갈 때마다 사방으로 물방울이 튀었다.

　나는 계단에 있는 아이에게 다시 눈길을 돌렸다. 아이는 그 아이들을 보느라 밥을 먹지 않고 있었다. 아이의 눈이 반짝반짝 빛났다. 그 순간 내 눈도 아이의 눈처럼 빛났다. 나도 아이의 기쁨을 함께 느끼고 있었다. 내 기쁨은 아이의 기쁨만큼 크진 않았을 것이다. 아니, 나는 내 행복을 생생히 느끼고 있었기 때문에 오히려 아이보다 더 기뻤을지도 모른다.

　그때 나는 아이가 "들어갈게요, 엄마" 하고 소리치는 것을 들었다. 아이는 자리에서 일어나 가게 안으로 들어갔다. 아이의 엄마가 밥을 더 먹으라고 안으로 부른 것 같았다. 아이는 다시 밖으로 나오지 않았다. 아마 아이는 이제 부모와 함께 밥을 먹는 듯했다. 그리고 부모는 왜 그렇게 꾸물거리며 밥을 먹었느냐고 아이를 야단쳤을 것이다. 그게 사실이라면 아이는 얼마나 불행한가! 아이의 부모는 아이가 방금 전까지 천국에 있었다는 사실을 몰랐을 것이다. 그들은 마음이 실체를 나눌 때, 마음이 판단하고 구별할 때, 천국이 사라진다는 사실을 몰랐다.

햇빛을 꾸짖지 말라. 맑은 시냇물과 봄날에 지저귀는 작은 새들을 야단치지 말라.

아이처럼 되지 않는다면 그대는 어떻게 천국에 들어갈 수 있겠는가? 사물을 구별하고, 관념으로 모든 것을 이해하는 눈으로는 실체를 바로 볼 수 없다. 이 글을 쓰면서 나는 어린 시절의 순수함으로 돌아가고 싶은 마음이 간절하다. 나는 친구의 꼬불꼬불한 머리카락을 조사하는 베트남 아이들의 놀이를 해보고 싶다.

"꼬불꼬불한 머리카락이 하나면 너의 아버지에게 충성하고, 두 개면 너의 엄마에게, 세 개면 너의 고모에게, 아주 많으면 너의 나라에 충성해라."

지금 이 순간 눈덩이를 뭉쳐 베트남까지 곧장 던지고 싶다.

아이든 어른이든 우리 모두는 아름다운 꽃이다. 우리의 눈꺼풀은 장미 꽃잎이다. 우리가 눈을 감고 있을 때 눈꺼풀은 정말로 하나의 꽃잎처럼 보인다. 우리의 귀는 새들의 노랫소리를 듣고 있는 나팔꽃이다.

5
노래하고 싶다면 노래하라

우리의 입술은 미소를 지을 때마다 아름다운 꽃 모양이 된다.
그리고 두 손은 꽃잎이 다섯 개 달린 연꽃이다.
우리는 자신의 '꽃 같은 모습'이 지금 이 순간 피어나도록 해야만 한다.

오늘 세 명의 아이들, 곧 여자 아이 둘과 조그만 남자 아이 하나가 탄투이와 함께 놀기 위해 마을에서 우리 집을 찾아왔다. 네 아이는 집 뒤에 있는 언덕으로 달려가 즐겁게 뛰어놀더니, 한 시간쯤 지나자 집으로 돌아와 마실 것을 달라고 했다.

마침 집에서 만든 사과 주스가 한 병 남아 있었기 때문에, 나는 그것을 가져다가 아이들에게 한 컵씩 가득 따라 준 뒤, 마지막으로 투이에게 부어 주었다. 투이의 주스는 병의 바닥에 있던 것이라서, 과즙이 약간 섞여 있었다. 투이는 미세한 과즙 알갱이들을 보고는 입술을 삐죽 내밀며 마시려고 하지 않았다. 그래서 네 아이가 다시 언덕으로 놀러 올라갔을 때, 투이만 아무것도 마시지 못했다.

30분쯤 뒤, 내가 여전히 방에서 명상에 잠겨 있는데 아이가 나를 부르는 소리가 들렸다. 투이는 혼자서 시원한 물을 마시고 싶었지만, 까치발을 해도 수도꼭지에 손이 닿지 않았던 것이다. 나는 투이에게 탁자 위에 주스가 있음을 상기시키고 그것을 마시라고 일렀다. 투이가 고개를 돌려 그것을 바라보았을 때, 주스는 과즙이 가라앉아 아까와는 달리 깨끗하고 맛있어 보였다. 아이는 얼른 탁자로 가서 두 손으로 유리컵을 잡았다.

주스를 절반 정도 마신 뒤, 투이가 컵을 내려놓으며 물었다.

"이건 아까 것과는 다른 주스죠, 스님 삼촌?"

스님 삼촌이란 베트남 아이들이 불교 승려를 부를 때 흔히 사용하는 호칭이다.

"아니."

내가 대답했다.

"그건 아까 그 주스야. 주스가 잠시 가만히 앉아 있고 나니까 맑아지고 투명해진 것이지."

투이는 다시 한 번 컵을 바라보았다.

"정말 신기해요. 주스도 스님 삼촌처럼 가만히 앉아 명상을 하고 있었나 봐요."

나는 웃으며 투이의 머리를 쓰다듬어 주었다.

"그게 아니라, 어쩌면 내가 사과 주스를 따라하는 건지도 모르지. 그게 더 진실에 가까울 거야."

매일 밤 투이가 잠드는 시간에 나는 명상을 하며 앉아 있다. 나는 투이를 내 방에서, 내가 앉아 있는 바로 옆에서 잘 수 있게 해 주었다. 투이는 내가 명상을 하며 앉아 있는 동안 아무 말 없이 잠들기로 약속했다. 평화로운 분위기 속에서 투이는 쉽게 편안해지고, 대개 10분도 안 돼 잠이 든다. 명상을 마치면 나는 아이에게로 다가가 담요를 덮어 준다.

탄투이는 '보트 피플'과 함께 온 여자 아이다. 투이의 나이는 아직 여덟 살도 채 되지 않았다. 아이는 아빠와 함께 바다를 건너 지난해 4월 말레이시아에 도착했다. 투이의 엄마는 지금도 다른 가족들과 함께 베트남에 남아 있다. 아이의 아빠가 이곳 프랑스에 도착했을 때, 그는 일자리를 찾아 파리에 가 있는 몇 달 동안 투이를 우리에게 맡겨 놓았다. 나는 아이에게 베트남어 철자법과 노래

몇 곡을 가르쳤다. 아이는 매우 똑똑해서 보름이 지나자 베트남 글자를 쓰고, 레오 톨스토이의 〈바보들의 나라〉를 천천히 읽을 수 있게 되었다. 톨스토이의 책은 불어로 된 것을 내가 베트남어로 번역한 것이다.

매일 밤 탄투이는 내가 앉아 있는 모습을 본다. 나는 아이에게 명상이 무엇이고 왜 그것을 하는지 설명한 적이 없다. 다만 내가 지금 앉아서 명상을 하고 있는 중이라고 말해 주었을 뿐이다. 매일 밤 내가 얼굴을 씻고, 옷을 갖춰 입고, 방을 향기롭게 하기 위해 향에 불을 붙이는 모습을 보면서, 아이는 내가 곧 '명상'을 시작하리라는 걸 안다. 아이는 또한 이를 닦고, 잠옷으로 갈아입고, 빨리 잠자리에 들어야 할 시간이 되었다는 것도 안다. 나는 아이에게 한 번도 그것을 일깨워 줄 필요가 없었다.

의심할 여지없이, 투이는 사과 주스가 스님 삼촌처럼 스스로 맑아지기 위해 잠시 가만히 앉아 있었다고 생각했다. 그래서 내게 물은 것이다.

"주스도 스님 삼촌처럼 명상을 하고 있었나 보죠?"

나는 여덟 살도 채 안 된 탄투이가 어떤 설명도 듣지 않았지만 명상의 의미를 잘 이해하고 있다고 생각한다. 사과 주스는 잠시 가만히 있고 나자 맑아졌다. 그것과 마찬가지로 만일 우리가 명상을 하며 잠시 앉아 있는다면, 우리 또한 맑고 투명해진다. 그 맑음은 우리의 존재를 새롭게 하고, 우리에게 힘과 평화로움을 가져다 준다. 우리 자신이 새로울 때, 우리의 주변도 새롭다. 아이들이 우리 곁에 있으려고 하는 이유는 단지 사탕을 받거나 이야기를 듣기 위해서가 아니다. 그들 또한 그 '새로움'을 느낄 수 있기 때문에 우리 곁에 머물러 있으려고 하는 것이다.

그날 밤, 손님이 한 명 찾아왔다. 나는 마지막 남은 사과 주스를 한 잔 가득 채워, 방 한가운데 있는 탁자 위에 올려 놓았다. 투이는 이미 곯아떨어졌고, 난 그 친구에게 사과 주스처럼 조용히 앉아 있으라고 권했다.

우리는 약 40분 동안 앉아 있었다. 나는 내 친구가 주스를 보며 미소짓고 있음을 알아차렸다. 주스는 매우 맑아져 있었다. 내가 말했다.

"그대 역시 이 사과 주스처럼 맑아졌는가? 사과 주스만큼 완전히 가라앉지는 않았을지라도, 흥분되고 초조하고 혼란스런 마음이 조금은 가라앉지 않았는가? 그대 입술의 미소는 아직 사라지지 않았지만, 그대는 지금 우리가 몇 시간을 더 앉아 있는다 해도 사과 주스처럼 완전히 맑아지긴 힘들 것이라고 여기는 듯하군."

주스 컵은 매우 안정된 토대를 갖고 있다. 하지만 그대의 앉아 있음은 그 정도로 확고하지가 않다. 과즙의 작은 알갱이들은 자연의 법칙에 따라 서서히 컵 밑바닥으로 가라앉을 수밖에 없다. 하지만 그대의 마음속 생각들은 그런 법칙을 따르지 않는다. 오히려 정반대로 벌떼처럼 들떠서 매 순간 분주히 날아다닌다. 그래서 그대는 자신이 사과 주스처럼 안정될 수 없다고 여기는 것이다.

그대는 사람을, 즉 생각하고 느끼는 능력을 가진 살아 있는 존재를 한 컵의 주스와 비교할 수는 없다고 말할지도 모른다. 그렇다. 맞는 말이다. 나는 나아가 우리가 사과 주스가 할 수 있는 것 이상의 것들을 할 수 있다고 믿는다. 우리는 앉아 있는 동안만이 아니라. 걸어다니고 일을 하는 동안에도 그 평화로움을 지속할 수가 있다.

아마도 내 말을 믿지 않겠지만, 그대는 40분이 지나는 동안 너무나 심각하게 노력했기 때문에 자신이 바라는 평화를 이룰 수가 없었던 것이다. 투이는 평화롭게 잠들어 있고, 가볍게 숨을 쉬고 있다. 초를 하나 더 켜고 이야기를 계속하자.

어린 투이는 그런 식으로 아무 노력 없이 잠이 든다. 도무지 잠이 안 오는 밤, 잠을 자려고 노력할수록 더 잠이 안 온다는 사실을 그대는 알 것이다. 그대는 평화로워지려고 억지로 노력한다. 그때 내면으로부터 저항감을 느낀다. 처음 명상을 할 때 많은 사람들이 그런 종류의 저항감을 경험한다. 고요해지려고 더 많이 노력할수록 그들은 더 많이 불안해진다.

동양 사람들은 그것이 악마나 나쁜 카르마 때문이라고 여긴다. 하지만 실제로 그런 저항감은 평화로워지려고 하는 우리의 노력에서 생겨나는 것이다.

노력 그 자체가 하나의 억압이다.

우리의 느낌과 생각들은 강물처럼 흐른다.

만일 강물의 흐름을 막으려고 노력한다면, 물의 저항에 부딪칠 것이다. 물과 함께 흘러가는 것이 더 좋다. 그래야 원하는 방향으로 강물을 흐르게 할 수 있을 것이다. 그 흐름을 멈추게 하려고 해선 안 된다.

이것을 잊지 말아야 한다. 강물은 흘러가야만 한다. 그리고 우리는 그 흐름을 따라가기만 하면 된다. 그리하여 그 강으로 흘러드는 모든 실개천들을 자각할 수 있어야 한다. 우리 안에서 일어나는 모든 생각, 느낌, 감각들에 깨어 있어야 한다. 그것들이 태어나고 지속되고 사라지는 것에 대해 깨어 있어야 한다.

그것을 이해하겠는가? 그때 그 저항감은 사라지기 시작한다. 거기 강은 여전히 흐르고 있지만, 더 이상 어둠 속에 있지 않다. 그것은 이제 깨어 있음이라는 햇빛 속을 흘러가고 있다. 그 깨어 있음의 태양이 우리 안에서 언제나 빛나게 하는 것, 그리하여 모든 개울물과 모든 조약돌, 강의 모든 굽이들을 환히 비추게 하는 것이 곧 명상이다. 명상을 한다는 것은 무엇보다도 그 세세한 것들을 지켜보고 깨어 있는 것이다.

물론 강은 여전히 거기 있고 여전히 흘러가고 있다. 하지만 깨어 있는 순간, 우리는 우리가 주인임을 느낀다. 그 순간 우리는 평화로운 자기 자신을 느낀다. 하지만 그것은 사과 주스의 '평화'는 아니다. 평화롭다는 것은 우리의 생각과 느낌이 얼어붙는 것이 아니다. 그것은 마비된 상태와는 다른 것이다. 평화로운 마음은 생각과 감각, 감정이 텅 비어 버린 마음을 의미하지 않는다. 평화로운 마음은 공허한 마음이 아니다.

우리의 존재가 생각과 느낌만으로 이루어져 있지 않다는 것은 확실하다. 분노, 미움, 부끄러움, 믿음, 의심, 초조함, 혐오감, 욕망, 슬픔, 고민 또한 우리의 마음이다. 희망, 억제, 직관, 본능, 잠재의식, 그리고 무의식적인 마음도 똑같이 자아의 일부분이다.

명상을 처음 시작하는 사람들은 대부분 마음의 참된 본성에 집중하고 그것을 이해하기 위해서는 모든 생각과 느낌들, 다시 말해 거짓된 마음을 억압해야 한다고 생각한다. 그래서 그들은 생각과 느낌이 일어나는 것을 막기 위해 어떤 대상에 정신을 집중하거나 호흡을 세는 방법을 이용한다. 한 가지 대상에 집중하거나 호흡을 세는 것은 물론 훌륭한 방법이다. 그러나 강제로 생각과 느낌을 억압하기 위해 그것들을 사용해선 안 된다. 억압을 하자마자 거기엔 반발심이 생겨난다. 다시 말해 그 억압 자체가 반발을 불러일으키는 것이다.

진정한 마음과 거짓된 마음은 사실 하나다. 어느 한쪽을 거부하는 것은 다른 쪽을 거부하는 것과 같다. 한쪽을 억압하는 것은 동시에 다른 쪽을 억압하는 것이다. 우리의 마음은 곧 우리의 자아다. 우리는 그것을 억압할 수 없다. 그것을 존경심을 갖고 부드럽게, 그리고 절대로 폭력을 사용하지 않고 대해야만 한다. 우리는 우리의 '자아'가 무엇인지조차 모른다. 그런데 어떻게 그것이 진정한 마음인지 거짓된 마음인지, 또는 무엇을 억압해야 할지 알겠는가? 우리가 할 수 있는 유일한 일은 우리의 '자아'에 깨어 있음의 햇빛을 비춰 그것을 밝음 속에 드러내는 일이다. 그리하여 그것을 직접 들여다보는 일이다.

꽃과 잎사귀가 식물의 빼놓을 수 없는 부분인 것처럼, 그리고 파도가 바다의 절대적인 부분인 것처럼, 느낌과 생각과 감정 역시 자아의 빼놓을 수 없는 부분이다. 꽃과 잎사귀는 식물의 자연스런 현상이고 파도는 바다의 자연스런 표현이다. 그것을 강제로 억압하는 것은 무의미한 일이다. 그것은 가능하지도 않다. 우리는 다만 그것들을 관찰할 수 있을 뿐이다. 그것들이 존재하기 때문에 우리는 그것들의 근원을 발견할 수 있다. 그 근원은 우리 자신의 근원과 조금도 다르지 않다.

방금 전 나는 나를 찾아온 친구에게 미소를 지으라고 말했다.

명상을 한다는 것은 문제와 싸운다는 뜻이 아니다. 관찰한다는 것을 뜻한다. 그대의 미소가 그것을 증명한다. 그 미소는 그대가 자기 자신을 부드럽게 대하고 있으며, 깨어 있음의 태양이 그대 안에서 빛나고 있고, 그대가 자신의 주인이 되었음을 증명해 준다. 그대는 그대 자신이고, 어느 정도의 평화를 얻었다. 바로 그런 평화로움 때문에 한 아이가 그대 곁에 있고 싶어하는 것이다.

우리는 한 컵의 사과 주스보다 더 잘할 수 있다. 우리는 고요히 앉아 있는 동안 평화롭게 마음을 가라앉힐 수 있을 뿐 아니라, 서 있고 누워 있고 걸어다니고 심지어 일을 하는 동안에도 그렇게 할 수 있다. 걷고 있는 동안, 차나 커피를 끓이는 동안, 빨래를 하는 동안 그대 안에 깨어 있음의 태양이 빛나지 못하게 가로막는 것은 무엇인가?

처음 투하이우 사원의 예비 승려가 되었을 때, 나는 깨어 있는 마음으로 모든 행동을 하는 법을 배웠다. 정원의 잡초를 뽑고, 갈퀴로 연못 주위의 낙엽을 긁어모으고, 주방에서 설거지를 하는 동안에도 깨어 있는 마음을 유지하는 법을 배웠다.

선의 스승인 독테가 〈나날의 삶에서 실천하는 명상〉이란 소책자에서 가르친 방식에 따라 나는 깨어 있음을 실천했다. 그 소책자에 따르면, 우리는 모든 행동을 할 때 완전히 깨어 있지 않으면 안 된다. 잠에서 깨어나는 동안 우리는 잠에서 깨어나고 있음을 안다. 외투에 단추를 채우는 동안 우리는 외투에 단추를 채우고 있음을 안다. 손을 씻고 있을 때, 우리는 손을 씻고 있음을 안다.

우리는 깨어 있음의 태양이 생각과 느낌뿐 아니라 우리의 실제 행동에도 빛을 비추게 할 수 있다. 어렸을 때 나는 엄마가 누나에게 여자 아이는 자신의 모든 행동에 주의를 기울여야 한다고 말하는 걸 자주 들었다. 나는 내가 그런 주의를 기울일 필요가 없는 남자 아이여서 다행이라고 생각했다. 하지만 명상을 시작하면서 나는 내 행동에 대해 누나가 했던 것보다 천 배의 주의를 기울여야만 한다는 것을 깨달았다. 행동뿐 아니라 내 생각과 느낌에도! 다른 엄마들처럼 나의 엄마는 조심스럽게 행동하는 여자 아이가 더 예쁘다는 것을 알고 있었다. 그렇게 행동할 때 그녀는 더 이상 멍청하거나 성급하게 굴지 않는다. 부드럽고 차분하고 품위 있게 행동한다. 엄마는 자신도 모르는 사이에 누나에게 명상을 가르친 것이다.

그것과 마찬가지로 깨어 있는 사람은 아름답게 보인다. 명상을 가르치는 스승은 제자가 종을 치고, 마당을 쓸고, 음식을 차리는 것을 관찰하면서 그 제자가 얼마나 성숙했는가를 추측할 수 있다. 또한 태도와 인품을 통해 그 제자의 '명상 수준'을 가늠할 수도 있다. 그 '수준'이란 바로 깨어 있음의 열매인 것이다.

명상의 비밀은 그대가 존재하는 매 순간을 자각하고, 모든 사념과 행위 속에 깨어 있음의 태양을 지속적으로 비추는 데 있다. 마음 안이나 마음 밖 모든 곳에서, 그리고 모든 상황에서 일어나는 각각의 일들에 빛을 비추는 것이다.

차 한 잔을 마시는 동안, 우리는 차를 마시는 그 행위 속에 완전히 존재해야만 한다. 만일 우리가 그 일에 완전히 몰입한다면, 차 한 잔을 마시는 일은 큰 즐거움이 될 수 있다.

차를 마시는 그 행위 속에 완전히 존재해야만 한다. 그대는 차

한 잔을 마시기 위해 얼마나 많은 시간을 비워 두고 있는가? 뉴욕이나 도쿄를 방문했을 때 나는 깜짝 놀랐다. 사람들은 커피숍으로 들어와 커피를 주문하고 재빨리 마신 뒤, 돈을 내고 다른 무엇인가를 하기 위해 서둘러 밖으로 나가곤 했다. 들어와서 커피를 마시고 나가기까지 겨우 몇 분밖에 걸리지 않았다. 커피숍에는 대개 시끄러운 음악이 울려퍼지며, 그대의 귀는 음악을 듣고, 그대의 눈은 다른 사람들이 커피를 마시는 모습을 보고, 그대의 마음은 다음에 할 일을 생각하고 있다. 그런 것을 두고 진정으로 커피를 마신다고 말할 수는 없다.

그대는 차 마시는 명상에 참석해 본 적이 있는가? 그곳에서는 차 한 잔을 마시는 데 두세 시간이 걸릴 수도 있다. 그 시간은 이야기를 하면서 보내는 시간이 아니다. 오로지 함께 앉아 차를 마시는 것이다. 어쩌면 그대는 그것이 무책임한 행위라고 말할지도 모른다. 왜냐하면 참석자들이 세계의 여러 문제에 대해 아무런 걱정도 하지 않기 때문이다. 하지만 그대가 인정해야만 할 것이 있다. 그런 방식으로 시간을 사용하는 사람은 진정으로 차를 마시는 법을 아는 사람이라는 것을. 그는 벗과 더불어 차 한 잔을 마시는 즐거움을 아는 사람인 것이다.

나 역시 차 한 잔에 두 시간을 바치는 것이 조금은 심하다고 생각한다. 해야 할 많은 일들이 있다. 정원 일, 빨래, 설거지, 책을 묶고 글을 쓰는 일 등 할 일이 많다. 아마도 그런 일들은 차를 마시고 숲 속을 산책하는 것보다 덜 즐거울 것이다. 하지만 완전한 깨어 있는 상태에서 그 일들을 한다면 우리는 그것들 역시 매우 즐거운 일이라는 걸 알게 될 것이다. 심지어 산더미처럼 쌓인 접시를 닦는 일조차도 충분히 즐거울 수 있다.

　설거지를 하는 것이 즐겁지 않다는 생각은 단지 그대가 그것을 하고 있지 않을 때만 드는 생각이다. 일단 싱크대 앞에 서서 소매를 걷어붙이고 더운 물에 손을 담그고 있으면, 그것은 사실 그렇게 나쁘지 않다. 나는 각각의 접시와 함께 보내는 시간을 즐긴다. 접시와 물, 그리고 내 손의 움직임 하나하나를 완전히 자각한다. 나는 안다. 만일 내가 차를 마시러 가기 위해 그릇 닦는 일을 서두른다면, 그 시간이 별로 재미없고 무가치하게 느껴지리라는 것을.

　그대는 앉아서 차 한 잔을 즐기기 위해 설거지를 빨리 해치우려고 한다. 그러면 접시 닦는 시간을 잃어버리게 된다. 그대는 설거지를 즐기는 법을 배워야 한다.

　처음 수도승이 되었을 때, 나는 백여 명의 수도승들을 위해 설거지를 해야만 했다. 더운물도 세제도 없었다. 나는 물을 끓여야 했고 재와 코코넛 껍질을 이용해야 했다. 그리고 다른 초보 수도승들과 함께 즐겁게 설거지를 했다. 왜냐하면 우리는 깨어 있는 마음으로 설거지하는 법을 배웠기 때문이다.

　서양에 왔을 때, 나는 설거지를 즐기는 법에 대한 책을 썼다. 책 제목은 〈깨어 있는 마음의 기적〉으로, 여러분 중에는 그 책을 읽은 사람도 있을 것이다. 설거지를 할 때 그대는 살아 있고, 즐겁고, 행복해야 한다. 설거지를 하는 동안 삶을 살아 볼 만한 가치가 있는 것으로 만들 수 있어야 한다. 그렇지 않으면 차를 마시기 위해 자리에 앉더라도 그대는 그것들을 즐길 수 없을 것이다. 그대는 다른 생각을 할 것이다. 그대는 찻잔을 내려놓고 전화번호부에서 어떤 번호를 찾아 전화를 건다. 그동안 차는 차갑게 식어 가고,

차의 맛과 향은 차를 마시는 즐거움과 함께 어디론가 사라지고 만다. 그대는 미래에 이끌린 나머지 결코 지금 이 순간에 살아 있지 못하게 되는 것이다. 그대는 자신의 그런 모습에 대해 알고 있다. 따라서 그대는 결코 행복해질 수 없다.

그것은 안타까운 일이다. 왜냐하면 삶의 1분 1초는 모두 하나의 기적이기 때문이다. 접시 자체는 물론, 내가 지금 여기서 접시를 닦고 있음은 놀라운 기적이 아닌가! 내가 씻는 그릇 하나, 내가 쓰는 시 한 편, 내가 종을 울리는 매 순간들이 모두 하나의 기적이다. 그것들을 저마다 똑같은 가치를 지니고 있다.

어느 날 설거지를 하면서 나는 내 동작들이 새로 태어난 아기 붓다를 목욕시키는 일만큼 신성하고 고귀하다는 것을 느꼈다. 이 글을 읽는다면 새로 태어난 그 붓다는 틀림없이 기뻐할 것이며, 자신을 밥그릇과 비교했다고 해서 모욕당했다고 생각하지는 않을 것이다.

깨어 있음의 빛 속에서는 모든 생각, 모든 행동이 신성해진다. 그 빛 속에는 성스러운 것과 속된 것의 경계가 없다. 사실 설거지를 하는 데는 조금 시간이 걸린다는 걸 고백해야겠지만, 나는 매 순간들 속에 완전하게 살아 있고, 그래서 행복하다. 접시를 닦는 것은 수단이면서 동시에 목적이다. 다시 말해 우리는 접시를 깨끗이 하기 위해 설거지를 할 뿐만 아니라, 접시를 닦는 동안 매 순간을 완전히 살아 있기 위해 그 일을 하는 것이다.

먹고 사는 문제와 관련된 일들도 접시를 닦는 것처럼 할 수 있다. 내가 머물고 있는 공동체에서 나는 책을 제본하는 일을 한다. 칫솔과 작은 바퀴, 그리고 아주 무거운 내화 벽돌을 이용해 나는 하루에 2백 권의 책을 제본할 수 있다. 책을 제본하기 전에 인쇄된 종이 묶음들을 가져와 긴 탁자 위에 페이지 순서대로 늘어 놓는다. 그런 다음 탁자를 한 바퀴 돌면서 종이마다 페이지 숫자가 제대로 적혀 있는지 확인한다.

탁자를 돌면서 나는 내가 특별히 어딘가로 가고 있는 것이 아님을 알기 때문에 천천히 걸어가면서 매 페이지마다 한 장씩 집어든다. 동시에 나는 나 자신의 모든 동작을 자각하고, 부드럽게 숨을 쉬며 호흡 하나하나를 느낀다. 페이지들을 모아서, 접착제로 붙이고, 그 위에 표지를 올려 놓는 동안 내 마음은 더없이 평화롭다. 내가 전문적인 제본 기술자나 기계만큼 하루에 많은 양의 책을 만들 수 없음을 알지만, 내가 그 일을 싫어하지 않는다는 사실 또한 알고 있다.

돈을 많이 쓰고 싶다면, 열심히 그리고 빨리 일해야 한다. 하지만 소박하게 살기를 원한다면 평화롭고 완전히 깨어 있는 마음으로 일할 수가 있다.

나는 일을 적게 하는 것을 좋아하는 젊은이들을 많이 알고 있다. 그들은 하루에 네 시간 정도 일하면서 보잘것없는 돈을 버는데, 그래서 소박하고 행복하게 살 수 있다. 이것은 우리 사회가 안고 있는 문제들의 해결책이 될 수 있다. 쓸데없는 물건의 생산을 줄이고, 일자리가 없는 사람들과 일을 나누고, 동시에 소박하고 행복하게 살아가는 것이다. 몇몇 개인들과 공동체들은 이미 그것이 가능하다는 것을 증명했다. 그것은 미래에 대한 바람직한 신호다. 그렇지 않은가?

그대는 물을지도 모른다. 접시를 닦고, 책을 제본하고, 공장이

나 사무실에서 일을 하면서도 어떻게 하면 깨어 있을 수 있느냐고. 나는 그대가 자신만의 해답을 발견해야 한다고 생각한다. 깨어 있음의 빛이 그대 안에서 빛날 수 있게 하는 것이라면 어떤 것이든 좋다.

그대는 자신만의 길을 발견하거나, 아니면 다른 사람들이 이미 시도했던 방법을 쓸 수도 있을 것이다. 이를테면 자신의 호흡에 집중하는 것 같은 방법이 그것이다. 그대는 모든 들숨과 날숨을 의식하고, 자신의 폐의 모든 움직임을 의식할 수 있을 것이다. 어떤 생각이나 느낌이 일어날 때, 그것이 그대의 호흡과 함께 자연스럽게 흐르게 하라. 그대가 호흡을 따라가고 있다는 신호로서 평소 때보다 좀더 깊이 그리고 좀더 천천히 숨을 쉴 수 있을 것이다.

자신의 호흡을 따라가는 동안, 그대는 잠시 동안 완전히 깨어 있는 상태에 머물 수가 있다. 그러면 조금이나마 성공한 것이다. 그렇지 않은가? 그렇다면 미소짓지 못할 이유가 무엇인가? 작은 미소는 그대가 깨어 있음에 성공했다는 것을 보여 준다. 그대가 미소짓는 걸 보는 순간, 나는 그대가 깨어 있는 상태임을 알아차린다. 그 미소가 언제나 피어나게 하라. 붓다의 희미한 미소가.

그 희미한 미소, 얼마나 많은 조각가들이 수없이 많은 불상들의 입술에 그 희미하게 번지는 미소를 띄우기 위해 노력해 왔는가? 그대는 아마 캄보디아의 앙코르와트나 북인도의 간다라에 있는 불상의 얼굴에서 그런 미소를 보았을 것이다. 그 불상을 만들면서 조각가들도 똑같은 미소를 지었을 것이다. 화가 난 조각가가 그런 미소를 탄생시킬 수 있다고 보는가? 그런 일은 불가능하다! 베트남의 트라쿠 산에 있는 거대한 불상을 만든 조각가를 나는 알고 있다. 그는 그 불상을 만든 여섯 달 동안 오로지 채식만 하면서 명상을 하고, 경전을 공부했다.

모나리자의 미소는 가볍게 살짝 짓는 미소다. 하지만 그 정도의 미소만으로도 그대 얼굴의 모든 근육을 풀고, 온갖 걱정과 피로를 몰아내기에 충분하다. 그대의 입술에 희미하게 번지는 작은 꽃 같은 미소가 기적처럼 그대에게 깨어 있는 마음과 평온함을 가져다 준다. 그것은 그대가 잃어버린 평화를 되찾아 준다.

언덕이나 공원 또는 강가를 거닐 때, 그대는 입술에 반쯤 미소를 지은 채로 자신의 호흡을 따라갈 수 있다. 또한 피곤하거나 짜증이 날 때 편안하게 자리에 누워 팔을 늘어뜨리고 모든 근육의 긴장을 풀고, 그대의 호흡과 미소를 자각하며 머물러 있을 수도 있다. 그런 식으로 긴장을 푸는 것은 멋지고 매우 기분 좋은 방법이다.

깨어 있는 마음으로 호흡하고 미소를 짓는다면, 그대뿐 아니라 주변 사람들도 행복해질 것이다. 그대가 가족들에게 아무리 값비싼 선물을 사주더라도, 그대의 깨어 있는 마음과 호흡, 미소만큼 진정한 행복을 가져다 줄 수는 없다. 더구나 이 소중한 선물은 돈이 들지 않는다.

마음이 너무 불안하고 긴장이 되어 호흡을 따라갈 수 없을 때는, 호흡을 세라. 처음 들이마시고 내쉴 동안 '하나'를 세라. '하나'라는 생각을 놓치지 말라. 다음 들이마시고 내쉬는 동안 '둘'을 세고, 그것을 놓치지 말라. 이런 식으로 '열'까지 세고 나서, 다시 '하나'부터 시작하라. 도중에 집중력을 잃는다면, 언제든 다시 '하나'에서부터 시작해도 된다. 마음이 고요해지고 집중할 수 있게 되면, 그때는 수를 세지 않고도 자신의 호흡을 따라갈 수 있을 것이다.

그대는 낫으로 풀을 베어 본 적이 있는가? 5,6년 전에 나는 낫을 한 자루 사갖고 와서 내 오두막 주위의 풀을 자르려고 했다. 내가 낫을 잘 사용하는 법을 배우기까지는 일주일이 넘는 시간이 걸렸다. 서 있는 자세, 낫을 잡는 방법, 풀에 날이 닿는 각도 등 모두가 중요하다. 나는 내 팔의 동작과 호흡의 리듬을 일치시키고 서둘지 않고 일하면서 내 모든 행동에 깨어 있기만 하면 훨씬 더 오래 일 할 수 있음을 발견했다. 하지만 그렇게 하지 않았을 때, 나는 10분 만에 피곤해졌다.

어느 날 이탈리아계 프랑스 사람이 이웃집에 놀러왔을 때, 나는 그에게 낫을 사용하는 방법을 보여 달라고 부탁했다. 그는 나보다 훨씬 낫을 잘 다루었는데, 내가 했던 것과 거의 같은 자세와 동작으로 낫을 사용했다. 무엇보다 나를 놀라게 한 것은 그가 몸동작을 호흡과 매우 잘 일치시킨다는 것이었다. 그 뒤로 나는 이웃 사람들이 낫으로 풀을 베는 것을 볼 때마다 그들이 깨어 있는 명상 수행을 하고 있다고 생각하게 되었다.

사실 낫을 사기 전부터 나는 곡괭이, 삽, 갈퀴 같은 연장들을 사용하면서 호흡과 동작을 일치시켰다. 바윗돌을 옮긴다거나 무엇인가를 가득 채운 외발 손수레를 끄는 것 같은 힘든 노동을 제외한 대부분의 일들, 이를테면 밭을 갈고, 고랑을 만들고, 씨를 뿌리고, 거름을 주고, 물을 주는 일들은 몸의 긴장을 풀고 활짝 깨어 있는 마음으로 할 수 있음을 알게 되었다. 하지만 좀전에 말한 힘든 노동을 할 때는 완전히 깨어 있기가 힘들었다.

지난 몇 해 동안 나는 피곤해지지 않고 호흡의 리듬을 잃어버리지 않으려고 노력해 왔다. 나는 몸을 혹사하지 않는 게 좋다고 생각한다. 연주자가 악기를 소중히 다루듯 내 몸도 그렇게 돌보고 다뤄야만 한다. 나는 내 몸을 '비폭력적'으로 대한다. 왜냐하면 내 몸은 단지 진리를 닦는 수단만이 아니라 그 자체가 진리이기 때문이다. 내 몸은 사원일 뿐 아니라 성자다. 밭일에 사용하는 연장이나 책을 제본할 때 쓰는 도구들 역시 나는 매우 좋아하고 소중히 여긴다. 나는 내 호흡을 따라가며 그것들을 사용하고, 그 도구들과 내가 함께 호흡을 맞추고 있다고 느낀다.

나는 그대가 매일 무슨 일을 하는지 모른다. 하지만 어떤 일들은 다른 일들보다 깨어 있는 마음을 갖기가 더 쉽다는 것은 알고 있다. 예를 들어 글쓰는 일은 깨어 있는 마음으로 하기가 어렵다. 한 문장이 끝나는 순간에야 다시 깨어 있는 마음으로 돌아온다. 하지만 문장을 쓰는 동안에는 지금까지도 가끔 그것을 잊어버린다. 그래서 지난 몇 년 동안 육체 노동을 많이 하고 글쓰는 일을 줄이고 있다.

누군가는 내게 이렇게 말했다.

"토마토와 상추를 심는 일이 모든 것으로 통하는 문인지도 모릅니다. 하지만 모든 사람들이 당신만큼 책과 이야기, 시를 잘 쓰는 것은 아닙니다. 제발 육체 노동을 하면서 시간을 전부 낭비하지는 마세요!"

그렇지 않다. 나는 내 시간을 조금도 낭비하지 않았다. 씨앗을 뿌리고, 접시를 닦고, 풀을 베는 것은 시를 쓰는 것만큼 영원하고 아름다운 일이다! 어떻게 한 편의 시가 한 포기의 박하풀보다 낫다는 것인지 나는 이해할 수 없다.

씨앗을 뿌리는 일은 시를 쓰는 일만큼 내게 큰 기쁨을 준다.

내게 한 포기의 상추 꼭지나 박하풀은 한 편의 시만큼 시간과 공간에서 영원한 영향을 미치고 있다.

여러 해 전 한 불교 대학의 설립을 도울 때, 나는 중대한 실수를 저질렀다. 학생들 중에는 젊은 남녀 수도승들도 많이 있었는데, 그들에게 오직 책과 경전과 사상만을 공부시킨 것이다. 결국 그들은 약간의 지식과 졸업장만을 손에 쥐었을 뿐이다. 과거에는 초보 수행자들이 절에 들어오면 그들은 즉시 밭으로 가서 깨어 있는 마음으로 잡초를 뽑고, 물을 주고, 나무를 심는 법을 배우곤 했다. 그들이 첫번째로 읽은 책은 독테 선사가 쓴 소책자였다. 그 책에는 외투에 단추를 채우고, 손을 씻고, 시냇물을 건너고, 물 양동이를 나르고, 아침에 신발을 찾는 실제적인 일을 하면서도 언제나 깨어 있을 수 있도록 도와 주는 짧은 시들이 들어 있었다. 그런 다음에야 그들은 경전 공부를 시작하고, 집단 토론에 참여하고, 스승과 개인적인 만남의 자리를 갖곤 했다. 그리고 그럴 때조차도 학문적인 공부는 언제나 실제적인 일과 조화를 이뤘다.

혹시 또다시 대학 설립하는 일을 돕게 된다면, 나는 옛날 수도원을 모델로 한 대학을 세울 것이다. 그곳은 모든 학생들이 깨어 있음의 햇빛 속에서 먹고, 잠자고, 일하고, 일상적인 생활을 하는 공동체가 될 것이다. 프랑스의 아르크 공동체, 북인도의 산티 니케단이나 베트남 중앙 고원에 있는 푸옹보이 같은 공동체가 될 것이다. 나는 세계의 모든 종교들 속에 있는 명상과 일이 서로 비슷하다고 확신한다. 그것들은 대학을 위한 좋은 모델들이다.

어떤 정치학 교수가 명상을 할 때 무슨 생각을 하느냐고 내게 물었다. 나는 그에게 대답했다.

"아무것도 생각하지 않습니다."

나는 단지 그곳에 있는 것, 그리고 그곳에서 일어나는 일에 대해 주의를 집중할 뿐이라고 말했다. 그 교수는 의심스런 표정을 지었지만, 그것이 진실이다. 앉아 있는 동안 나는 나의 지적인 능력을 거의 이용하지 않는다. 수학이나 수수께끼를 풀 듯 사물을 분석하거나, 복잡한 문제를 해결하려고 애쓰지 않는다.

우리는 명상을 하려면 '두뇌'를 몹시 회전시켜야 한다고 생각하는 경향이 있다. 하지만 그것은 잘못된 생각이다. 명상하는 사람은 사색하는 사람이 아니다. 명상하는 사람은 정신 노동을 하지 않는다. 오히려 명상은 마음을 쉬는 일이다. 그러기 위해서는 분석이 아니라 깨어 있어야만 한다. 사색하거나 해석하지 말고 주의를 기울여야 한다. 주의를 기울인다는 것은 오직 순수하게 주목한다는 뜻이다.

그것은 잠을 자는 그대를 깨어날 수 있게 하는 방법이다. 자신이 화가 나고, 느끼고, 생각하고, 앉아 있는 것 등을 '알고 있지' 못하면 그대는 잠들어 있는 것이다. 〈이방인〉에서 알베르 카뮈가 주인공답지 않은 주인공을 '죽은 것처럼 살아가는' 사람으로 묘사하고 있듯이, 그것은 깨어 있음의 불빛이 없는 어둔 방 안에서 사는 것과 같다. 깨어 있음의 등잔에 불을 켤 때, 그대는 잠에서 깨어난다. 산스크리트어로 '부드buddh'라는 동사는 '잠에서 깨어난다'는 뜻이며, 깨어난 사람은 붓다로 불린다. 붓다는 언제나 깨어 있는 사람이다. 우리는 이따금만 그렇게 깨어 있으며, 따라서 우리는 '이따금 붓다'이다.

아이든 어른이든 우리 모두는 아름다운 꽃이다.

우리의 눈꺼풀은 장미 꽃잎이다. 특히 우리가 눈을 감고 있을 때 눈꺼풀은 정말로 하나의 꽃잎처럼 보인다.

우리의 귀는 새들의 노랫소리를 듣고 있는 나팔꽃이다.

우리의 입술은 미소를 지을 때마다 아름다운 꽃 모양이 된다. 그리고 두 손은 꽃잎이 다섯 개 달린 연꽃이다.

우리는 자신의 '꽃 같은 모습'이 지금 이 순간 피어나도록 해야만 한다. 우리 자신뿐 아니라 모든 존재들의 행복을 위해.

우리 각자는 명상 센터나 수도원 같은 한 장소에 속해 있을 필요가 있다. 주변의 모든 풍경들, 종소리, 심지어 건물 모양까지도 우리를 깨어 있는 마음으로 돌아가도록 일깨워 주는 그런 곳 말이다. 가끔씩 며칠이나 몇 달 동안 그곳에 가서 자기 자신을 새롭게 하는 것은 좋은 일이다. 실제로 그곳에 갈 수 없을 때조차도 우리는 그곳을 생각할 필요가 있고, 그러면서 입가에 미소를 지으며 평화와 행복을 느낄 수가 있다.

그곳에서 사는 사람들은 평화로움과 신선함을 주위에 전파할 수 있어야 한다. 이를테면 그것은 깨어 있는 삶의 열매다. 그들은 그곳에서 언제나 우리를 보살피고, 위로하고, 용기를 주며, 우리가 스스로의 상처를 치유하도록 도와 줄 수 있어야 한다. 우리 각자는 종종 가서 쉴 수 있는 영적인 고향을 발견해야만 한다. 어렸을 때 우리가 보호받기 위해 엄마에게 달려간 것처럼.

우리는 정신없이 바쁜 삶을 살고 있다. 옛날 사람들처럼 많은 육체 노동을 할 필요가 없어졌음에도 불구하고, 자기 자신을 위한 충분한 시간을 결코 갖지 못한다. 밥을 먹고 숨을 쉴 시간조차 없다고 말하는 사람들이 있는데, 내가 보기엔 그것이 사실인 듯하다! 그런 상황에서 우리는 무엇을 할 수 있을까? 시간을 두 손으로 붙잡고 천천히 흘러가게 할 수는 없을까?

첫째로 깨어 있음의 횃불을 비추면서 깨어 있는 마음으로 차를 마시고, 음식을 먹고, 접시를 닦고, 걷고, 앉고, 운전하고, 일을 하는 법을 다시 배우자. 환경에 떠밀려 살아선 안 된다. 우리는 세찬 물살에 떠가는 나뭇잎이나 통나무 같은 존재가 아니다. 깨어 있는 마음을 가질 때 날마다 하는 모든 행동들은 새로운 의미를 갖는다. 그때 우리는 알게 된다. 우리가 기계 이상의 존재임을. 우리의 행동들이 단순히 생각 없는 반복적인 행동이 아님을.

우리는 삶이 하나의 기적이며, 우주가 하나의 기적이고, 우리 자신 또한 기적이라는 사실을 발견한다.

혼란스럽고 산만한 생각에 사로잡혀 있을 때, 우리는 스스로에게 이렇게 물을 수도 있다.

"지금 난 정확히 무엇을 하고 있지? 내 삶을 낭비하고 있는 건 아닐까?"

이런 질문은 곧바로 깨어 있는 마음에 다시 빛을 비추며, 자신의 호흡으로 관심을 되돌리게 한다. 그러면 우리는 자연스럽게 입술에 가벼운 미소를 짓고, 일을 하는 매 순간 생생하게 살아 있게 된다. 노래를 부르고 싶다면 노래하라! 정말 노래하라!

6
마음의 씨앗을 심는 법

여름에 프랑스의 시골길을 운전하고 가면서 나는 젖소를 보고, 건초를 보고,
풍요로운 들판을 보았다. 나는 그것들과 가까이 연결돼 있음을 느꼈다. 나는 건초가
내가 아침마다 먹는 우유와 요구르트로 보였다. 옥수수밭도 그렇게 보였다.
나는 모든 것이 하나로 연결돼 있음을 보았다.

자두 마을의 아랫동네에는 연꽃이 만발한 연못이 있다. 어제 나는 사람들과 함께 연꽃이 핀 연못까지 걷는 명상을 했다. 그리고 나서 우리는 매화나무가 있는 곳으로 걸어갔다. 그것은 매우 즐거운 일이었다. 우리는 연꽃을 즐기고, 매화나무도 기쁜 마음으로 감상했다. 그곳은 천국처럼 보였고, 또한 실제로 천국이었다.
그리고 지금도 그곳은 그대가 만날 수 있는 천국이다. 그대는 깨달을 것이다. 연꽃 연못이 저 아랫마을뿐 아니라 그대의 가슴속에도 있다는 것을. 그대가 자신의 마을과 집으로 가고, 조용히 앉아 연못에 마음을 집중할 때마다 연못은 그대 안에서 다시 태어날 것이다.
그대의 마음 안에는 모든 종류의 씨앗이 담겨 있다. 그대는 자기 안에 연꽃이 피는 연못의 씨앗을 갖고 있다. 깨어 있는 마음을 가질 때마다, 자기 안의 연못의 씨앗과 만날 때마다, 그대는 꽃들이 만발하고 큰 잎사귀가 떠 있는 연못을 볼 수 있다. 그대는 실제로 연꽃이 핀 연못을 보기 위해 저 아래쪽 자두 마을로 갈 필요가 없다. 그대는 이렇게 물을지도 모른다.
"연꽃이 핀 연못은 어디에서 왔지?"
오늘 나는 내 가방에 연꽃 씨앗을 가득 넣어 갖고 왔다. 모든 연꽃들은 이렇듯 작은 씨앗에서 나온 것이다. 우리는 단지 하나의 씨앗에서 시작한다. 그대는 하나의 씨앗을 바라보면서 그 속에서 연못 전체와 수백 송이의 연꽃들과 잎사귀들을 볼 수 있는가? 모든 연꽃과 모든 잎사귀들이 그 조그만 씨앗에서 나온다는 것을 상상할 수 있는가? 하지만 그것은 사실이다. 내가 연꽃 씨앗을 연꽃이 만발한 연못으로 변화시키는 법을 알려 주겠다.

그것은 쉬운 일이다. 주의 깊게 들으라. 나는 그대에게 연꽃 씨앗을 하나 줄 것이다. 그러면 그대는 집으로 가서 그 씨앗으로 연꽃이 만발한 연못을 만들 수 있을 것이다.

연꽃 씨앗을 진흙 속에 심은 다음에는 물을 줘야 한다는 것을 그대는 알고 있을 것이다. 왜냐하면 씨앗은 마른 땅에서는 잘 자라지 않기 때문이다. 그대는 그 씨앗을 진흙 속에 심고 싹이 틀 때까지 기다리면 된다고 생각한다. 하지만 그저 씨앗을 진흙 속에 심기만 한다면 싹이 나오지 않을 것이다. 연꽃 씨앗은 안에는 종자가 있고 겉은 매우 단단한 껍질로 둘러싸여 있기 때문이다. 그대가 연꽃 씨앗을 3주에서 10주까지 진흙 속에 심어 두더라도 싹이 나오지 않을 것이다. 진흙 속에 수분이 충분하더라도 말이다. 나는 천 년 넘게 싹이 트지 않는 연꽃이 있다는 것을 안다. 천 년 뒤에 우리가 그 씨앗을 심으면 싹이 터서 연꽃을 피울 수가 있다.

따라서 그대는 연꽃 씨앗이 싹트게 하는 방법을 알아야 한다. 이것이 그 비결이다. 그대는 물이 연꽃 씨앗으로 침투하도록 도와 줘야 한다. 그대는 작은 칼이나 톱을 사용할 수 있다. 칼로 0.5밀리미터 정도의 작은 흠집을 씨앗에 낸다. 그러면 씨앗 안으로 물이 스며들 수 있고, 4,5일쯤 뒤에 씨앗에서 싹이 트면서 작은 줄기가 나올 것이다. 만일 그대가 연꽃 씨앗을 들고 1분 동안 바위에 가볍게 두드린다면, 씨앗 껍질의 한 부분이 벗겨질 것이다. 그러면 껍질의 그 부분으로 물이 스며들어 닷새 뒤면 싹이 틀 것이다. 처음에는 매우 작은 연꽃 잎사귀를 볼 것이고 곧이어 연꽃 잎은 컵만큼 커질 것이다.

봄이나 여름, 가을이라면 연꽃을 마당에 그냥 놓아 두어도 된다. 하지만 날씨가 추워지면 연꽃을 집 안으로 들여 놓아야 한다. 연꽃은 계속 자랄 것이고, 봄이 오면 그것을 바깥에 내놓을 수 있다. 그리고 연꽃을 담은 그릇을 더 큰 것으로 바꿔 줄 수도 있다. 그러면 연꽃은 점점 더 커질 것이다. 1년 안에 그대는 연꽃 몇 송이를 보기 시작할 것이다. 그리고 3년 안에 자두 마을에 있는 것만큼 커다란 연꽃 연못을 갖게 될 것이다. 그대가 원한다면 그것은 열 배나 더 커질 수도 있다. 그렇게 할 수 있다고 생각하는가? 물론이다. 자두 마을만큼 커다란 연꽃이 핀 연못을 만들 수 있다.

이제 그대는 커다란 연꽃 연못이 하나의 씨앗 안에 들어 있음을 알 것이다. 연꽃의 조상들은 모든 재능과 모든 향기, 모든 아름다움을 조그만 씨앗 속에 넣어 주었다. 그리고 씨앗이 수행하는 법을 안다면, 자기 안에 있는 모든 재능과 아름다움, 모든 경이로움을 밖으로 드러낼 것이다. 그리고 자신을 세상에 바칠 것이다.

그대는 하나의 씨앗이다. 연꽃의 씨앗처럼 훌륭한 씨앗이다. 그대는 연꽃의 씨앗보다 조금 커 보이긴 하지만 역시 그것만큼이나 훌륭한 씨앗이다. 그대 안에는 많은 재능이 있다. 자비가 그대 안에 있다. 이해가 그대 안에 있다. 사랑이 그대 안에 있다. 미소지을 수 있는 능력이 그대 안에 있다. 그대 안에는 다른 사람들을 행복하게 해줄 힘이 들어 있다. 왜냐하면 그대와 핏줄과 영혼으로 연결된 조상들이 그렇게 훌륭한 장점과 뛰어난 특성을 그대에게 전해 주었기 때문이다.

싹을 틔우고 성장하는 법을 안다면 그대는 매우 아름다운 연꽃 연못이 될 것이고, 주변의 수많은 사람들을 행복하게 해줄 것이다. 사람들뿐만 아니라 동물과 식물, 광물까지도 행복하게 해줄 것이다. 작은 연꽃 씨앗 하나가 그렇게 많은 사람들을 행복하게 할 수 있다. 그것은 나를 행복하게 해주었다. 파리에서 온 한 방송 기자가 자두 마을에 와서 연꽃을 보았다. 그는 프랑스 텔레비전에 나와 자두 마을에 연꽃이 빽빽한 구름처럼 피었다고 보도했다.

우리는 수많은 종류의 훌륭한 씨앗을 우리 안에 지니고 있다. 그 씨앗들을 싹트게 하는 법을 안다면, 우리는 매우 행복할 것이다. 그리고 큰 행복을 많은 사람들에게 나눠 줄 수 있을 것이다. 우리는 이미 많은 좋은 씨앗들을 갖고 있다. 그리고 지금도 계속해서 씨앗을 받고 있다. 내가 그대를 사랑스런 눈으로 바라볼 때, 그리고 믿음과 감탄의 눈으로 바라볼 때, 좋은 씨앗이 그대 안에 심어지게 된다. 나는 사랑과 자비의 눈으로 그대를 바라봄으로써 신뢰와 믿음, 자비의 씨앗을 그대 안에 심어 줄 수 있다. 그리고 우리는 긍정적이고 아름다운 씨앗을 서로에게 심으면서 서로를 도와 줄 수 있다. 그대가 듣는 모든 소리는 긍정적인 씨앗이 될 수도 있고 부정적인 씨앗이 될 수도 있다. 그대가 보는 모든 것들 역시 긍정적인 씨앗 또는 부정적인 씨앗으로 그대 안에 심어질 수 있다.

우리가 엄마의 자궁 안에 작은 몸으로 있을 때, 우리와 엄마 사이에는 탯줄이라고 불리는 끈이 있었다. 우리는 엄마에게 붙어 있었다. 우리는 엄마와 한몸이나 다름없었다. 엄마는 우리를 위해 숨쉬고, 먹고, 걱정하고, 마셨다. 따라서 엄마가 한 일은 모두 우리가 한 일이었다. 왜냐하면 우리는 실제로 엄마와 하나였기 때문이다. 우리가 태어났을 때, 우리가 밖으로 나왔을 때, 사람들은 탯줄을 끊었다. 우리는 서서히 엄마가 자신과 다르다고 생각했다. 하지만 사실 우리는 계속해서 엄마와 가까이 연결되어 있었다. 만일 엄마가 여기 없다면, 어떻게 내가 존재할 수 있겠는가? 따라서 그대의 눈에 안 보일지라도 탯줄은 여전히 존재한다. 우리는 우리와 엄마, 할머니와 할아버지, 조상들 속에 언제나 있는 탯줄을 볼 수 있어야 한다.

그대는 지금 그것을 만날 수 있다. 왜냐하면 그대가 거기 있고, 그들이 거기 있기 때문이다. 그들이 다른 곳에 있지 않기 때문이다. 그들은 그대 안에 있고, 그대는 그들을 만날 수 있다. 왜냐하면 이 손은 그대의 손이지만 그것은 또한 엄마의 손이기 때문이다. 어린 시절 그대가 열병을 앓았던 때를 기억해 보라. 그대는 아무것도 먹고 싶지 않았고, 심하게 앓고 있었다. 그때 갑자기 엄마가 다가와서 손으로 그대의 이마를 짚었다. 그대는 기분이 좋아졌다. 때로 그대는 지금도 그 손을 갖고 싶어한다. 아플 때마다 다정한 손이 그대 곁에 있기를 바란다.

하지만 사실 그 손은 여전히 그대 곁에 있다. 그대의 손은 엄마의 손이기 때문이다. 그대가 단지 숨을 들이쉬고 내쉬면서 자신의 손이 엄마의 손이란 사실을 깨닫는다면 엄마의 손은 지금도 그대 곁에 있다. 그대의 손 안에 엄마의 손이 계속 존재하기 때문이다. 숨을 들이쉬면서 자신의 손으로 이마를 짚어 보라. 그러면 엄마의 손길을 다시 느낄 수 있을 것이다. 따라서 탯줄은 변함없이 거기 있는 것이다.

　더욱 자세히 바라본다면, 그대는 자신과 하늘에 떠가는 구름 사이에도 탯줄이 있음을 알 수 있을 것이다. 왜냐하면 하늘에 떠가는 구름이 없다면, 그대는 몸 안의 수분을 얻을 수 없을 것이기 때문이다. 그리고 태양을 보면, 거기에는 그대와 태양을 연결하는 탯줄이 있을 것이다. 태양이 없다면 빛도 없고, 열기도 없고, 따뜻함도 없고, 깨끗이 씻은 채소도 없을 것이기 때문이다. 그대는 태양이 부모와 다름없다는 사실을 알 수 있다.

　여름에 프랑스의 시골길을 운전하고 가면서 나는 젖소를 보고, 건초를 보고, 풍요로운 들판을 보았다. 나는 그것들과 가까이 연결되어 있음을 느꼈다. 나는 건초가 내가 아침마다 먹는 우유와 요구르트로 보였다. 옥수수밭도 그렇게 보였다. 나는 모든 것이 연결되어 있음을 보았다. 젖소는 내게 어머니와 같다. 그대는 젖소에서 나온 우유를 마신다. 따라서 그대는 자신과 젖소를 연결하는 탯줄을 갖고 있다. 해바라기와 건초와 연결된 탯줄도 갖고 있다. 명상을 한다는 것은 바로 이런 시각으로 세상을 바라보도록 자신을 훈련시킨다는 뜻이다. 모든 것이 서로 연결되어 있음을 깨닫는다는 뜻이다.

　언젠가 그대는 안과 밖이라는 말이 단지 관념에 불과하다는 것을 깨달을 것이다. 모든 것은 안에 있다. 하나는 곧 여럿이다. 영국의 핵물리학자 데이비드 봄은 두 가지 질서가 있다고 말했다. 그것은 분리된 질서와 연결된 질서로, 이 두 단어는 그가 만들어낸 것들이다. 분리된 질서 세계에서는 모든 것이 다른 것의 바깥에 존재하는 것처럼 보인다. 꽃이 탁자 밖에 있고, 땅 밖에 있고,

바람 밖에 있고, 구름 밖에 있는 것처럼 말이다. 꽃은 구름이 아니고, 흙이 아니고, 단지 꽃일 따름이라는 것이다. 이것이 우리가 일반적으로 사물을 보는 방식이다. 그리고 그 세계는 분리된 질서라고 불린다. 하지만 더욱 깊이 바라본다면, 그대는 연결된 질서로 들어간다. 거기에선 모든 것이 다른 모든 것 안에 있다.

진정한 사랑의 첫번째 모습은 자비다. 그것은 행복과 기쁨을 주려는 마음과 능력을 말한다. 그 능력을 키우기 위해 우리는 깊이 보고 듣는 법을 수행해야 한다. 또한 다른 사람을 행복하게 해주기 위해 할 일과 하지 말아야 할 일을 알아야 한다. 그대가 사랑하는 사람이 원치 않는 것을 준다면, 그것은 자비가 아니다. 그대는 사랑하는 사람이 지금 현재 무엇을 진정으로 원하는지, 무엇을 원하지 않는지를 알아야 한다. 그렇지 않으면 그대가 주는 것이 그를 불행하게 만들지도 모른다.

동남 아시아 사람들은 두리안이라고 불리는 가시가 있는 커다란 과일을 지나칠 정도로 좋아한다. 그 과일에 중독되어 있다고 해도 지나침이 없다. 두리안에서는 매우 강한 냄새가 난다. 그래서 어떤 사람들은 과일을 다 먹고 나서, 과일 냄새를 계속 맡기 위해 껍질을 침대 밑에 놓아 두기까지 한다. 하지만 나는 두리안의 냄새를 끔찍이 싫어한다.

어느 날 내가 베트남의 절에서 한 경전을 외우고 있는데, 불상 앞에 어느 신도가 바친 두리안이 놓여 있었다. 나는 목탁을 두드리고 큰 사발처럼 생긴 종을 함께 울리면서 경전을 외려고 노력했다. 하지만 도저히 집중할 수가 없었다. 마침내 나는 종을 들고 불상 앞으로 가서 그 종으로 두리안을 덮어씌웠다. 그때서야 비로소 평화롭게 경전을 욀 수 있었다. 경전을 다 왼 뒤 나는 불상 앞에서 절을 하고 두리안을 해방시켜 주었다.

만일 그대가 "저는 당신을 너무도 사랑합니다. 그러니 두리안을 좀 드십시오" 하고 내게 말한다면, 나는 고통받을 것이다. 그대는 나를 사랑하고 내가 행복해지기를 바란다. 하지만 그러면서도 내게 억지로 두리안을 먹이려고 한다. 그것은 이해심이 없는 사랑의 본보기다. 의도는 좋지만 그대는 상대방을 올바로 이해하고 있지 않은 것이다.

이해가 없으면, 그대의 사랑은 진정한 사랑이 아니다. 사랑하는 사람의 요구와 소망, 고통을 이해하려면 그대는 깊이 바라봐야 한다. 우리 모두는 사랑을 원한다. 사랑은 우리에게 기쁨과 행복을 가져다 준다. 그것은 공기만큼 자연스런 일이다. 우리는 공기의 사랑을 받는다. 행복과 건강을 위해 우리는 신선한 공기를 필요로 한다. 우리는 또 나무의 사랑을 받는다. 우리는 건강을 위해 나무가 필요하다. 사랑받기 위해 우리는 사랑해야만 한다. 그것은 우리가 이해해야 한다는 것을 뜻한다. 우리의 사랑을 지속시키기 위해, 그리고 공기와 나무, 사랑하는 사람을 보호하기 위해 우리는 적절한 행동을 해야 하고, 무지한 행동을 하지 말아야 한다.

우리 모두는 사랑의 씨앗을 지니고 있다. 우리는 그렇듯 훌륭한 에너지의 근원을 키울 수 있다. 그리고 어떤 보상도 바라지 않는 무조건적인 사랑을 더 많이 간직할 수가 있다. 그대가 누군가를 깊이 이해할 때, 설령 그가 그대를 해치는 일을 할지라도 그대는 그를 사랑하지 않을 수 없다. 붓다는 미래 세계에 올 붓다의 이름이 '미륵, 곧 사랑의 붓다'라고 분명히 말했다.

한마디의 자비로운 말이나 행동, 또는 생각이 누군가의 고통을 줄이고 기쁨을 줄 수 있다. 한마디의 말이 누군가에게 위로와 믿음을 주고, 의심을 사라지게 할 수 있다. 또한 한마디의 말 덕분에 사람은 실수하지 않고, 갈등을 해결하고, 구원으로 가는 문을 열 수 있다. 하나의 행동이 한 사람의 목숨을 구할 수도 있고, 또는 그에게 얻기 힘든 기회를 줄 수 있다. 하나의 생각도 똑같은 영향을 줄 수 있다. 왜냐하면 생각은 언제나 말과 행동으로 이어지기 때문이다. 우리 가슴속에 자비가 있을 때 모든 생각과 말과 행동이 기적을 일으킬 수 있다.

한 곡의 노래가 순간에 활기를 불어 넣을 수 있다.
한 송이 꽃이 꿈을 일깨울 수 있다.
한 그루 나무가 숲의 시작일 수 있고, 한 마리 새가 봄을 알릴 수 있다.
한 번의 악수가 영혼에 기운을 줄 수 있다.
한 개의 별이 바다에서 배를 인도할 수 있다.
한 줄기 햇살이 땅을 비출 수 있다.
한 자루의 촛불이 어둠을 몰아낼 수 있고, 한 번의 웃음이 우울함을 날려 보낼 수 있다.
한 걸음이 모든 여행의 시작이다.
한 단어가 모든 기도의 시작이다.
한 가지 희망이 당신의 정신을 새롭게 하고, 한 번의 손길이 당신의 마음을 보여 줄 수 있다.
한 사람의 가슴이 무엇이 진실인가를 알 수 있고, 한 사람의 인생이 세상에 차이를 가져다 줄 수 있다.

이 모든 것이 당신에게 달린 일이다.

초보 수행자 시절, 내게는 이해하기 힘든 것이 있었다. 세상이 고통으로 가득 차 있다면, 어떻게 붓다는 그토록 아름다운 미소를 지을 수 있을까? 왜 붓다는 모든 고통에 초연할 수 있는 것일까? 나중에 나는 붓다가 충분한 이해와 평화로움, 그리고 힘을 갖고 있음을 발견했다. 그래서 고통이 붓다를 압도하지 못하는 것이다. 붓다는 고통에 대처하고 고통을 변화시키는 법을 알고 있기 때문에 미소지을 수 있다. 우리는 고통을 의식할 필요가 있다. 하지만 맑은 마음과 평온함, 힘을 잃지 말아야 한다. 그러면 우리는 상황을 변화시킬 수 있다. 자비만 있다면 우리는 눈물의 바다에 빠지지 않을 것이다. 붓다가 미소를 지을 수 있는 것은 그 때문이다.

마음의 평화가 없다면, 그대의 사랑은 소유하는 사랑이 될 수 있다. 여름의 산들바람은 매우 시원하다. 하지만 그것을 자신만의 것으로 갖기 위해 깡통 안에 넣으려 한다면, 산들바람은 죽을 것이다. 사랑하는 사람도 마찬가지다. 그는 구름과 산들바람, 꽃과 같다. 그대가 그를 깡통 안에 가둬 놓으려 한다면, 그는 죽을 것이다. 하지만 많은 사람들이 그렇게 한다. 그들은 사랑하는 사람으로부터 자유를 빼앗는다. 그가 자신의 모습을 잃을 때까지. 그들은 자기 만족을 위해 살면서, 사랑하는 사람을 이용해 자신의 만족을 채운다. 그것은 사랑이 아니다. 그것은 파괴하는 것이다. 그대는 그를 사랑한다고 말한다. 하지만 그대가 그의 소망과 요구, 어려움을 이해하지 못한다면, 그는 사랑이라는 감옥에 갇혀 있는 것이다. 진정한 사랑은 그대의 자유와 사랑하는 사람의 자유를 지켜 준다.

어느 날 인도 코살라 왕국의 프라제나짓 왕이 말리카 왕비에게 물었다.

"사랑하는 아내여, 그대가 자신을 사랑하는 만큼 그대를 사랑하는 사람이 있는가?"

왕비는 웃으며 이렇게 반문했다.

"사랑하는 왕이시여, 당신이 자신을 사랑하는 것보다 더 많이 당신을 사랑하는 사람이 있습니까?"

다음 날 두 사람은 붓다에게 자신들이 나눈 대화에 대해 말했다. 붓다가 말했다.

"두 분 말이 옳습니다. 이 우주에는 우리 자신보다 우리에게 애정을 보이는 사람은 없습니다. 마음은 수천 가지 방향으로 여행할 수 있습니다. 하지만 자기 자신보다 더욱 사랑하는 사람을 찾을 수는 없습니다. 자신을 사랑하는 일이 얼마나 중요한지 깨닫는 순간, 우리는 다른 사람에게 고통을 주지 않을 것입니다."

프라제나짓 왕과 붓다는 가까운 친구가 되었다. 어느 날 그들이 제타 숲에 함께 앉아 있을 때, 왕이 붓다에게 말했다.

"붓다여, 세상에는 자신을 사랑한다고 생각하면서도 생각과 말과 행동을 통해 언제나 자신을 해치는 사람들이 있습니다. 그들의 가장 사악한 적은 바로 자기 자신입니다."

붓다가 고개를 끄덕이면서 말했다.

"생각과 말, 또는 행동으로 스스로를 해치는 사람들의 가장 사악한 적은 사실 자기 자신입니다. 그들은 스스로 고통을 받고 있습니다."

우리는 대개 다른 사람들이 자신에게 고통을 준다고 생각한다. 우리의 부모나 배우자, 적들 말이다. 하지만 깨어 있는 마음을 잃고, 분노하고 시기함으로써 우리는 우리 자신과 다른 사람들에게 고통을 주는 말과 행동을 한다. 한 번은 붓다가 프라제나짓 왕에게 이렇게 말했다.

"사람들은 보통 자기 자신을 사랑한다고 생각합니다. 하지만 그들에게는 깨어 있는 마음이 없기 때문에 자신에게 고통을 주는 말과 행동을 합니다."

이것이 진실임을 깨달을 때, 우리는 자신에게 고통을 주었다고 타인을 비난하지는 않을 것이다. 그 대신 자기 자신을 사랑하고 관심을 갖고, 자신의 몸과 마음을 건강하게 하려고 노력할 것이다.

지난겨울, 자두 마을 사람들이 사랑에 대해 명상을 하고 있을 때, 한 젊은 여성이 내게 말했다.

"남자 친구에 대해 명상을 하자, 그를 덜 사랑하게 되더군요. 그리고 내가 가장 싫어하는 사람에 대해 명상을 했을 때, 나는 갑자기 나 자신이 싫어졌어요."

명상을 하기 전, 그녀는 남자 친구를 열정적으로 사랑했기 때문에 그의 결점을 볼 수 없었다. 하지만 수행하는 동안 그녀는 그를 더욱 분명히 보기 시작했다. 그리고 그가 자신의 생각보다 완벽하지 않다는 것을 깨달았다. 그녀는 남자 친구를 덜 사랑하게 되었다고 말했지만, 사실 그녀는 더욱 많은 자비심을 갖고 그를 사랑하기 시작한 것이다. 그녀는 그의 고통을 이해할 수 있었다. 따라서 사랑이 더욱 깊어지고 건강해졌다. 그녀는 더욱 자유롭게 숨쉴 수 있었고, 남자 친구 또한 좀더 자유롭게 숨쉬게 되었다. 그녀는 "그를 덜 사랑한다"고 말했지만, 그 말은 "그를 더 많이 사랑하게 되었다"는 뜻이나 다름없다.

그녀는 또한 자신이 가장 싫어하는 사람에 대해 신선한 통찰력을 얻게 되었다. 갑자기 그녀는 그 사람이 그렇게 된 몇 가지 이유를 깨달았다. 그리고 자신이 그의 말과 행동에 너무 가혹하게 반응함으로써 그에게 고통을 주었음을 알았다. 그녀의 말은 그녀가 진정으로 수행하고 있음을 증명하고 있었다.

다른 사람의 고통을 깊이 바라보는 것은 중요한 일이다. 불친절하게 행동하고 건전하지 못하게 생각하고 말하는 사람들은 틀림없이 그 내면에서 큰 고통을 겪고 있다. 그 고통을 깊이 바라볼 때, 그대의 가슴이 열리고 이해의 열쇠가 저절로 나타날 것이다. 세상의 많은 사람들이 어린 시절 학대를 받았다. 그리고 그들은 평생 동안 계속해서 고통받는다. 그들의 두려움과 증오는 결코 사라지지 않는다. 그들은 여전히 자신에 대한 자부심을 느끼지 못한다. 그들이 자신을 학대한 사람의 고통을 깊이 바라보고, 잘못된 행동의 근원을 보고, 자신을 학대한 사람들이 분노와 욕망, 망상에 사로잡힌 자들이라는 사실을 깨달을 때, 그들의 마음이 열리고 두려움과 증오는 서서히 사라질 것이다.

4년 전, 아버지를 극도로 미워하는 한 청년이 자두 마을을 찾아왔다. 당시 자두 마을 사람들은 사랑에 대한 명상을 하면서, 자신들과 좋지 않은 관계를 가진 사람들에게 편지를 쓰고 있었다. 우리의 수행 중에는 '연꽃이 피다'라는 주제로 여섯 살짜리 아이가 되는 명상이 있었다.

"여섯 살짜리 아이가 된 나를 보면서, 나는 숨을 들이쉰다. 여섯 살짜리 아이에게 미소지으면서, 나는 숨을 내쉰다."

여섯 살짜리 아이는 여전히 그대 안에 있다. 그리고 그 아이는 많은 고통을 받았을지도 모른다. 하지만 그대가 그를 어루만질 때 그대의 가슴은 자비심으로 가득 찰 것이다.

여섯 살짜리 아이는 매우 연약하고, 상처받기 쉽다. 많은 부모들이 깨어 있지 않은 마음의 상태에서 자식들을 키운다. 그들은 자신들의 모든 고통과 분노를 자식들에게 쏟아붓는다. 그래서 여섯 살의 어린 나이에 아이의 가슴은 이미 두려움과 슬픔으로 가득 차게 된다. 아이는 자신의 감정을 부모에게 표현하려고 애쓰지만 부모는 그것을 들어 줄 능력이 없다. 너무 어린 나머지 아이는 자신의 고통을 제대로 설명할 수조차 없다. 아이가 말을 더듬거리면 엄마는 아이의 말을 가로채거나 소리를 지를 것이다. 엄마의 말은 연약한 아이의 가슴에 찬물을 끼얹는 것과 같다. 아이는 다시는 부모에게 자신의 마음을 털어 놓으려고 하지 않을 것이고, 아이의 마음에는 깊은 상처가 남는다.

부모들은 아이와의 관계가 완전히 단절될 때까지 그와 같은 행동을 되풀이한다. 깨어 있는 마음이 없기 때문에 그렇게 행동하는 것이다. 아버지가 자신의 분노를 억제하지 못한다면, 아들과의 의사 소통은 단절될 것이다. 그리고 아들은 평생 동안 고통받을 것이다. 그 아이는 교사나 친구, 나중에는 자신의 아들과도 의사 소통을 할 수 없을 것이다.

나는 청년에게 일주일 동안 여섯 살짜리 아이가 된 자신에 대해 명상하라고 요구했다. 그리고는 이런 방법을 일러 주었다.
 "숨을 들이쉬면서, 나는 여섯 살짜리 아이가 된 나의 아버지를 본다. 숨을 내쉬면서, 여섯 살이 된 아버지에게 미소짓는다."
 우리는 성인으로서의 아버지의 모습만을 알고 있다. 아버지도 한때 쉽게 마음에 상처를 받는 어린 아이였음을 잊어버린다. 내가 말하는 명상을 해보도록 하라. 도움이 된다면 아버지가 여섯 살 때 찍은 사진을 찾아서 들여다보라. 숨을 들이쉬고 내쉬면서 여섯 살짜리 아버지에게 미소지으라. 그대의 아버지도 그대처럼 마음에 상처를 간직하고 있음을 느끼게 될 것이다. 그 순간 그대는 그대의 아버지가 된다.
 청년은 자두 마을에 있는 자기 방 책상 위에 아버지의 사진을 올려 놓았다. 그리고 방에 들어올 때마다 아버지의 눈을 바라보면서 자신에게 너무나 낯설게 느껴지던 한 남자를 이해하는 명상을 했다. 그는 미소를 지으며, 어린아이로서 고통을 겪었을 아버지에게 자비심을 느꼈다. 방을 나서기 전에 그는 아버지 사진을 다시 한 번 바라보고 깨어 있는 마음으로 호흡을 했다.
 어느 날 그는 아버지에게 편지를 썼다. 비록 아버지는 이미 돌아가셔서 세상에 없었지만······. 편지를 쓰는 동안 그는 갑자기 가슴이 열리면서 그동안 자신을 짓눌러 왔던 무거운 짐이 들어올려지는 느낌을 받았다. 그는 아버지의 고통을 보았고, 아버지를 용서했다. 사랑과 자비가 마음속에서 용솟음쳤고, 마침내 아버지와 화해하고자 했던 그의 깊은 소망이 이루어졌다. 분노는 사라졌다. 다른 사람의 고통을 깊이 바라보고 그 고통의 근원을 이해함으로써 사랑과 이해의 문이 열린 것이다.

행복은 개인적인 문제가 아니다. 행복은 함께 나눌 수 있는 성질을 갖고 있다. 그대가 한 친구를 미소짓게 할 수 있을 때, 친구의 행복이 그대에게로 다시 돌아올 것이다. 평화와 기쁨, 행복으로 가는 길을 발견할 때, 그대는 모두에게 그 길을 알려 줄 수 있다. 자신에게 기쁨을 주는 일에서부터 시작하라. 밖으로 나가 걷는 명상을 하면서 신선한 공기와 나무들, 밤하늘의 별들을 즐기라. 행복을 키우기 위해 지금 그대는 무엇을 하고 있는가?

진정한 사랑은 소유하거나 집착하지 않는 사랑이다. 나이가 많든 적든 우리 모두는 집착하는 성향을 갖고 있다. 태어나자마자 우리는 이미 무지와 자신에 대한 집착을 갖고 있다. 누군가를 사랑할 때마다 우리는 그를 소유하려고 한다. 사랑을 받을 때, 사랑하는 사람이 오직 자신에게만 관심을 쏟기를 바란다. 그 사람이 다른 사람을 사랑하기를 원치 않는다. 소유하는 사랑은 독재와 같다. 우리는 자신이 사랑하는 사람을 통제하길 원하며, 그 사람이 무엇을 할 수 있고 무엇을 할 수 없는가를 지시한다. 건강한 사랑 속에도 어느 정도의 소유와 집착은 있다. 하지만 그것이 너무 지나치면 사랑하는 사람과 사랑받는 사람 모두 고통받을 것이다.

아버지들은 자신이 아들을 '소유'하고 있다고 생각할 수 있다.

"너는 내가 말하는 것에 복종해야 한다. 이것을 공부하고, 저것을 해라. 그렇지 않으면 너를 아들로 인정하지 않을 것이다."

젊은 남자는 여자 친구에게 이렇게 말할 수 있다.

"그 시간에 쇼핑을 해선 안 돼. 그 향수는 쓰지 말고, 그 색깔의 옷은 입지 말아."

이렇게 억압적인 방식으로 사랑할 때, 그대는 사랑하는 사람에게 사슬을 채우는 것과 같다. 한때 훌륭한 성처럼 보이던 사랑은 이내 감옥에 지나지 않게 된다. 페인트가 벗겨지고, 감옥의 빗장이 드러날 때, 두 사람은 모두 벗어날 수 없는 덫에 걸린 듯한 느낌을 받는다. 결혼 역시 풀려날 가망이 없는 종신형을 선고받은 것이 될 수 있다. 헤어지는 것과 함께 사는 것 모두 견디기 힘든 일이 된다. 이런 일은 결혼뿐 아니라 부모와 자식, 친구, 선생과 제자 사이에서도 일어날 수 있다. 우리는 사랑하는 사람의 자유를 존중하고, 두 사람 모두의 개성을 지켜 주면서 사랑하는 법을 배워야 한다.

사랑하는 사람의 눈을 바라보며 진지하게 물어 보라.

"사랑하는 그대여, 내게 다가와서 나의 고통을 자신의 고통으로 여기고, 나의 행복을 자신의 행복으로 여기고, 나의 삶과 죽음을 자신의 삶과 죽음으로 여기는 당신은 누군가요? 나와 하나가 되어 버린 당신은 누군가요? 왜 당신은 이슬과 나비, 새와 소나무가 아닌가요?"

온 마음으로 그렇게 물어보라. 나중에 그대는 자신에게 가장 큰 고통을 안겨 준 사람에게도 똑같이 물을 것이다.

"내게 이런 고통을 안겨 준 당신은 누군가요? 내게 커다란 분노와 미움을 안겨 준 당신은 누군가요?"

그들을 이해하기 위해 그대는 사랑하는 사람과 하나가 되고, 소위 자신의 적과도 하나가 되어야 한다. 그들이 걱정하는 것을 함께 걱정하고, 그들의 고통을 함께 겪고, 그들이 감사하는 것을 함께 감사해야 한다. 그대와 그대가 사랑하는 대상은 둘이 될 수 없다. 그는 그대가 갖고 있는 모습을 함께 갖고 있다.

세상에서 가장 잔인한 사람, 굶주리는 아이, 그리고 정치범 속에서 자신의 모습을 발견할 때까지 명상하라. 슈퍼마켓과 길거리, 수용소에 있는 많은 사람들 속에서, 그리고 하나의 잎사귀와 이슬방울 속에서 자신의 모습을 발견할 때까지 명상하라. 머나먼 은하계의 먼지 속에서 자신을 발견할 때까지 명상하라. 그대의 전존재를 통해 보고 들으라. 그대가 지금 이 순간에 존재하고 있다면, 진리의 비가 그대의 잠재의식 깊은 곳에 있는 씨앗을 흠뻑 적실 것이다. 그리고 내일 그대가 접시를 닦거나 파란 하늘을 보는 동안 씨앗에 싹이 돋아날 것이다. 사랑하고 이해하는 마음이 아름다운 꽃처럼 피어날 것이다.

진정으로 누군가를 사랑한다면, 그를 위해 완전히 존재해야 한다. 내가 아는 열 살짜리 아이는 생일 선물로 무엇을 받고 싶냐는 아버지의 질문을 받았다. 아이가 대답했다.
"아빠, 저는 아빠를 원해요!"
아이의 아빠는 너무 바빴다. 그는 가족을 위해 시간을 낼 수가 없었다. 아이는 아빠가 자신에게 줄 수 있는 가장 큰 선물은 아빠의 진정한 존재라는 것을 알고 있었다.

그대가 집중하고 있을 때, 곧 몸과 마음이 하나일 때, 그대가 말하는 모든 것이 만트라가 될 수 있다. 반드시 산스크리트어로 말할 필요는 없다. 그대의 모국어로 말해도 상관없다.
"여보, 당신을 위해 내가 여기 있어요."
그대가 지금 이 순간에 존재한다면, 이 만트라는 기적을 창조할 것이다. 그대가 진정으로 존재할 때, 그대와 말을 하고 있는 상대방도 진정으로 존재한다. 그 순간 삶이 진정으로 존재한다. 그대는 자신과 상대방 모두에게 행복을 준다. 사랑하는 사람에게 줄 수 있는 최고의 선물은 그것이다. 사랑한다는 것은 사랑하는 사람을 위해 거기 존재하는 것이다. 두번째 만트라는 이것이다.

"나는 당신이 거기 있다는 걸 알아요. 그래서 너무 행복해요."

달을 바라볼 때, 나는 가슴 깊이 호흡하면서 이렇게 말한다.

"보름달이여, 나는 네가 거기 있음을 안다. 그래서 나는 너무나 행복하다."

나는 샛별을 볼 때도 똑같이 말한다. 한국에 갔을 때, 나는 봄에 핀 아름다운 목련나무 사이로 걸어가고 있었다. 아름다운 꽃들을 보며 내가 말했다.

"나는 너희들이 거기 있음을 안다. 그래서 너무 행복하다."

자신이 진정으로 존재하고 다른 것들 또한 존재함을 아는 것은 하나의 기적이다. 진정으로 거기 있을 때 그대는 다른 사람의 존재를 알아보고 그것에 감사할 수 있다. 보름달, 샛별, 목련꽃, 그리고 사랑하는 사람의 존재에 감사할 수 있다.

먼저 자신으로 돌아가기 위해 깨어 있는 마음으로 호흡하라. 그리고 사랑하는 사람 옆에 앉아 마음을 집중한 상태에서 두번째 만트라를 외라. 그대는 행복해질 것이고, 사랑하는 사람도 따라서 행복해질 것이다. 그대는 이 만트라를 날마다 욀 수 있다. 진정한 연인이 되기 위해, 진정으로 존재하기 위해 그대는 깨어 있는 마음으로 호흡해야 한다.

깨어 있는 마음으로 곁에 있다면, 그대는 사랑하는 사람이 고통받을 때 그것을 알아차릴 것이다. 그때 그의 곁에 앉아서 이렇게 말하라.

"사랑하는 이여, 나는 당신이 고통받고 있다는 걸 알아요. 그렇기 때문에 당신을 위해 여기 있는 거예요."

이것이 바로 세번째 만트라다. 이 말은 큰 위로가 될 수 있다.

그대 자신이 고통받을 때 외울 수 있는 네번째 만트라가 있다.

"사랑하는 이여, 나는 지금 고통받고 있어요. 제발 나를 도와 주세요."

짧은 말이지만, 때로 사람들은 자존심 때문에 이 말을 하기 힘들어 한다. 특히 고통을 준 사람이 자신이 사랑하는 사람이라면 이 말을 하기가 더욱 어려워진다. 고통을 준 사람이 다른 사람이라면 말하기가 그렇게 어렵진 않을 것이다. 하지만 그것이 사랑하는 사람이기 때문에 우리는 깊은 상처를 받는다. 우리는 자기 방으로 들어가 울고 싶어진다. 하지만 진정으로 상대를 사랑한다면, 그렇게 고통을 받을 때 우리는 도움을 청해야 한다. 우리는 자존심을 넘어설 수 있어야 한다.

베트남에는 자존심 때문에 큰 고통을 받은 젊은 부부에 대한 이야기가 잘 알려져 있다. 전쟁이 나면서 젊은 남편은 전쟁터로 나가야 했다. 그래서 그는 임신한 아내를 두고 떠났다. 3년 후 그가 군대에서 돌아왔을 때 그의 아내는 남편을 맞이하기 위해 마을 입구로 나갔다. 그녀는 두 사람의 자식인 작은 사내아이를 함께 데리고 갔다. 부부가 서로를 알아보았을 때, 그들은 기쁨의 눈물을 감출 수가 없었다. 그들은 자신들을 보호해 준 조상에게 깊이 감사드렸다. 남편은 아내에게 시장에 가서 조상의 제단에 놓을 과일과 꽃, 그리고 다른 제물을 사오라고 말했다.

그녀가 물건을 사고 있을 동안 그는 아들에게 자신을 아빠라고 부르라고 말했다. 하지만 아이는 그의 말을 들으려 하지 않았다. 아이는 말했다.

"아저씨! 당신은 저의 아빠가 아니에요. 우리 아빠는 매일 밤 집에 왔고, 엄마는 아빠에게 말을 하며 울곤 했어요. 엄마가 앉으면 아빠도 앉았어요. 엄마가 누우면 아빠도 누웠어요."

그 말을 들은 남자의 가슴은 돌처럼 굳어졌다.

아내가 돌아왔을 때, 그는 그녀를 쳐다보지도 않았다. 남자는 조상에게 과일과 꽃, 향을 바쳤다. 그리고는 엎드려 절하고 나서 돗자리를 둘둘 말아 아내가 절을 하지 못하게 했다. 그는 아내가 조상들 앞에 나타날 자격이 없다고 여겼다. 그는 곧장 집을 나가 여러 날 동안 술을 마시고 마을을 돌아다녔다. 아내는 남편이 왜 그렇게 행동하는지 이해할 수가 없었다. 마침내 3일 뒤, 그녀는 더 이상 견디지 못하고 강물로 뛰어들어 스스로 목숨을 끊었다.

장례식이 끝난 저녁에 남자가 석유 등잔에 불을 붙였다. 그때 어린 아들이 소리쳤다.

"여기 아빠가 있어요!"

아이는 벽에 비친 아빠의 그림자를 가리키며 말했다.

"아빠는 매일 밤 저 모습으로 오곤 했어요. 엄마는 저 사람에게 이야기를 하며 많이 울었어요. 엄마가 앉으면 그도 앉았어요. 엄마가 누우면 그도 누웠어요."

아내는 자신의 그림자에 대고 이렇게 소리치곤 했다.

"여보, 당신은 너무 오랫동안 내 곁에 없군요. 저 혼자 어떻게 아이를 키울 수 있겠어요?"

어느 날 밤, 아이는 엄마에게 아빠가 누구이고 어디 있느냐고 물었다. 그녀는 벽에 비친 자신의 그림자를 가리키며 말했다.
"이것이 네 아빠란다."
그녀는 남편을 너무도 그리워했던 것이다.

갑자기 젊은 남자는 모든 것을 이해했다. 하지만 때는 이미 너무 늦어 버렸다. 만일 남편이 아내에게 "여보, 나는 너무 고통스럽소. 매일 밤 어떤 남자가 집에 와서 당신과 이야기하고 함께 울었다고 우리 아이가 말했소. 그리고 당신이 앉을 때마다 같이 앉았다고 말했소. 그 남자가 도대체 누구요?"라고 물었다면, 그녀는 설명할 기회를 얻어 비극을 피할 수 있었을 것이다. 하지만 그는 자존심 때문에 그렇게 하지 않았다.

아내도 남편과 똑같이 행동했다. 그녀는 남편의 행동 때문에 깊은 상처를 받았다. 하지만 그녀는 남편의 도움을 요청하지 않았다. 그녀는 당연히 네번째 만트라를 외었어야 했다.

"여보, 저는 큰 고통을 겪고 있어요. 제발 도와 주세요. 저는 당신이 왜 저를 보려고 하지 않고 나와 말도 안 하는지 이해할 수가 없어요. 왜 내가 조상들 앞에서 절을 못하게 했지요? 내가 무슨 잘못을 했나요?"

만일 그녀가 이렇게 물었더라면, 남편은 아이가 한 말을 아내에게 들려 주었을 것이다. 하지만 그녀는 그렇게 하지 않았다. 왜냐하면 그녀 또한 자존심을 버릴 수 없었기 때문이다.

진정한 사랑에는 자존심이 들어설 자리가 없다. 그대가 사랑하는 사람으로부터 상처를 받을 때, 자신의 고통이 사랑하는 사람 때문에 생겼다고 생각할 때, 이 이야기를 기억하라. 이야기에 나온 아이의 아빠나 엄마처럼 행동하지 말라. 자존심이 그대의 길을 가로막지 않게 하라. 그리고 네번째 만트라를 외라.

"사랑하는 이여, 나는 지금 고통받고 있어요. 제발 도와 주세요."

그대가 누군가를 이 생에서 가장 사랑하는 사람으로 생각한다면, 그대는 그렇게 해야 한다. 그대의 말을 들을 때, 그는 자신으로 돌아가 깊이 바라볼 것이다. 그러면 두 사람은 문제를 해결하고, 화해하고, 오해를 풀 수 있을 것이다.

미국의 많은 대학에는 의사 소통 기술이라고 불리는 과목이 있다. 나는 그들이 무엇을 가르치는지는 확실히 모른다. 하지만 그 과목에서 깊이 듣고 다정하게 말하는 기술을 가르치기를 바란다. 그대가 진정한 의사 소통의 기술을 익히고자 한다면 그것을 매일 수행해야 한다. 베트남에는 이런 속담이 있다.

'다정하게 말하는 것에는 돈이 들지 않는다.'

단지 말을 조심스럽게 선택해서 쓰기만 한다면, 우리는 다른 사람들을 매우 행복하게 해줄 수 있다. 우리가 말하고 듣는 방법은 다른 사람들에게 기쁨과 행복, 자신감과 희망과 신뢰, 그리고 깨달음을 줄 수 있다.

인류 역사상 지금처럼 의사 소통의 수단이 많았던 때는 없었다. 지금 우리에게는 텔레비전, 라디오, 전화, 팩스, 이메일, 인터넷이 있다. 하지만 우리 모두는 여전히 섬처럼 남아 있으며, 가족과 사회 구성원들 사이에, 그리고 국가들 사이에 진정한 의사 소통은 거의 없다. 전쟁과 분쟁이 끊이지 않는다. 우리는 다시 의사 소통의 문을 열 수 있는 방법을 찾아야 한다. 의사 소통이 이뤄지지 않을 때, 우리는 병들고 고통받는다. 그리고 우리의 고통은 다른 사람에게까지 전해진다. 우리는 우리의 말을 들어 준 대가로 정신 치료사에서 돈을 지불한다. 하지만 정신 치료사 또한 문제를 갖고 있는 한 인간 존재일 뿐이다.

어느 날 나는 프랑스의 알프스에 있는 명상 센터인 카르마 링에 있었다. 그곳에서 나는 한 무리의 아이들에게 내면에서 고통을 느낄 때마다 친구나 부모님에게 가서 이야기해야 한다고 말했다. 아이들은 어른들과 똑같은 고통을 받는다. 그들 또한 외로움과 단절감, 그리고 무력감을 느낀다. 우리는 심한 고통을 받을 때 그것을 이야기하는 법을 아이들에게 가르쳐야 한다.

사랑하는 사람이 그대에게 몰인정하게 말해서 상처를 받았다고 가정해 보자. 그대가 곧바로 대응한다면 상황은 더욱 악화될 위험이 있다. 이때 최선의 수행은 숨을 들이쉬고 내쉬면서 마음을 가라앉히는 것이다. 그리고 마음이 충분히 가라앉으면 그대는 이렇게 말할 수 있다.

"당신이 방금 한 말은 내게 상처를 주었어요. 나는 그것에 대해 깊이 살펴보고 싶어요. 당신도 그것을 깊이 살펴보면 좋겠어요."

그런 다음 그대는 금요일 저녁에 그것을 함께 살펴보자고 약속할 수 있다. 한 사람이 그대 고통의 원인을 살펴보는 것은 좋은 일이다. 두 사람이 살펴본다면 그것은 더 좋은 일이다.

나는 두 가지 이유에서 금요일 저녁을 제안한 것이다. 첫째로 그대는 그 당시 상처를 느끼고 있어서 그것을 당장 이야기하면 너무 위험하기 때문이다. 분명 그대는 상황을 더욱 악화시키는 말을 할 것이다. 따라서 금요일 저녁이라면, 그대는 그때부터 금요일 저녁까지 자신의 고통의 성격을 깊이 살펴보는 수행을 할 수 있다. 그리고 상대방도 그렇게 할 수 있다. 자동차를 운전하면서 그는 스스로에게 이렇게 물을 것이다.

"뭐가 그렇게 심각하지? 그녀는 왜 그렇게 화를 낸 거지? 틀림없이 이유가 있을 거야."

운전을 하는 동안 그대 또한 그것을 깊이 바라보는 기회를 가질 것이다. 금요일 밤이 오기 전에 둘 중 한 명 또는 두 사람 모두는 문제의 근본 원인을 발견하고, 상대방에게 이야기하고 사과할 수 있을 것이다. 금요일 밤, 두 사람은 함께 차를 마시면서 서로를 편하게 느낄 수 있다. 이렇게 약속을 정한다면, 두 사람은 마음을 가라앉히고 깊이 살펴보는 시간을 갖게 될 것이다. 이것이 명상 수행이다. 명상은 마음을 가라앉히고 우리의 고통의 본질에 대해 깊이 살펴보는 일이다.

오래전, 베트남에 행복을 모르고 사는 한 학생이 있었다. 그는 잘생긴 젊은이였지만 부모나 형제들과 제대로 의사 소통을 할 수가 없었다. 그래서 가족과 완전한 단절감을 느꼈다. 그의 이름은 투엔이었다. 그는 너무 외로웠다. 그리고 큰 고통을 느꼈다. 많은 사람들이 투엔의 친구가 되어 주려고 노력했지만, 그는 고통과 두려움, 불신으로 가득 차 화를 낼 뿐이었다. 결국 그들 모두가 그의 곁을 떠났다. 그는 사람들을 믿지 못하고 행복을 믿지 않았다. 그는 학교 안에 있는 자신의 작은 방에서 홀로 살았다.

어느 날 아침, 그는 친구를 사귈 수 있을지도 모른다는 희망을 품고 한 불교 사원을 찾아갔다. 사원에 도착했을 때, 한 무리의 젊은이들이 문에서 나오는 것을 보았다. 그들 중에는 매우 아름다운 처녀가 있었다. 그는 바로 그녀라는 것을 알았다! 그는 그녀를 친구로 사귀고 싶은 마음이 간절했다. 그의 가슴속에는 설레는 느낌이 가득했다. 그래서 그는 사원으로 들어가는 대신에 젊은 사람들을 따라갔다. 하지만 어여쁜 처녀는 어느덧 사라지고 없었다.

그는 그녀의 아름다움을 잊을 수가 없었다. 날마다 그녀에 대해 생각했다. 그는 그녀를 마음에서 지워 버릴 수가 없었다. 그러던 어느 날 밤, 꿈속에 한 노인이 나타나 그 젊은 여인을 다시 만날 방법이 있다고 말했다. 노인은 청년에게 다음 날 아침 일찍 동쪽 시장으로 가서 그녀를 찾아보라고 했다. 그는 침대에서 뛰어내려서 빨리 해가 솟아 동쪽 시장으로 갈 수 있기만을 기다렸다.

그가 시장에 도착했을 때는 아직 너무 이른 시간이었다. 그래서 그는 공부할 책을 몇 권 사기 위해 책방으로 갔다. 책방으로 들어서는 순간 그는 벽에 걸린 그림을 보았다. 그가 사원의 문에서 보았던 처녀와 똑같은 여자가 그림 속에 있었다. 그녀와 똑같은 얼굴과 눈, 그리고 똑같은 미소를 갖고 있었다. 그래서 그는 책을 사는 대신 그 그림을 사서 집으로 가져왔다. 그는 그림을 벽에 걸어 놓고 오로지 자리에 앉아서 그림 속의 젊은 여인에게 이야기를 하기 시작했다.

날마다 정오가 되면 그는 점심으로 국수 한 그릇을 끓여 먹었다. 그는 국수를 그릇에 넣고, 뜨거운 물을 붓고 나서 몇 분을 기다렸다. 그것이 전부였다. 그는 매 끼니때마다 채소조차 넣지 않은 아무 맛도 없는 국수를 먹었다. 그의 삶은 무미건조했다.

외로울 때면 그는 나무와 바위, 고양이와 개와 이야기했다. 사람보다 고양이와 함께 사는 것이 더 쉬운 일이다. 왜냐하면 고양이에게는 몰인정한 말을 해도 고양이가 그대에게 소리를 지르거나 하지 않기 때문이다. 투엔 역시 오랜 시간 그림을 보면서 그 속의 젊은 여인과 이야기를 나누곤 했다.

어느 날 그는 국수 두 그릇을 준비하기로 결심했다. 그는 두 쌍의 젓가락을 식탁에 놓고, 계속해서 그 젊은 여인에게 말을 했다. 어느 순간 그는 그녀가 자신에게 미소짓고 있다는 느낌을 받았다. 하지만 다시 고개를 들었을 때, 그녀는 자신을 향해 웃고 있지 않았다. 국수를 반쯤 먹었을 때, 그는 먹는 것을 그만두었다. 음식은 아무 맛이 없었다. 그의 삶은 아무 의미가 없었다. 그가 다시 고개를 들었다. 그러자 이번에는 정말로 그녀가 그에게 미소짓고 있었다. 갑자기 그녀가 그림에서 걸어나오면서 말했다.

"어떻게 국수를 그런 식으로 만들어 먹을 수가 있죠?"

그러더니 그녀는 사라져 버렸다. 잠시 후 그녀는 신선한 채소가 가득 든 바구니를 들고 다시 나타났다. 그리고 눈 깜짝할 사이에 그녀는 양파와 후추, 신선한 야채가 가득 들어간 맛있는 국수 두 그릇을 만들었다. 누구도 그 젊은이가 느낀 행복을 상상할 수 없을 것이다. 너무도 멋진 친구가 그의 삶 속으로 들어온 것이다!

그녀는 천사였다. 그리고 그녀는 청년에게 자신의 이름이 지앙 키우라고 말했다.

하지만 청년은 자기 안에 너무 많은 고통을 갖고 있었기 때문에 어떻게 의사 소통을 해야 할지를 몰랐다. 그는 그녀를 사랑했지만 그녀가 자신에게 충고할 때 그것을 어떻게 받아들여야 하는가를 알지 못했다. 그는 또한 다정한 목소리로 말하는 법을 몰랐다. 그는 매일 엄청난 술을 마셨고, 술에 취해 있을 때면 너무도 몰인정하게 행동했다.

그대 안에 너무 많은 분노와 고통이 있을 때, 그대는 자신의 고통을 덮어 버리고 싶어한다. 그래서 고통을 잊기 위해 술이나 마약을 이용할 때도 있다. 우리는 투엔을 비난만 할 수는 없다. 그는 자신의 커다란 고통과 고민을 감당하기 어려웠다. 아무도 그에게 깨어 있는 마음으로 사는 방법을 가르쳐 주지 않았다. 호흡하고, 걷고, 자신의 고통을 받아들여 변화시키는 방법을 일러 주지 않았다. 마침내 지앙키우는 그의 곁을 떠나야 했다. 분노와 고통으로 가득 차 있고, 말을 올바로 듣지 못하고, 의사 소통도 안 되는 사람과 함께 사는 것은 불가능했다.

그녀가 떠난 것을 깨달았을 때, 투엔은 너무도 고통스런 나머지 스스로 목숨을 끊고 싶었다. 그가 자살을 준비하고 있을 때 갑자기 지앙키우가 그에게 한 말이 기억났다. 어느 아름다운 아침, 지앙키우는 투엔이 그녀를 처음 보았던 불교 사원으로 그를 데려갔다. 그날 아침 그 절의 승려는 향과 의사 소통하는 법문을 전하고 있었다. 지앙키우가 말했다.

"투엔, 미래의 어느 순간 당신이 나를 필요로 한다면, 내가 곁에 있기를 원한다면, 향에게 말하세요."

투엔은 시장으로 달려가 향을 한 통 사다가 곧바로 불을 붙였다. 한 개가 아니라 열 개를 동시에 불을 붙였다! 그는 조용히 앉아서 기다렸다. 한 시간이 넘게 지났지만, 지앙키우는 여전히 거기 없었다. 그가 절망에 빠지려는 순간, 절의 승려가 한 또 다른 말이 떠올랐다. 그 승려는 깨어 있는 수행, 집중, 통찰력, 자유라는 마음의 향에 대해 말했었다. 그제야 비로소 청년은 깨닫게 되었다. 그 마음의 향을 이용하는 법을 모른다면, 지앙키우와 대화를 나눌 수 없다는 사실을.

자두 마을에는 스물한 살 난 초보 수행자가 있다. 그의 이름은 파프칸, 곧 '진정한 진리의 거울'이란 뜻이다. 그는 수행자 생활을 불과 1년 4개월밖에 하지 않았지만 열심히 수행을 한 덕분에 진리의 길을 가는 형제자매들을 매우 행복하게 해준다. 파프칸은 나의 수행원이다. 그의 임무는 아침에 내게 식사를 가져다 주고, 만일 내가 어딘가로 갈 일이 생기면 조그만 검은색 차로 나를 태워다 주는 것이다. 그는 깨어 있는 마음을 가진 운전사다. 차 안에 올라타면 그는 시동을 걸기 전에 언제나 숨을 들이쉬고 내쉬는 수행을 하면서 이런 구절을 왼다.

"차가 출발하기 전에 나는 내가 갈 곳을 안다. 자동차와 나는 하나다. 차가 빨리 달리면 나도 빨리 달릴 것이다."

나는 그와 함께 있는 것이 언제나 즐겁다. 우리는 완벽한 의사소통을 하고 있다.

매일 아침 우리는 함께 앉아 조용히 아침을 먹는다. 스승과 제자가 함께 아침을 먹는 것이다. 어느 날 아침 나는 그에게 투엔과 지앙키우의 이야기를 들려 주었다. 그는 그 이야기를 듣고 매우 기뻐했다. 그래서 나는 깨어 있는 마음으로 그를 보면서 말했다.

"진정한 진리의 거울아, 그대는 나의 지앙키우다. 그대는 내 삶으로 들어와 나를 행복하게 해주었다. 그대가 내 곁을 떠나지 않도록 하루하루를 살아가겠다고 맹세하마."

나는 그가 깊이 감동했음을 알았다. 내 말에는 진정한 사랑이 담겨 있었다. 하지만 그는 이렇게 말했다.

"저는 지앙키우만큼 국수를 잘 만들지 못해요."

미소를 지으며 내가 말했다.

"그대는 나를 행복하게 해주기 위해 국수를 잘 만들 필요가 없다. 우리 자두 마을에는 국수를 잘 만드는 자매들이 많이 있다. 그대는 단지 지금처럼 나를 자동차에 태워 주면 된다. 그것만으로도 나를 행복하게 해주고도 남는다."

그는 내 말을 듣고 무척 기뻐했다.

그대는 사랑하는 사람이 있는가? 우리 모두는 사랑하고 사랑받길 원한다. 만일 사랑하는 사람이 없다면, 그대의 가슴은 메마를 것이다. 사랑은 우리 자신과 사랑하는 사람에게 행복을 가져다 준다. 우리는 도움이 필요한 사람을 도와 주고 싶어한다. 굶주리고, 장애를 갖고 있고, 학대받는 아이들에게 사랑을 주고 싶어한다. 그들의 고통을 덜어 주길 원한다. 우리는 그런 사랑을 가슴에 갖고 있고, 언젠가 그것을 깨달을 수 있기를 바란다.

하지만 우리가 실제로 그 아이들을 접할 때 그들을 사랑하기란 쉽지 않을 것이다. 그들은 무례하고, 거짓말을 하고, 물건을 훔칠지도 모른다. 그것을 보는 순간 아이들에 대한 우리의 사랑은 사라질 것이다. 우리는 대개 우리의 도움이 필요한 귀여운 아이들은 사랑스러울 것이라고 생각한다. 하지만 현실에 부딪히는 순간 우리는 사랑하는 마음을 유지할 수가 없다. 사랑할 대상이 사랑스럽지 않다는 것을 발견할 때 우리는 크나큰 실망과 부끄러움, 후회를 느낀다. 마치 우리의 사랑이 실패한 것처럼 느껴진다. 하지만 가난하고 장애를 가진 아이를 사랑할 수 없다면, 우리는 누구를 사랑할 수 있을까?

그대는 자신이 세상을 바꿀 수 있다고 생각한다. 하지만 너무 순진하게 생각하진 말라. 그대가 베트남에 도착하는 순간 서로 갈등을 겪고 있는 모든 세력들을 한자리에 모아 놓고 즉각 대화의 문을 열 수 있다고 생각하지 말라. 그대는 조화에 대한 아름다운 말을 할 수 있을지 모른다. 하지만 준비가 되어 있지 않다면, 자신의 말을 실천할 수는 없을 것이다. 베트남에는 이미 훌륭한 설법을 할 수 있는 사람들이 많이 있다. 그들은 화해를 말하고 조화롭게 살아가는 방법을 설명할 수 있다. 하지만 우리는 말에 그쳐서는 안 된다. 우리가 말한 것을 실천하지 않는다면 사람들에게 무엇을 줄 수 있겠는가?

자두 마을에서 우리는 매주마다 새로 시작하는 의식을 행한다. 아름다운 꽃이 심어진 화분을 한가운데 놓고 모든 사람들이 둥글게 둘러앉는다. 그리고 호흡을 따라가면서 첫번째 사람이 시작하기를 기다린다. 의식은 세 부분으로 이루어져 있다. 꽃에 물을 주고, 후회를 표현하고, 마음의 상처와 어려움을 표현하는 것이다. 이 수행은 시간이 가면서 마음의 상처가 더욱 커지지 않게 도와 줄 수 있다. 그리고 공동체의 모든 사람들이 편안한 분위기에서 살 수 있게 해준다.

우리는 먼저 꽃에 물을 주는 것에서부터 시작한다. 누군가 말할 준비가 되면, 그 사람은 두 손을 합장한다. 다른 사람들은 이야기를 해도 좋다는 뜻으로 함께 합장한다. 그러면 그 사람은 자리에서 일어나 천천히 꽃으로 걸어가 두 손으로 화분을 들고 자리로 돌아온다. 그 사람이 말할 때 그 말은 그의 손에 들린 꽃의 신선함과 아름다움을 반영한다. 그는 꽃을 손에 들고 다른 사람들의 좋은 점에 대해 말하기 시작한다. 그것은 결코 아첨이 아니다. 우리는 언제나 진실만을 말한다. 깨어 있는 눈으로 볼 때 누구나 몇 가지 장점을 갖고 있는 것이다. 아무도 꽃을 든 사람의 말을 가로막을 수 없다. 그는 자신이 필요한 시간만큼 말할 수 있고, 다른 사람들은 깊이 듣는 수행을 한다. 말을 마치면, 그는 자리에서 일어나 천천히 화분을 한가운데로 갖다 놓는다.

의식의 두번째 부분에서 우리는 다른 사람들에게 상처를 주었던 모든 일들에 대해 후회하는 마음을 표현한다. 누군가에게 상처를 준 생각 없는 말 한마디까지도 표현하는 의식이다. 새로 시작하는 의식은 지난 한 주 동안의 후회스런 일을 상기하고 그것을 바로잡는 기회다. 의식의 세번째 부분에서 우리는 다른 사람이 우리에게 상처를 준 일을 표현한다. 여기서 다정하게 말하는 것은 매우 중요하다. 우리는 공동체를 치유하려는 것이지 파괴하려는 것이 아니기 때문이다. 우리는 솔직하게 말하지만 결코 공격적으로 말하진 않는다. 듣는 명상은 수행의 중요한 부분이다. 깊이 듣는 수행을 하는 친구들과 함께 앉아 있을 때, 우리의 말은 더욱 아름답고 건설적인 말이 된다. 우리는 결코 비난하거나 논쟁하지 않는다.

자비로운 마음으로 듣는 것은 매우 중요하다. 우리는 다른 사람의 고통을 덜어 주고 싶은 마음으로 듣는다. 그 사람을 판단하거나 논쟁하려고 듣는 것이 아니다. 우리는 정신을 완전히 집중해서 듣는다. 진실이 아닌 것을 들을지라도 계속 깊이 들으면서 다른 사람이 자신의 고통을 표현하고 자기 안의 긴장을 풀 수 있게 도와 준다. 만일 우리가 그에게 어떤 말을 하거나 잘못을 지적한다면, 수행은 결실을 맺지 못할 것이다. 우리는 단지 듣는다. 그 사람의 생각이 옳지 않다고 말할 필요가 있다면, 우리는 며칠 뒤 그를 개인적으로 만나 조용히 말할 수 있다.

그러면 다음에 새로 시작하는 모임에서 그 사람은 자신의 잘못을 수정할 것이고 우리는 더 이상 아무것도 말할 필요가 없을 것이다. 우리는 노래를 부르거나, 둥글게 앉은 모든 사람들이 서로 손을 잡거나, 아니면 1분 동안 호흡하는 것으로 모임을 끝낸다. 때로 껴안는 명상을 하면서 모임을 끝내기도 한다.

그대는 바위이고, 가스이고, 안개이고, 마음이고, 은하계 사이를 빛의 속도로 여행하는 존재이다.

내가 사랑하는 그대가 여기 왔다.

그대의 푸른 눈은 빛나고 너무도 아름답고 한없이 깊다.

그대는 그대 앞에 놓여 있는 길을 따라왔다. 시작도 끝도 없는 그 길을.

그대는 말한다. 이곳으로 오는 도중에 수백만 번의 탄생과 죽음을 경험했노라고.

셀 수 없을 만큼 그대는 모습을 바꾸었다. 우주에서 부는 거센 바람으로.

그대는 산과 강의 나이를 재기 위해 자신의 몸을 바쳤다.

그대는 나무와 풀, 나비와 단세포 동물 그리고 국화꽃으로 자신의 모습을 드러냈었다.

하지만 오늘 아침 나를 보는 그대의 눈은 그대가 결코 죽은 적이 없다고 말한다.

그대의 미소는 누구도 시작을 알 수 없는 놀이로 나를 안내한다. 그 숨바꼭질 놀이로.

아아, 푸른 애벌레여. 그대는 신중하게 자신의 몸을 이용해 지난여름에 자란 장미나무 가지의 길이를 잰다.

모든 사람들은 내가 사랑하는 그대가 이번 봄에 태어났다고 말한다.

내게 말하라. 그대는 얼마나 오랫동안 이곳에 있었는가.

그대는 왜 이 순간까지 기다린 뒤에 자신의 모습을 내게 드러내고, 너무도 조용하고 깊은 미소를 보여 주는가.

아아, 애벌레여. 내가 숨을 내쉴 때마다 태양과 달, 별들이 흘러나온다.

누가 알겠는가. 그대의 작은 몸 안에서 무한히 큰 것을 찾을 수 있다는 사실을.

그대의 몸 구석구석마다 수천 개의 하늘나라가 세워져 있다.

한 번 몸을 뻗을 때마다 그대는 시작도 없고 끝도 없는 시간의 길이를 잰다.

독수리 산 정상에는 아직도 위대한 탁발승이 영원히 빛나는 일몰을 바라보고 있다.

4월 프랑스 남부에 있는 자두 마을 주변에서는 해바라기를 볼 수 없다.
따라서 우리는 해바라기가 존재하지 않는다고 말할 수 있다. 하지만 그 지역의 농부들은
이미 수천 개가 넘는 해바라기 씨를 심어 놓았다. 따라서 아무것도 없는 맨 땅에서
그들은 이미 해바라기를 본다. 해바라기는 거기 있다.

7
지금 이 순간의 행복

영원한 삶은 죽음을 포함하는 삶이다. 사실 죽음이 없는 영원한 삶은 불가능하다.
영원한 삶과 죽음은 동전의 양면과 같다. 영원하지 못한 삶은 동전의 한 면에 불과하다.
따라서 영원한 삶을 선택할 때 그대는 죽음도 함께 선택하는 것이다.
두 가지 모두 우리의 삶을 이루고 있다.

단풍이 곱게 물든 아름다운 가을날이었다. 우리는 오메가 연구소에서 행복한 마음으로 숲 속을 걸으며 온갖 색깔의 단풍잎을 매단 나무들 사이를 지나갔다. 나는 한 단풍나무에게 다가가 자세히 잎사귀를 바라보았다. 그렇게 잎사귀를 살펴보자 완벽한 잎사귀가 하나도 없다는 것을 나는 깨달았다. 어떤 잎사귀에는 작은 구멍들이 수없이 나 있었고, 구멍이 한두 개씩 뚫린 잎사귀들도 있었다.

하지만 내가 나무를 바라볼 때, 그 단풍나무는 너무도 아름다웠다. 왜냐하면 각각의 잎사귀들은 자신의 자리에 있었고 나름의 완전함을 갖추고 있었기 때문이다. 잎사귀는 저마다 자신의 특별한 자리에서 크거나 작은 모양을 하고 있었다. 모든 잎사귀가 조화를 이루고 있었기 때문에 나무는 무척 아름다웠다. 위에 있는 잎사귀는 위에 있다고 뽐내지 않았으며, 아래에 있는 잎사귀는 아래에 있다고 슬퍼하지 않았다.

모든 잎사귀들이 행복해 보였다. 그것은 모든 잎사귀들이 자기 위치에서 더없이 행복했기 때문이다. 그렇듯 나무 전체가 하나의 기적을 창조하고 있었다. 기적이란 바로 나무가 이룬 조화였다. 그래서 나는 그 명상 캠프에 참석한 모든 사람들을 불러서 이렇게 말했다.

"우리는 완벽할 필요가 없다. 우리가 조화를 이루며 살아갈 때,

모든 사람들은 그 자체로 아름답다. 우리는 자신이 결함을 갖고 있다고 생각할 필요가 없다."

 조화를 이루는 것이 곧 우리의 수행이다. 조화를 이룰 때 우리는 행복하다. 그때 우리는 많은 사람들에게 신뢰를 줄 수 있다. 우리는 완벽할 필요가 없다. 나는 완벽하지 않고 그대 또한 완벽하지 않다. 그리고 그대는 완벽할 필요가 없다.

 자두 마을에서는 그대에게 '깨어 있는 마음의 종소리'라는 명상을 하라고 할 것이다. 우리는 종소리를 들을 때마다 그것이 호두나무에 걸린 종이든, 진료소에 있는 종이든, 근처 교회의 종이든 상관없이 모든 하던 일을 멈춰야 한다. 생각을 멈추고, 말을 멈추고, 우리의 호흡으로 돌아가야 한다.

 종소리를 들을 때 그대는 말을 멈추고, 생각을 멈추고, 하던 일을 멈춘다. 그리고 호흡을 통해 자신으로 돌아간다. 그대의 호흡은 일종의 수레다. 그대는 집에 가기 위해 수레에 올라탄다.

 그대는 온 마음으로 종소리에 귀를 기울인다. 마치 그것이 세상에 존재하는 유일한 소리인 것처럼. 그대 내면 깊은 곳에서 그대를 부르는 누군가의 목소리처럼.

 가장 사랑하는 사람이 그대를 부르고 있다. 그대의 어머니, 아버지, 조상, 붓다, 예수, 모세가 부르고 있다. 가장 사랑스런 사람의 목소리, 집의 목소리가 그대를 부르고 있다. 그대는 모든 것을 멈추고 종소리에 귀를 기울인다. 모든 종류의 종소리에. 만일 그대에게 종이 없다면 전화벨 소리에 귀를 기울여도 좋다. 어떤 종이라고 상관없다.

 자두 마을에서는 전화벨 소리를 들을 때도 똑같은 수행을 한다.

말을 멈추고, 생각을 멈추고, 전화벨 소리에 귀를 기울인다. 그리고 숨을 들이쉬면서 자신에게로 돌아간다. 그리고 마음속으로 이렇게 말한다.

'나는 귀를 기울인다. 나는 귀를 기울인다.'

그대는 정신을 집중해서 전화벨 소리에 귀를 기울인다. 수천 년 동안 찾을 수 없었던, 그대가 가장 사랑하는 사람의 목소리를 듣는 것처럼. 지금 그가 그대를 부르고 있다. 지금 그녀가 그대를 부르고 있다. 불교도들은 종소리를 진정한 집으로 돌아오라고 우리를 부르는 붓다의 목소리라고 생각한다. 그 때문에 그대가 종소리를 들을 때 숨을 들이쉬고, 귀를 기울이고, 나 또한 귀 기울이는 것이다. 그대는 숨을 내쉬면서 말한다.

"저 소리가 진정한 나의 집으로 나를 데려간다."

그대는 적어도 세 번은 그렇게 말해야 한다. 그대가 아직 초보자라면 종소리를 들을 때마다 짜증이 날지도 모른다. 왜냐하면 종소리를 들으면 모든 것을 멈춰야 하기 때문이다. 그대가 친구에게 정말 재미있는 이야기를 하고 있는데, 갑자기 종소리가 울리면 그대는 계속 말할 수가 없다. 자두 마을에서는 그 순간 모든 것을 멈춰야 한다. 가장 사랑하는 사람이 자신을 부르는 것보다 중요한 것은 없기 때문이다.

만일 그대가 초보자라면 종소리에 반감을 가질지도 모른다. 하지만 수행을 열심히 하면, 불과 2초 만에 그대는 숨을 들이쉬고 내쉬는 것을 즐기기 시작할 것이다. 아마도 종소리에 귀 기울이는 수행을 하는 모든 사람들이 그런 경험을 할 것이다. 그러므로 종소리를 들을 때마다 아무리 중요한 말을 하는 중이라도 말을 멈추

라. 심지어 설법을 하는 중이라도 말을 멈춰야 한다.

말을 멈추고 귀를 기울이라. 그대 자신에게 귀 기울이고, 그대 안에 있는 붓다에게 귀 기울이라. 신에게 귀 기울이라. 그대 안에 있는 예수에게 귀 기울이라. 조상들이 그대를 부르는 소리에 귀 기울이라. 그대는 너무도 오랫동안 방랑자였다. 이제 그대는 기쁜 마음으로 호흡하면서 자신의 진정한 집으로 돌아가기 시작하고 있다.

한 미국인 신부님이 자두 마을에서 열린 명상 모임에 참석했다. 신부님이 모임이 끝난 후 내게 물었다.

"저도 깨어 있는 마음의 가치를 알았습니다. 깨어 있는 마음속에서 저는 기쁨과 평화, 행복을 느꼈습니다. 종소리를 듣고, 걷고, 차를 마시면서 명상하고, 조용히 음식을 먹는 모든 일이 저에겐 큰 기쁨이었습니다. 그런데 성당으로 돌아간 뒤에는 어떻게 이런 수행을 계속할 수 있을까요?"

내가 신부님에게 물었다.

"신부님이 계신 성당에도 종이 있습니까?"

그가 말했다.

"물론 있습니다."

"당신들은 그 종을 칩니까?"

"그렇습니다."

"그렇다면 종소리를 들을 때마다 깨어 있는 마음을 갖고, 당신의 진정한 집으로 돌아가십시오."

평화는 그대 주위 어디에나 있다. 우리의 눈길이 가닿는 곳 어디에나 평화가 있다. 단지 그대가 지금 이 순간 속으로 그대의 몸과 마음을 데려오기만 하면 된다. 그때 그대는 놀라운 경이로움과 치유의 힘을 만날 것이다.

내가 신부님에게 물었다.

"당신의 성당에서는 종종 신도들이 함께 식사를 하나요? 함께 차도 마시고 음식도 먹나요?"

"네, 그렇습니다."

"깨어 있는 마음으로 그 일을 하십시오. 당신이 그렇게 한다면 아무 문제가 없을 것입니다. 깨어 있는 마음이 당신 안에 있을 때, 성령이 당신 안에 있을 겁니다. 당신의 친구들도 그것을 알 것입니다. 그들은 당신의 말이 아니라 당신의 전존재를 통해 그것을 알 것입니다."

자두 마을에는 내가 사는 작은 오두막이 있다. 오두막 안의 제단 위에는 붓다와 예수의 성상이 함께 놓여 있으며, 나는 향에 불을 붙일 때마다 나의 영적인 조상인 두 성인에게 경배한다.

1년 전 플로렌스에 갔을 때, 한 카톨릭 신부님이 내게 불교에 대해 더 자세히 알고 싶다고 말했다. 나는 신부님에게 성령을 어떻게 이해해야 하느냐고 물었다. 신부님은 이렇게 대답했다.

"성령은 하느님이 우리에게 보내는 에너지입니다."

신부님의 그 말은 나를 무척 행복하게 했다. 왜냐하면 그 말은 내 생각이 옳았음을 확인해 주었기 때문이다. 나는 성령의 문을 통해 삼위일체의 하나님에게 가장 확실하게 다가갈 수 있다고 생각했던 것이다.

세례 요한이 예수가 성령과 만나도록 도와 주었을 때, 하늘이 열리고 성령이 비둘기처럼 내려와 예수의 몸으로 들어갔다. 예수는 광야로 나아가 자신 안에 있는 성령을 키우기 위해 40일 동안 수행했다. 깨어 있는 마음이 우리 안에서 생길 때, 그것이 굳건히 지속되게 하려면 우리는 계속 수행해야 한다. 새가 노래하는 것을 진정으로 듣고 파란 하늘을 진정으로 볼 때, 우리는 우리 안에 있는 성령의 씨앗과 만날 수 있다.

아이들은 별 어려움 없이 성령의 존재를 알아볼 수 있다. 예수는 우리가 천국에 들어가려면 아이처럼 되어야 한다고 말했다. 성령의 에너지가 우리 안에 있을 때 우리는 진정으로 살아 있고, 타인의 고통을 이해할 수 있다. 그리고 그 상황을 변화시키겠다고 마음먹는다. 성령의 에너지가 있을 때, 성부와 성자 또한 거기 있다. 그래서 나는 신부님에게 성령과의 만남이 삼위일체 하느님에게 다가가는 가장 확실한 방법이라고 말한 것이다.

거기 평화롭고 푸른 섬이 있다. 그 섬에서 그대는 많은 아름다운 나무와 신선한 물이 흐르는 시냇물, 그리고 새들을 발견할 수 있다. 그대는 그 아름다운 섬에서 평화롭게 쉴 수 있다. 그대가 깊이 바라본다면, 그 섬 안에 분명히 사랑이 있을 것이다.

붓다의 땅이 그 안에 있다. 신의 왕국이 그 안에 있다. 그대의 어머니가 거기 있다. 그대의 자매가 거기 있다. 예수가 거기 있다. 붓다가 거기 있다. 그 섬은 '자아의 섬'이라 불린다. 그 섬은 그대 안에 있고, 언제든 찾아갈 수 있다. 그대는 달리고 있었다. 그대는 찾고 있었다. 그대는 자신의 집이 어떤 공간이나 시간에 있다고 여겨 왔다. 하지만 사실 그대의 집은 그대 안에 있다. 그대는 그것을 만날 수 있다.

종소리에 귀 기울이는 법을 배우라. 전화벨 소리에 귀 기울이는 법을 배우라. 시계가 똑딱거리며 가는 소리에 귀 기울이는 법을 배우라. 자두 마을에서 우리는 종소리에 귀 기울이는 수행을 하면서 기쁜 마음으로 숨을 들이쉬고 내쉰다. 그리고 우리 안에 있는 아름다운 섬으로 돌아간다.

몇 달 동안 집을 떠나 있을 때, 그대는 집에 가고 싶은 마음이 간절할 것이다. 그대는 여행에 지쳐 있다. 특히 비행기를 탄 뒤에 다시 기차를 타고, 기차에서 내려 버스를 타고, 때로는 도중에 여러 시간을 기다려야 할 때는 너무 힘이 든다. 그래서 그대는 마음속으로 이렇게 희망한다.

"어쨌든 열흘 안에는 집에 도착할 거야."

마침내 집에 도착했을 때, 그대는 매우 행복하다. 말 그대로 따뜻한 가정이다. 그렇다. 집 안에는 주방도 있고 그대는 원하는 것을 무엇이든 할 수 있다. 그대는 자신이 원하는 음식을 모두 요리할 수 있다. 침대가 있어서 그 위에 누울 수도 있다. 텔레비전도 있어서 언제든 그것을 켤 수 있다.

하지만 며칠 동안 집에 머물고 나면 그대는 지루해질 것이다. 특히 젊은 사람들은 다시 집 밖으로 나가고 싶어한다. 따라서 그대가 집이라고 부르는 것은 아직 진정한 집이 아니다. 그 집이 진정한 집이라면 그대는 더없는 만족을 느끼고 안전과 행복, 사랑과 편안함을 느낄 것이기 때문이다.

집에 돌아왔는데도 우리는 왜 편안히 머물지 않는 것일까? 어떤 목소리가 우리를 부르며 또다시 집을 떠나 다른 곳으로 가라고 말한다. 우리는 우리의 진정한 집을 찾아 헤매고 있는 것이다. 사실 우리 자신을 찾고 있는 것이다. 진정한 자기 자신을 찾고 있는 것이다.

진정한 자신이 우리의 진정한 집이다. 따라서 종소리가 들릴 때 그대는 다음과 같은 시를 욀 수 있을 것이다.

"귀 기울이라. 귀 기울이라. 이 멋진 소리는 나를 진정한 나 자신에게로 데려다 준다."

진정한 집을 더 좋아하는 이들이 있다. 진정한 자신을 만나는 것이 곧 진정한 집에 이르는 것이다. 그대가 자신이라고 말하는 것은 진정한 자신이 아니다. 진정한 자신은 그와 같지 않다. 그처럼 불행하지 않다. 그처럼 혼란스럽지 않다. 진정한 그대 안에는 걱정과 싸움, 갈등이 없다. 진정한 그대 자신이 그대의 진정한 집이어야 한다.

우리는 진정한 집을 잃어버렸다고 느낀다. 그것은 사실이다. 많은 시인들은 자신들이 지구에 유배되었다고 믿는다. 그래서 그들은 다시 집으로 돌아가기까지 긴 유배 기간을 견디고 많은 고통을 겪어야만 한다는 것이다. 동서양을 막론하고 시인들은 언제나 자신들이 본래 천사이며 유배당한 영혼이라고 느낀다. 그리고 집에 돌아갈 날만을 손꼽아 기다린다.

사실 우리는 매우 안전하게 느껴지는 곳에 머문 적이 있었다. 걱정이라곤 없는 곳에서. 우리 모두는 근심이 없는 곳에서 지내 본 경험이 있다. 그곳에 있을 때 그대는 아침과 점심, 저녁을 먹고 나서 설거지를 할 필요가 없었다. 자신이 입을 옷에 대해 걱정할 필요가 없었다. 마치 신의 왕국에 있는 것처럼 모든 보살핌을 받았다. 신이 모든 것을 보살폈다. 그대는 어떤 것도 걱정할 필요가 없었다. 이제 그대는 그곳으로 돌아가고 싶은 마음이 간절하다.

왜냐하면 그대는 아직도 그 경험을 갖고 있고, 지금도 그것과 만날 수 있기 때문이다.

그 당시 그대가 머물던 그 궁전을 중국인들은 아이의 궁전이라고 부른다. 그대는 어머니의 자궁 속에서 바로 그런 아이였다. 그 궁전에서 그대는 매우 안전한 상태로 열 달을 보냈다. 그때 그대는 아침과 점심, 저녁 식사를 걱정할 필요가 없었다. 난방 걱정을 할 필요도 없었다. 그대의 엄마가 그대를 위해 먹고 마시고 숨쉬고, 모든 것을 해주었다. 그래서 그 경험이 여전히 그대 안에 살아 있는 것이다.

그대는 걱정 없는 그 상태로 돌아가기를 간절히 바란다. 그곳에서 그대는 생각할 필요조차 없었다. 그 얼마나 멋진 곳인가. 그렇기 때문에 우리 모두에게는 과거에 자기가 머물러 있던 곳에 대한 상실감이 자리잡고 있는 것이다. 지금 그대는 많은 고통을 받고 있고 그곳으로 돌아가고 싶어한다. 하지만 지금 엄마의 자궁 속으로 되돌아갈 수는 없다. 그렇다면 우리는 영원히 유배지에서 살아야만 하는 것일까? 안전하고 편안하고 걱정과 두려움이 없는 곳으로 돌아갈 희망은 없는 것일까? 대답은 희망이 있다는 것이다.

그대의 진정한 집은 언제나 그곳에 있다. 그대가 자기 안에 있는 원숭이를 다룰 줄 알고, 달리는 일을 멈출 수 있다면!

우리 모두는 굶주린 걸인과도 같다. 사랑에 굶주리고 이해받는 일에 굶주리고, 안정과 자유에 굶주려 있다. 그래서 우리는 언제나 달리고 있다. 우리에게는 멈춰서 휴식할 시간이 없다. 그렇기 때문에 명상은 무엇보다 자신의 진정한 집으로 돌아가기 위해 멈취서 쉬기 위한 수행이다. 그것이 인도에서 말하는 사마타, 즉 '멈춤'의 진정한 의미다.

멈춤에는 달랜다는 뜻이 들어 있다. 그것은 자장가를 부르면서 아이를 돌보는 것과 같다. 아이를 진정시키고, 울음을 멈추게 하고, 평화롭게 만드는 것이다. 멈춤이란 그런 것이다. 우리 안에는 언제나 고통받고 흥분해 있는 아이가 있기 때문이다. 그것은 원숭이의 또 다른 모습이다. 언제나 흥분하고, 고통받고, 소리지르는 원숭이가 우리 안에 있다. 명상은 멈추고, 진정시키고, 포옹하는 수행이다.

우리 안에는 고통받는 아이가 있다. 우리 안에는 가만히 있지 못하는 원숭이가 있다. 따라서 누군가 그 아이를 보살피고, 그 원숭이를 돌보고, 그들을 감싸안을 사람이 필요하다. 우리에게는 그 일을 할 사람이 있어야 한다. 원숭이를 혼자 둘 순 없다. 우리 안에 있는 굶주린 영혼과 굶주린 아이, 고통받는 아이를 홀로 내버려 둘 순 없다. 집에 와서 그들을 보살피고 감싸 주어야 한다. 그렇게 하는 것이 곧 명상이다.

사마타는 중단한다는 뜻이다. 고통받는 일을 중단하고, 흥분하는 것을 중단한다는 뜻이다. 그대는 이 멈추는 수행을 통해 큰 평화와 위로를 받을 수 있다. 차분히 가라앉고 마음의 위로를 받을 때, 그대는 '위파사나'라는 명상의 또 다른 부분으로 들어갈 수가 있다. 그것은 깊이 바라보는 것을 뜻한다. 이해하기 위해 깊이 바라보는 것이다. 정신을 집중할 때 그대는 차분히 가라앉아서 세심하게 바라볼 수 있다. 그런 눈으로 바라볼 때 그대는 자신 안에 있는 고통으로부터 해방될 수가 있다. 이것이 명상의 두 가지 방식이다.

걷는 명상을 하고, 깨어 있는 마음으로 호흡하고, 먹고, 일할 때, 우리는 모든 것을 감싸 안는 에너지를 얻을 수 있다. 그 에너지가 바로 불교에서 말하는 불성이다. 나는 그것을 신의 영혼이라 부르고 싶다.

깨어 있는 마음이란 지금 이 순간에 일어나는 일을 자각하는 능력이다. 한 잔의 물을 마실 때 나는 깨어 있는 마음으로 마시거나, 다른 생각을 하며 마실 수 있다. 깨어 있는 마음으로 물을 마실 때, 나는 진정한 존재가 된다. 그때 나는 나 자신이 되고, 내 몸과 마음은 100퍼센트 하나가 된다. 내가 100퍼센트 나 자신이기 때문에 물 또한 내게 스스로의 모습을 100퍼센트 드러낸다. 따라서 나와 물 둘 다 진정한 존재가 되고, 물을 마시는 순간 삶이 그곳에 진정으로 존재하게 된다. 깨어 있는 마음으로 물을 마실 때, 나는 집에 이를 것이다. 그 집에서 나는 나를 만나고 내가 마시는 물을 만난다.

이것은 결코 추상적인 말이 아니다. 나날의 삶 속에서 우리는 먹고 마시고 악수를 한다. 하지만 진정으로 거기 있지 않다. 우리는 과거와 미래에 정신을 빼앗기고, 걱정과 두려움에 사로잡혀 있다. 우리는 진정으로 그곳에 있지 않다. 모든 것이 피상적이고 모든 것이 유령처럼 공중에 떠 있다.

깨어 있는 마음으로 돌아가는 것은 그대의 진정한 존재를 창조하는 일이다. 그대의 진정한 존재는 그대의 몸과 마음이 지금 이곳에 존재함을 뜻한다. 그대는 물 한 모금을 마시는 일을 통해 자신을 훈련시킬 수 있다. 100퍼센트 진정한 존재가 되는 방식으로 물을 마시라.

　내가 어린 승려였을 때 어느 날 스승이 내게 말했다.
　"나가서 대나무 막대기를 하나 갖다 주겠나?"
　나는 스승을 기쁘게 해드리고 싶은 마음에 서둘러 밖으로 나가면서 깨어 있는 마음으로 문을 닫지 않았다.
　그때 스승이 나를 불러 세웠다.
　"틱낫한!"
　나는 다시 와서 두 손을 합장했다. 그러자 그가 말했다.
　"그대는 깨어 있는 마음으로 문을 닫지 않았구나. 다시 하라."
　그래서 나는 스승의 가르침에 따라 잠시 시간을 갖고 나 자신으로 돌아왔다. 그리고 마음을 집중하고, 내 행동을 자각하면서 문 쪽으로 걸어갔다. 문 손잡이를 잡고, 숨을 한 번 들이쉬고, 문을 열었다. 나는 계속해서 깨어 있는 마음으로 걸음을 옮긴 뒤 문을 닫았다. 깨어 있는 마음으로 숨을 내쉬었다. 그리고 문에서 대나무 막대기가 있는 곳까지 가는 동안 걷는 수행을 했다. 그때 나는 비로소 스승을 사랑하는 법을 배웠다. 스승을 사랑하는 길은 그가 원하는 사람이 되는 것이다. 그대 자신이 스승이 되는 것이다. 그대는 자신의 스승을 사랑한다. 스승뿐 아니라 그대는 누군가를 사랑하고 싶다. 하지만 그대는 어떻게 사랑해야 하는지를 모른다. 스승은 나를 두 번 가르칠 필요가 없었다. 나는 그 이후 올바로 문 닫는 법을 늘 기억하고 있다.
　베트남 전쟁이 일어났을 때, 나는 베트남에 대한 폭격을 중단할 것을 호소하기 위해 미국으로 갔다. 그때 나는 미국의 트래피스트

회 수도사인 토머스 머튼을 방문했다. 나는 하루 종일 그와 함께 있었다. 원래 수도사들에게 강연할 계획이 잡혀 있었지만 나는 목이 너무 쉬어 있었다. 정신없이 강연을 하고 다니면서 목을 너무 많이 썼던 것이다. 그래서 오로지 토머스 수도사와만 시간을 보낼 수 있었다.

나 대신 토머스 머튼이 그 수도회의 수도사들에게 강연을 했다. 나는 그냥 앉아서 귀를 기울였다. 그때 그가 말했다.

"친애하는 형제들이여, 나는 틱낫한 스님이 문 닫는 모습을 보면서, 그가 진정한 수도승임을 알았습니다. 수도사는 수도승을 알아보는 법이지요."

그때 독실한 카톨릭교도인 한 독일 여성이 청중석에 앉아 진지하게 그 이야기를 듣고 있었다. 그녀는 틱낫한이 어떻게 문을 닫는가를 보기 위해 자두 마을을 방문하고 싶어했다. 그녀는 지난겨울에 나를 찾아왔다. 그녀는 우리 마을에서 거의 한 달 동안 머물면서 관찰을 했다. 이곳의 수행자들과 방문객들을 관찰했고 나를 관찰했다. 나는 그녀가 정말로 우리가 문을 닫는 모습을 관찰하려고 했는지는 알 수 없었다.

그녀가 떠나기 전날, 우리는 이곳의 '고요한 물의 집'에서 그녀에게 정식으로 점심을 대접했다. 그녀는 특별한 말로 작별 인사를 했다. 그녀는 자신이 자두 마을에 오게 된 이유에 대해 말했으며, 자두 마을에 머물면서 자신이 진정으로 문을 닫는 법을 배웠다고 말했다.

자두 마을에 올 때, 올바로 문 닫는 법을 배우라. 올바로 물 마시는 법을 배우라. 텐트에서 주방까지, 화장실에서 명상실까지 가면서 올바로 걷는 법을 배우라. 깨어 있는 마음을 잃어버린 채로 다니지 말라. 그것이 이곳 자두 마을에서 하는 수행이다. 깨어 있는 마음 없이 발걸음을 내딛지 말라. 숨을 들이쉬면서 한 걸음이나 두세 걸음을 내딛으라. 그대가 원하는 만큼 발걸음을 옮기라. 그리고 숨을 내쉬면서 똑같이 하라.

　숨을 들이쉬면서 그대는 한 걸음, 두 걸음을 걷는다. 처음에 그대는 겉으로만 평화롭고, 긴장이 풀린 것처럼 보일 것이다. 왜냐하면 그대 안에 있는 원숭이가 아직도 소란을 피우고 있기 때문이다. 원숭이는 심지어 밤에도 소란을 피운다. 하지만 그대는 안다. 원숭이를 길들이고, 말을 길들이고, 사나운 코끼리를 길들이는 법을. 그것이 붓다가 우리에게 가르친 것이다. 길들여지지 않은 마음은 큰 고통을 불러일으킨다. 반면에 길들여진 마음은 큰 행복을 가져다 준다.

　모든 발걸음마다 하나의 도착이 되게 하라. 그대는 신의 왕국에서 걷는 것처럼 걷는다. 바로 지금 그대는 신의 왕국을 걷고 있다. 자신이 세상을 떠날 때까지 기다리지 말라.

　한 걸음을 걸을 때마다 깨어 있는 마음으로 걸으라. 그러면 그대가 딛고 있는 땅이 곧 하느님의 나라, 또는 불국토가 될 것이다. 그곳은 지옥의 땅이나 신의 땅이 될 수도 있다. 어떤 땅이 될 것인가는 땅의 상태가 아니라 그대가 걷는 방식에 달려 있다. 그대는 신의 왕국이 자신 안에 있다는 말을 들었다. 그대는 붓다의 땅이 그대 안에 있다는 말을 들었다. 그곳을 만나고, 그곳을 살아 있게 하라. 마음에 흔들림이 없고 두려움도 없으며, 오직 평화만 느끼는 그런 방식으로 걸으라.

그대는 신선하고 깨끗한 공기를 자유롭게 호흡하기를 원한다. 자두 마을에서는 그렇게 할 수 있다. 그대는 막히지 않은 코를 갖고 있다. 그대는 공기를 들이마시고 내뿜는 폐를 갖고 있다. 그대가 호흡을 즐길 수 있도록 모든 조건이 충족되어 있다. 하지만 어느 날 그대는 침대에 누워 더 이상 숨쉴 수 없을 것이다. 사람들이 그대에게 어떤 조치를 취해도 그대는 다시는 숨쉴 수 없게 될 것이다.

그러므로 숨을 들이쉬면서 자신이 살아 있음을 느끼라. 그것은 멋진 일이다. 그대는 숨을 들이쉬기 위해 10년 동안 훈련할 필요가 없다. 오늘 바로 이 순간 그렇게 할 수 있다. 숨을 들이쉬면서 그대가 숨을 들이쉬고 있음을 즐기라. 얼마나 멋진 일인가. 깨어 있는 마음으로 호흡하는 것이! 그대는 숨을 들이쉬면서 자신을 안내해 주는 다음과 같은 문장을 이용할 수 있다.

'나는 도착했다.'

어디에 도착했다는 말인가? 적어도 나는 나 자신에게 도착하고, 나 자신에게로 돌아갈 것이다. 왜냐하면 나는 본래의 내 모습을 되찾고, 몸과 마음이 하나가 되었기 때문이다. 일상 생활 속에서 우리의 몸과 마음은 하나가 되어 있지 않다. 어지러운 상태에 있다. 우리의 몸은 여기 있지만, 우리의 마음은 다른 곳에 있다. 과거와 미래의 시간 속을 헤매고, 걱정과 분노에 사로잡혀 있다. 따라서 숨을 들이쉬는 수행은 몸과 마음을 하나로 모으는 것이다. 그 순간 갑자기 그대에게 돌아갈 집이 생긴다. 그대는 진정한 자신의 존재를 창조할 수 있다. 그대는 도착한 것이다. 그리고 숨을 내쉬면서 '나는 집에 있다'라고 말할 수 있다.

 그대의 집은 지금 여기 있다. 왜냐하면 삶이 지금 여기 있기 때문이다. 이것은 많은 사람들이 무시하고 있는 붓다의 매우 중요한 가르침이다. 경전에서 붓다는 이렇게 말한다.

 "과거에 얽매이지 말라. 과거는 이미 거기 없다. 미래의 일에 대해 마음을 쏟지 말라. 미래는 아직 오지 않았다. 오직 지금 이 순간만을 만날 수 있으며, 지혜로운 자는 지금 이 순간 깨어 있는 마음으로 행복하게 산다."

 경전은 삶의 매 순간을 깊이 사는 법을 우리에게 가르치고 있다. 그 가르침에 따르면 삶은 오직 지금 이 순간 속에만 존재한다. 그대의 삶에 대한 약속은 지금 이 순간 속에 있다. 과거와 미래에 사로잡혀 지금 이 순간을 잃어버린다면, 그것은 그대가 삶과 했던 약속을 저버리는 일이다. 얼마나 불행한 일인가. 우리는 하루에도 여러 번 삶과의 약속을 저버린다. 우리는 진정으로 그곳에 있지 않다. 우리는 물론 그곳에 앉아 있지만, 아이가 다가와도 그 아이는 우리를 찾지 못한다. 우리의 몸은 거기 있지만, 우리는 다른 생각과 걱정, 계획에 몰두해 있다. 아이는 실망한다. 우리는 그 아이를 위해 진정으로 그곳에 있지 않다.

 사랑한다는 것은 사랑하는 사람을 위해 거기 있다는 뜻이다. 사랑하는 사람을 위해 그대가 줄 수 있는 가장 값진 선물은 자신의 존재다. 따라서 그대는 숨을 들이쉬고 내쉬면서, 지금 이 순간에 존재해야 한다. 그대의 집은 오직 지금 이 순간 속에서만 만날 수 있다.

 숨을 들이쉬고 숨을 내쉬면서, 그대의 마음이 몸으로 돌아가게 하라. 그리고 미소를 지으라.

그러면 그대는 집에 있게 될 것이고, 그대의 집은 바로 지금 이 순간이다.

그대가 찾고 있는 모든 것이 지금 이 순간에 있다.

하늘나라와 불국토, 그리스도와 붓다도 지금 이 순간에 있다. 파란 하늘과 삶, 특히 우리의 삶은 지금 이 순간에서만 만날 수가 있다.

삶을 언제 만날 수 있을까? 이곳이 아닌 다른 곳에서 만날 수 있을까? 그렇지 않다. 오직 지금 이 순간 그대는 삶을 만날 수 있다. 따라서 이곳 자두 마을에서 하는 수행은 지금 이 순간으로 돌아오는 것이다. 걷고 호흡하는 방법을 통해 언제나 이곳으로 돌아오는 것이다.

언제나 지금 이 자리로 돌아오라. 왜냐하면 이곳이 그대가 자신의 집과 주소를 발견할 수 있는 유일한 장소이기 때문이다. 그대의 진정한 주소는 몸과 마음이 하나가 되는 지금 이곳이다. 그대에게는 어떤 우편번호도 필요치 않다.

그것은 또한 신의 주소이기도 하다. 그것은 하늘나라의 주소이고, 우리의 조상들의 주소다. 우리가 사랑하는 모든 사람들이 거기 살고 있다. 그것은 사랑의 주소다. 자비의 주소다. 또한 자유의 주소이기도 하다. 똑같은 주소가 거기 적혀 있다. 그 주소는 몸과 마음이 하나가 되는 지금 이곳이다. 그대는 호흡하고 걷는 방법을 통해 언제나 그곳으로 돌아간다. 그 순간 그대는 도착했고 그대는 집에 있다. 갑자기 그대는 달릴 필요성을 느끼지 않는다. 그대는 많은 생에 걸쳐 달려왔다. 왜냐하면 그대의 진정한 삶, 그대의 진정한 집이 지금 여기에 있음을 몰랐기 때문이다.

그대는 지금 여기서 행복할 수 없다고 생각한다. 그대가 계속 달리는 것도 바로 그 때문이다. 어쨌든 그대는 지금 여기서는 행복할 수 없다고 생각한다. 그대에게는 여전히 더 많은 조건들이 필요하고, 그대는 미래에 그 조건들이 채워질 것이라고 생각한다. 그래서 계속해서 달린다. 하지만 집으로 돌아오는 순간, 자신이 행복해지기 위해 이미 넘치는 조건을 갖고 있음을 발견할 것이다. 그대는 지금 여기서 행복할 수 있다. 다음과 같은 붓다의 가르침을 언제나 기억하라.

"지금 이 순간 행복하게 살 수 있다."

그대는 이렇게 말할 것이다.

"하지만 수많은 고통과 걱정이 내 안에 있는데 어떻게 행복해질 수 있는가?"

붓다는 이렇게 말했다.

"그렇다. 약간의 고통과 슬픔, 걱정이 그대 안에 있더라도 그대는 행복해질 수 있다."

정원에는 지저분한 낙엽이 떨어져 있을지도 모른다. 하지만 그것이 꽃이 피는 것을 방해하진 않는다. 퇴비 만드는 법을 안다면, 그대는 그 낙엽들을 소중히 여길 것이다. 왜냐하면 낙엽이 없다면 꽃에 영양분을 주는 퇴비를 얻을 수 없기 때문이다. 붓다는 미소 지으며 이렇게 말할 것이다.

"사랑하는 형제여, 그대에게는 약간의 고통이 필요하다. 마치 정원의 꽃이 활짝 피게 하려면 약간의 지저분한 낙엽이 필요한 것처럼."

그러므로 우리 안에 있는 고통과 슬픔, 어려움에 대해 너무 걱정하지 말라. 약간의 고통이 우리 안에 있어도 여전히 행복하게 살 수 있다.

그대는 배에 대해 알고 있다. 강에 돌을 던지면, 돌은 강바닥에 가라앉을 것이다. 어떤 돌도 꽃처럼 물 위에 뜰 수 없다. 하지만 만일 그대가 배를 갖고 있다면, 그 배는 수십 킬로그램의 돌을 실어도 물 위에 뜰 것이다. 마찬가지로 그 정도의 고통이 그대 안에 있어도 배만 갖고 있다면 그대는 여전히 뜰 수 있다. 그대는 즐거운 마음으로 배를 저으며 호수나 강을 가로지를 수 있다. 깨어 있는 마음에서 에너지를 얻는 법을 배우라. 깨어 있는 마음이란 감싸 안고, 실어 나르고, 변화시킬 수 있는 배다.

열 명의 사람들과 함께 서서 해가 지는 광경을 보고 있다고 상상해 보라. 일몰은 아름답다. 많은 사람들이 일몰을 즐기고 있다. 저녁 노을은 얼마나 화려하고 장엄한가. 하지만 그대는 아름다운 석양을 바라보지 않는다. 왜냐하면 그대는 사람들과 함께 그곳에 서 있지만, 자신의 걱정에 빠져 있기 때문이다. 그대는 내일 그리고 그 다음 날의 일을 생각하고 있다. 또는 과거의 일을 떠올리고 있다. 따라서 일몰은 그대를 위한 것이 아니다. 일몰의 장관은 지금 이 순간에 있는 사람들을 위한 것이다. 일몰을 즐기기 위한 기본적인 조건은 거기에 존재하는 것이다. 그리고 몸과 마음이 하나가 되는 것이다. 그 조건은 숨을 들이쉬고 내쉬면서 한 번만 깨어 있는 마음이 된다면 충족될 수 있다.

아름다운 일몰을 즐기기 위해 그대는 특별한 노력을 기울여야만 하는가? 전혀 그렇지 않다. 단지 그곳에 있으면 된다. 깨어 있는 마음으로 숨을 들이쉬고 내쉴 때, 모든 생각과 걱정은 자취도 없이 사라진다. 일몰이 자신의 모습을 드러내려면 그대가 진정으로 존재해야 한다.

그러므로 지금 이곳이 우리의 진정한 집이다. 그대는 기쁘게 이렇게 말할 수 있다.

'숨을 들이쉬면서, 나는 이곳에 서 있음을 느낀다. 숨을 내쉬면서, 나는 지금 흔들림 없이 살고 있다.'

그대는 지금 이 순간 삶을 만나고 있다. 그것이 그대가 앉아서 명상을 하는 목적이다. 붓다가 되려고 노력하지 말라. 다른 어떤 것, 다른 누군가가 되려고 노력하지 말라. 그대 자신이 되라. 그대가 앉은 자리에서 생생하게 살아 있으라. 생각하지 말라. 왜냐하면 숨을 들이쉬고 내쉬는 것은 그다지 어려운 일이 아니기 때문이다. 존재는 결코 그대의 생각 속에 있지 않다. 철학자 데카르트는 말했다.

'나는 생각한다. 그러므로 나는 존재한다.'

아니다. 존재하는 것은 생각하지 않는 것이다. 그리고 생각하는 것은 존재하지 않는 것이다. 존재하는 것은 무엇인가가 된다는 뜻이다. 그대의 진정한 집이 되거나 그대의 걱정, 그대의 뜀박질, 그대의 슬픔이 된다는 뜻이다. 그대의 진정한 집이 되려면 생각하지 말아야 한다.

'나는 자유롭다.'

무엇으로부터 자유로운가? 그것은 정치적인 자유를 말하는 것이 아니다. 그것은 걱정으로부터의 자유, 과거에 대한 집착으로부터의 자유, 미래에 대한 불안으로부터의 자유다. 우리는 많은 생각들과 걱정들 그리고 여러 가지 불안과 두려움에 시달린다. 따라서 우리는 자유롭지 않고, 그것이 우리가 행복하지 않은 이유다. 자기 자신으로 돌아갈 때 그대는 자신을 행복하게 할 수 있는 수많은 조건들을 만날 것이다.

지금 여기서 행복해질 수 있다. 그대가 앉은 자리에서, 걷는 명상을 하면서 그대는 행복을 느낄 수 있다. 아침 식사를 준비하는 동안, 다른 사람을 위해 요리하는 동안, 설거지하는 동안, 옷을 세탁하는 동안 행복해질 수 있다. 옷을 빨면서 나는 행복을 느낀다.

그대는 행복을 나중으로 미룬다. 하지만 나중에도 결코 행복은 오지 않는다. 따라서 그대가 따라야 할 원칙은 '지금 이 순간 행복해야 한다'는 것이다.

누군가 이렇게 묻는다고 상상해 보라.

"삶에서 가장 멋진 순간을 이미 경험했나요? 삶의 최고의 순간을 이미 경험했나요?"

그대는 아마 당황할 것이다. 그리고는 이렇게 대답할 것이다.

"내 삶의 가장 멋진 순간을 아직 경험하지 못한 것 같습니다. 하지만 그 순간이 곧 오리라고 믿습니다. 미래의 어느 순간에."

우리는 그런 믿음에 매달리면서 언젠가는 행복해지길 원한다.

우리는 모두 우리가 평생 불행하리라는 것은 말도 안 되는 것이라고 생각한다. 하지만 깨어 있는 마음이 없다면 앞으로 2,30년 동안, 아니 영원토록 살아도 그 멋진 순간은 없으리란 사실을 그대는 잘 알고 있다. 지난 2,30년 동안 그대의 삶이 그러했듯이.

따라서 붓다의 가르침은 분명하다. 기다리지 말라. 지금 이 순간을 삶의 가장 멋진 순간으로 만들라. 깨어 있는 마음만 있다면 그것은 가능한 일이다. 숨을 들이마시는 순간, 설거지는 즐거운 일이 된다. 왜냐하면 나는 살아 숨쉬고 있고, 내 눈은 잘 보이고, 내 다리는 튼튼하고, 내 몸을 가려 줄 지붕이 있기 때문이다. 지금 그대에게는 수없이 많은 행복의 조건들이 갖춰져 있다.

집으로 가라. 그러면 그대는 볼 것이다.
집으로 가라. 그러면 그대는 자신이 행운아라는 걸 알 것이다. 지금 이 순간 행복하게 살 수 있음을 알 것이다.
그것이 그대를 멈춰 서게 하는 유일한 방법이다. 그렇지 않으면 그대는 계속 달릴 것이다.
멈추는 것이 행복의 기본 조건이다. 흔들림이 없는 상태와 자유가 절대 세계의 두 가지 기본적인 특징이다. 흔들림이 없을 때, 자유로울 때, 그대는 더 이상 고통과 두려움을 느끼지 않고 삶의 순간순간을 즐길 수 있다.
그 두 종류의 에너지, 곧 흔들림이 없는 상태와 자유를 키워야 한다. 호흡하고, 걷고, 깨어 있는 마음으로 모든 일을 하라. 지금 이 순간으로 확실하게 돌아오라. 그러면 그대는 흔들리지 않고 안정과 자유를 얻을 수 있다. 그대도 알고 있듯이 흔들리는 사람들과 자유가 없는 사람들은 많은 고통을 받는다. 분노와 환상, 오해와 절망에서 벗어나라. 거기서 얻는 자유가 곧 행복의 출발이다.
그렇게 깨어 있는 마음으로 숨을 쉬고 걷고 일하는 동안 그대는 니르바나(모든 현상을 초월한 절대 세계. 열반)를 만나고, 집을 만나고, 신의 왕국을 만난다. 그대는 자신의 진정한 집에 대해 말하지 않는다. 신의 왕국에 대해 말하지 않는다. 니르바나에 대해 말하지 않는다. 하지만 자신의 몸과 느낌으로 천국을 만난다. 붓다는 말했다.

"그대는 지금 여기서 자신의 몸으로 니르바나를 만날 수 있다."

그것을 기독교식으로 표현한다면, 그대는 지금 여기서 하느님의 나라에 들어갈 수 있다는 것이다. 그대는 하루 24시간 동안 신을 만날 수 있다. 프랑스 작가 앙드레 지드는 이렇게 썼다.

"신이 그대의 행복이다."

그는 또 말했다.

"궁극의 차원에서 나는 살고 있다."

궁극의 차원이 곧 그대의 진정한 집이다. 그곳에는 탄생도 죽음도 없고, 존재도 존재하지 않는 것도 없고, 위와 아래도 없다. 그곳에서 그대는 절대로 안전하고, 어떤 두려움도 없다. 그리고 지금 이곳에서 그대는 그곳으로 갈 수 있다. 내가 너무 낙관적인가?

4월 프랑스 남부에 있는 자두 마을 주변에서는 해바라기를 볼 수 없다. 따라서 우리는 해바라기가 존재하지 않는다고 말할 수 있다. 하지만 그 지역의 농부들은 이미 수천 개가 넘는 해바라기 씨를 심어 놓았다. 따라서 아무것도 없는 맨 땅에서 그들은 이미 해바라기를 본다. 해바라기는 거기 있다. 단지 지금 해바라기에게는 햇빛과 온도, 비와 7월이라는 조건이 없을 뿐이다. 그대가 해바라기를 볼 수 없다고 해바라기가 존재하지 않는 것은 아니다.

그리스 정교회는 인간이 하느님의 본질을 갖고 있다고 생각한다. 인간이 신의 소우주라는 것이다. 정말로 우리의 가슴을 뛰게 하는 생각이 아닌가. 그것은 인간의 몸을 소우주로 생각하는 동양

사상과 흡사하다. 신은 인간을 신이 될 수 있도록 만들었다. 인간 존재는 신성을 갖도록 창조된 작은 신이다. 인간은 정신뿐 아니라 육체적으로도 신이 될 수 있다. 그리스 정교회의 삼위일체 교리에 따르면, 성부는 성자를 낳는 신성함의 근원이다. 성부는 말씀을 통해 성자 안에 살아 있는 성령을 만든다.

알퐁스 도데의 소설에는 별똥이 떨어지는 것을 볼 때마다 산 위에서 성호를 긋는 목동이 나온다. 사람들은 흔히 별똥이 떨어지는 것을 보는 순간 한 영혼이 천국으로 들어간다고 믿는다. 성호를 긋는 것은 성부와 성자, 성령에 의지하는 마음을 표현하는 행동인 것이다.

철학자 비트겐슈타인은 이렇게 말했다.

"우리는 말할 수 없는 것에 대해 아무것도 말해서는 안 된다."

우리는 그것에 대해 말할 수 없지만, 경험할 수는 있다. 태어남도 죽음도 없으며, 시작도 끝도 없는 것을 우리는 경험할 수 있다. 왜냐하면 그것은 실체 자체이기 때문이다.

마찬가지로 그리스 정교회의 신학자들은 '반어적인 신학', 다시 말해 '부정의 신학'에 대해 말한다. 이 신학에서는 "신은 이것이 아니다, 저것이 아니다"라고 말한다. 신에 대해 갖고 있는 모든 개념을 완전히 지워 버릴 때까지 그렇게 하는 것이다. 2세기경의 불교 철학자 나가르주나도 실체에 대한 우리의 관념을 없애기 위해 그것과 비슷한 논증법을 썼다. 그는 실체를 설명하지 않았다. 실체는 있는 그대로 존재하며, 결코 설명할 수 없기 때문이다. 불교에서는 실체가 우리가 가진 개념과 완전히 다르다고 가르친다. '탁자'의 실체는 '탁자'에 대한 우리의 개념과 완전히 다르다. 우리가 쓰는 모든 말들의 이면에는 개념이 놓여 있다. '신'이라는 말 역시 '신'이라는 개념에 그 바탕을 두고 있다. 불교에서는 '토끼의 뿔'이나 '거북이의 털'에 대한 명상도 우리를 깨달음으로 인도할 수 있다고 말한다. 우리가 존재하지 않는다고 믿는 것들을 통해 깨달음을 얻는 것이다. 이 개념들은 우리가 상상 속에서 덧보탠 허구의 요소들로 이루어져 있다. 우리의 머릿속에는 뿔의 모습과 토끼의 모습이 들어 있다. 그렇다면 뿔 달린 토끼의 모습을 생각하지 못할 이유가 무엇인가?

불교의 한 스승은 자신이 '불교'라는 말을 할 때마다 입을 세 번 씻어 낸다고 말했다. '불교'라는 말조차도 오해를 불러일으킬 수 있기 때문이다.

사람들은 불교가 기독교나 유대교, 다른 종교로부터 독립해서 존재할 수 있는 어떤 것으로 생각할 수 있다. 스승이 입을 씻어낸 것은 자신과 제자들에게 '불교'라는 개념에 얽매이지 말아야 함을 상기시키고, 그것을 미리 예방하려는 것이었다. 완전히 따로 존재할 수 있는 '불교'의 개념이란 없음을 일깨우기 위한 것이었다. 그 말을 듣고 제자 중 한 명이 일어나 말했다.

"스승님, 저는 스승님께서 '불교'라고 말할 때마다 강으로 가서 귀를 세 번 씻을 것입니다!"

스승은 그 제자에게 그렇게 하라고 말했다. 불교도들은 개념에 얽매이지 않도록 각별히 주의를 기울인다. 설령 그 개념이 '불교'나 '붓다' 같은 말이라 할지라도. 그대가 붓다를 세상의 다른 사람들과 동떨어진 사람으로 생각한다면, 붓다를 길에서 만나더라도 결코 알아볼 수 없을 것이다. 그래서 한 선의 스승은 제자에게 이렇게 말했다.

"붓다를 만나면 붓다를 죽여라!"

이것은 '진정한 붓다'를 직접 경험하기 위해 '붓다의 개념'을 죽여야 한다는 뜻이었다. 다른 모든 실체에 대해서도 마찬가지다. 우리는 말과 관념이 아니라 경험을 통해서만 실체에 접근할 수 있다. 그것은 탁자나 붓다뿐 아니라, 한 잔의 차가 가진 맛, 사랑, 이해, 자비 등도 마찬가지다.

개신교 신학자인 폴 틸리히는 하느님은 인간이 아니라고 말했다. 하지만 적어도 인간보다는 낫다고 말했다. 우리가 신을 인간이 아니라고 하든, 적어도 인간보다 낫다고 하든, 인간보다 훨씬 우월하다고 하든 이런 특징들이 큰 의미가 있는 것은 아니다. 한 송이 꽃은 전 우주로 이루어져 있다. 우리는 꽃이 이것보다 좋다거나 저것보다 좋지 않다고 말할 수 없다. 좋다거나 좋지 않다는 생각, 존재하거나 존재하지 않는다는 생각에서 벗어날 때, 우리는 모든 관념과 생각을 소멸시킬 수 있다. 이것이 불교에서 말하는 니르바나다.

실체의 궁극적인 차원은 개념과는 상관이 없다. 우리가 말할 수 없는 것은 절대적인 실체만이 아니다. 우리는 사실 어떤 것도 말할 수 없다.

사과 주스 한 잔을 예로 들어 보자. 그대는 사과 주스를 한 번도 맛본 적이 없는 사람에게 그것에 대해 말할 수 없다. 그대가 어떤 말을 하더라도 그는 사과 주스를 진정으로 경험할 수 없을 것이다. 유일한 길은 그것을 마시는 것이다. 그것은 마치 거북이가 물고기에게 육지의 삶에 대해 말하는 것과 같다. 그대는 물고기에게 육지에 대해 설명할 수 없다. 물고기는 물 밖에서 어떻게 숨을 쉴 수 있는지 이해하지 못할 것이다. 사물은 개념이나 말로 설명될 수 없다. 오로지 직접 경험함으로써 만날 수 있다.

"우리는 말할 수 없는 것에 대해 아무것도 말해서는 안 된다"라는 비트겐슈타인의 지적은 우리에게 말할 수 있는 것과 그럴 수 없는 것이 있다는 생각을 갖게 할 수 있다. 하지만 사실 어떤 것도 개념을 통해 말하고 설명될 수 없다. 직접 경험하지 않은 일을 말한다면, 자신과 상대방의 시간을 낭비하는 것일 뿐이다. 깊이 바라보는 수행을 계속할 때, 그대는 이 사실을 더욱 분명하게 알 수 있다. 그대는 이제 종이와 책을 만드는 데 들어가는 노력을 많이 절약할 것이다. 또한 차를 마실 시간이 더욱 많아지고, 날마다 깨어 있는 마음으로 살아갈 것이다.

로히타사가 붓다에게 물었다.

"태어남과 죽음이 있는 이 세상을 벗어나 다른 곳으로 떠날 수 있을까요?"

붓다가 대답했다.

"그럴 수는 없다. 그대가 빛의 속도로 가더라도."

하지만 붓다는 태어남과 죽음이 있는 세상을 초월할 수 없다고 말하진 않았다. 붓다는 태어남과 죽음이 없는 세상을 만나려면 우리의 몸을 깊이 바라보기만 하면 된다고 말했다. 하지만 그것은 말로만 되는 일이 아니다. 수행을 하고, 존재 속에서 그것을 경험해야 한다. 태어남과 죽음이 없는 세상은 태어남과 죽음이 있는 세상과 떨어져 있지 않다. 사실 두 세상은 하나다.

예수 또한 태어남과 죽음이 없는 실체에 대해 지적했다. 예수는 그것을 하느님의 왕국이라고 불렀다. 하느님의 왕국은 예수가 아빠, 즉 아버지라 부르는 하느님과 따로 떨어져 있는 것이 아니다. 니르바나의 세계라는 개념은, 니르바나의 세계는 이 세상이 아니라는 오해를 불러일으킬 수 있다. 마찬가지로 아버지라는 말도 오해의 여지가 있다. 이를테면 요즘 페미니스트들은 이렇게 묻는다. 왜 '어머니'가 아니고 '아버지'인가?

영원한 삶은 죽음을 포함하는 삶이다. 사실 죽음이 없는 영원한 삶은 불가능하다. 영원한 삶과 죽음은 동전의 양면과 같다. 영원하지 못한 삶은 동전의 한 면에 불과하다. 따라서 영원한 삶을 선택할 때 그대는 죽음도 함께 선택하는 것이다. 두 가지 모두 우리의 삶을 이루고 있다. 하지만 동전의 한 면만 선택하길 바란다면 그대는 영원히 동전을 가질 수 없다.

신학자들은 신 또는 신의 왕국을 설명하려고 오랫동안 노력해 왔다. 실제로 말로는 표현이 불가능한 경이로운 실체를 설명하려고 한 것이다. 수백 년을 지나는 동안 신학은 형이상학적 신학이 되었다. 그래서 우리는 실체를 경험하며 사는 방법에 대한 예수의 진정한 가르침을 무시하고 있다. 독일의 철학자 하이데거 이후로 신학자들은 처음으로 돌아가려고 노력해 왔다. 그리고 더욱 조심스럽게 신에 대해 말하기 시작했다.

오늘날 많은 사람들이 진정한 예수와 예수의 가르침으로 돌아가기를 원한다. 때로 이런 움직임을 표현하기 위해 '세속적 기독교'나 '무신론적 기독교'라는 용어가 사용된다. 일부 사람들은 세속적 기독교나 무신론적 기독교가 더 이상 진정한 기독교가 아니라고 걱정한다. 하지만 내가 생각할 때, 예수의 가르침을 몸으로 실천한다면 그대가 일상 속에서 말하고 행동하는 모든 것이 신성해질 것이다. 나는 결코 그것을 세속적 또는 무신론적이라고 부르고 싶지 않다.

한 가지 예로 우리가 성찬식을 교회에서 행하지 않고 야외에서 함께 앉아 빵을 먹는다고 생각해 보자. 신에게 감사하며 깨어 있는 마음으로 빵을 먹고, 빵의 놀라운 본성을 느낀다고 가정해 보자. 그렇다고 해서 우리는 그런 행동을 세속적 또는 무신론적이라고 말할 수 없다.

한 선의 스승은 말했다.

"고통을 없애려면 태어남과 죽음이 없는 세상으로 들어가야만 한다."

제자가 물었다.

"태어남과 죽음이 없는 세상은 어디에 있습니까?"

"그곳은 바로 여기, 태어남과 죽음이 있는 세상에 있다."

다시 태어나려면 죽어야 한다. 삶의 덧없음과 자기가 없다는 것, 그리고 함께 존재함을 경험하자마자 그대는 다시 태어난다. 하지만 식물은 겨울에 잠들어 있지 않으면 봄에 다시 태어날 수 없다. 예수는 우리가 아이로 다시 태어나지 않는다면 하느님의 나라에 들어갈 수 없다고 말했다.

토머스 머튼은 이렇게 썼다.

"신의 사랑과 성령에 대한 생생한 경험을 통해 우리는 그리스도 안에서 죽었다가 다시 살아났음을 진정으로 자각한다. 그것은 신비롭고 새로워지는 경험이다. 신의 자비로운 사랑으로 우리의 마음은 완전히 변화된다. 또한 그 경험은 자기 중심적이고 자기 만족적인 자아가 죽고, 성령 속에서 살고 활동하는 새롭고 자유로운 자아가 탄생함을 의미한다."

자두 마을에서 우리는 모두 계단과 협정을 맺었다. 많은 사람들이 계단이 있는 건물에서 생활을 한다. 그리고 우리는 언제나 깨어 있는 마음으로 계단을 오르는 수행을 한다. 계단 하나하나를 기쁜 마음으로 내려간다. 내가 사는 오두막에도 계단이 있다. 나는 20년 동안 계단을 오르내리는 수행을 해왔다. 그리고 한 번도 나의 맹세를 어긴 적이 없다. 이제 그대 역시 자신의 계단과 협정을 맺을 시간이다.

첫걸음을 내딛을 때 그대는 평화와 기쁨을 느끼도록 숨을 들이쉬고 내쉴 수 있다. 그때 삶이 존재하고, 그대는 멈출 수 있다. 그렇게 하겠다고 굳게 결심하라. 처음 수행을 할 때, 그대는 매우 강한 습관의 힘을 갖고 있다. 말은 길들여야 한다. 코끼리는 길들여야 한다. 원숭이는 껴안아야 한다. 그리고 그대를 돕기 위해 우리가 곁에 있다. 절반쯤 계단을 올라왔는데 자신이 깨어 있는 마음으로 걷지 않았음을 깨닫는다면, 걸음을 멈추고 내려와 다시 올라가야 한다.

자두 마을의 모든 수행자들과 방문객들은 평화 협정, 곧 깨어 있는 마음을 갖는다는 협정에 서명했다. 계단이 없는 곳에 사는 사람들은 길의 한 구간과 협정을 맺는다. 그대가 원하는 대로 이 나무에서 저 바위까지 50에서 100미터의 길과 협정을 맺는 것이다. 그 길을 지날 때마다 그대는 깨어 있는 마음으로 걸음을 내디뎌야 한다. 그리고 절반쯤 갔을 때, 깨어 있는 마음을 잃는다면 다시 돌아가야 한다. 그대는 명상을 하는 방으로 가기 위해 서두를 필요가 없다. 왜냐하면 지금 여기서 명상을 하고 있기 때문이다. 그러므로 명상을 하는 방까지 달려가지 말라.

우리는 인도에 갔을 때 붓다가 머물렀던 산을 오른 적이 있다. 그 산들을 오르면서 우리는 큰 기쁨을 느꼈다. 그 산들은 신성했다. 하지만 명상 센터에서 어디를 가든 우리는 똑같은 방법으로 걷는다. 모든 곳에 신성한 산이 있다. 모든 곳에 하늘나라가 있다. 걷는 법을 안다면, 언제 어디서든 하늘나라와 진정으로 만날 수 있다.

어느 날, 아시아의 어느 나라에서 나는 비행기에 오르고 있었다. 나는 알루미늄 계단을 오르고 있었고, 계단은 그렇게 튼튼하지 않았다. 하지만 나는 예전에 수행하던 방식 그대로 계단을 올랐다. 나는 모든 걸음을 기쁜 마음으로 내디뎠다. 붓다가 머물렀던 산에 오르고 명상 센터 안에서 걷는 것처럼 그 비행기로 걸어 올라갔다.

자두 마을에는 오직 한 가지의 걷는 방식밖에 없다. 그것은 곧 깨어 있는 마음으로 걷는 일이다. 명상 캠프를 열고 있는 중이든 아니든, 모두가 언제나 그런 방식으로 걷는다. 따라서 누구나 자두 마을에 오면 자연스럽게 수행에 참여하게 된다. 그대가 집으로 돌아갔을 때, 바쁜 도시 속에서도 걷기 명상을 계속할 수 있음을 알고 그대는 놀랄 것이다. 우리는 자두 마을을 떠나 공항에 갈 때나 기차역으로 갈 때도 항상 같은 수행을 한다. 세상 모든 곳이 하나의 자두 마을이다. 비행기에 탈 때도 나는 승강구로 향하는 모든 계단마다 평화와 기쁨의 발자국을 찍으며 올라간다.

15년 전에 암스테르담의 코스모스 하우스라 불리는 곳에서 내가 명상 캠프를 연 적이 있다. 그곳은 온갖 사람들이 모여 태극권, 요가, 참선 등을 하는 곳이다. 그런데 우리의 명상 홀은 4층 건물의 맨 꼭대기 층에 있었고, 올라가는 계단이 매우 좁았다. 하지만 나는 오직 한 가지 방식의 걸음밖에 알지 못한다. 나는 다른 방식으로는 걸을 수가 없다. 나와 내게서 배우는 사람들은 수백 명의 사람들이 오르내리는 계단을 그런 식으로 가로막곤 했다. 하지만 명상 캠프의 셋째날이 되자 코스모스 하우스의 모든 사람들이 우리처럼 걷기 시작했다.
　또 미국 뉴욕 시에서 핵무기 반대 시위에 참석해 행진을 할 때였다. 그날 수만 명의 사람들이 함께 걸었다. 자두 마을에서 간 사람들은 불과 30명이었다. 미국에서 선을 가르치는 리처드 베이커 선사가 내게 그 행진에 참여해 줄 것을 부탁했다. 그래서 내가 말했다.
　"이 평화 시위에서 우리가 평화롭게 걸어도 되겠습니까?"
　그가 말했다.
　"물론입니다!"
　그래서 나는 행진에 참여했고, 자두 마을 사람들은 깨어 있는 마음으로 걸어가기 시작했다. 우리 때문에 20만 명의 사람들이 서둘러 앞으로 나아갈 수가 없었다. 하지만 이상하게도 모두가 우리의 걷는 방식을 받아들였고, 그들도 같은 방식으로 걷기 시작했다. 그러자 평화 시위가 훨씬 더 평화로워졌다.
　그대의 삶과 시간을 더 이상 잃어버리지 않겠다고 굳게 결심하라. 멈춰서 기쁘게 모든 발걸음을 내딛으라.

물 위나 불타는 석탄 위를 걷는 것이 아니라 땅 위를 걷는 것이 기적이다. 따라서 자신의 발로 걸을 때마다 기적을 행하라. 그러면 그대는 멈춰 서서 자기 삶의 매 순간을 깊이 사는 방법을 배울 것이다. 그대는 자신만이 아니라 우리 모두를 위해 그렇게 걷는 것이다. 그대는 우리의 모든 조상들과 아이들, 또 아이들의 후손을 위해서도 그렇게 걷는 것이다.

벗이여, 그대는 종소리에 귀 기울이는 법을 배웠다. 숨을 들이쉬고 내쉬고, 도착하는 법을 배웠다. 걷는 것을 즐기는 법을 배웠다. 일주일만 그렇게 수행하면 그대는 완전히 달라진 자기 자신을 발견할 것이다.

8
내가 여기 있기에 그대가 거기 있다

내일 나는 계속 존재할 것이다. 하지만 그대는 매우 주의 깊게 나를 봐야만 한다.
나는 꽃이나 잎사귀가 되어 있을 테니. 나는 꽃이나 잎사귀가 되어 그대에게 인사를
건넬 것이다. 그리고 그대가 충분히 주의를 기울인다면, 나를 알아보고 내게 인사할 것이다.
그러면 나는 매우 행복할 것이다.

만일 그대가 시인이라면, 이 종이 안에 떠 있는 구름을 분명히 볼 수 있을 것이다. 구름이 없으면, 비도 없다. 비가 내리지 않으면, 나무가 자랄 수 없다. 나무가 없으면, 우리는 종이를 만들 수가 없다. 결국 종이에게 있어서 구름은 없어서는 안 될 존재다. 만일 구름이 이곳에 없다면, 종이 또한 이곳에 있을 수 없다. 따라서 우리는 구름과 종이가 '함께 존재한다'고 말할 수 있다.

'함께 존재함'이라는 단어는 아직 사전에 나와 있지 않다. 하지만 '함께'라는 부사와 '존재'라는 명사를 결합하면, 우리는 '함께 존재함'이라는 새로운 명사를 만들 수 있다. 구름이 없다면, 우리는 종이를 얻을 수 없다. 따라서 우리는 구름과 종이가 '함께 존재한다'고 말할 수 있다.

종이를 더욱 깊이 들여다보면, 우리는 그 안에서 햇빛을 볼 수 있다. 햇빛이 없으면 숲은 자라날 수 없다. 사실 어떤 것도 성장할 수가 없다. 햇빛이 없으면 우리 또한 성장할 수 없다. 따라서 우리는 햇빛 역시 이 종이 안에 있음을 알 수 있다. 종이와 햇빛은 함께 존재한다.

계속해서 종이를 들여다보면, 우리는 그 안에서 나무를 베어 제지 공장으로 실어 나르는 벌목꾼을 볼 수 있다. 그리고 밀도 볼 수 있다. 우리는 벌목꾼이 매일 빵을 먹지 않으면 살 수 없다는 사실을 알고 있다. 따라서 그가 먹는 빵의 원료인 밀 또한 이 종이 안에 들어 있다. 그리고 벌목꾼의 어머니와 아버지 역시 그 안에 들어 있다. 이런 식으로 바라볼 때, 우리는 알 수 있다. 그 모든 것들이 없다면 이 종이는 존재할 수 없다는 것을.

더욱 깊이 들여다보면, 우리 자신 역시 이 종이 안에 있음을 알 수 있다. 그것을 아는 것은 그다지 어렵지 않다. 우리가 종이를 볼 때, 종이는 우리 인식의 일부분이 되기 때문이다. 그대의 마음이 여기 있고, 내 마음 또한 여기 있다. 따라서 우리는 모든 것이 이 종이와 함께 여기에 있다고 말할 수 있다. 여기에 없는 것은 하나도 없다.

시간, 공간, 대지, 비, 흙 속에 있는 광물질, 햇빛, 구름, 강, 온기가 모두 여기 있다. 모든 것이 이 종이와 함께 있다. 때문에 나는 '함께 존재함interbeing'이라는 단어가 사전에 꼭 실려야 한다고 생각한다. 사실 존재한다는 것은 함께 존재한다는 것이다. 그대 혼자서만 존재할 수는 없다. 다른 모든 것들과 함께 존재해야 한다. 이 종이는 다른 모든 것들이 존재하기 때문에 존재하는 것이다.

우리가 그 요소들 중 하나를 그 근원으로 돌려보낸다고 상상해 보라. 햇빛을 해에게 돌려 준다고 생각해 보라. 그러면 이 종이가 있을 수 있을까? 아니다. 햇빛 없이는 어떤 것도 존재할 수 없다. 만일 벌목꾼을 어머니에게 돌려 준다면, 우리는 역시 이 종이를 얻을 수 없다. 여기서 배울 수 있는 진리는 종이가 오직 '종이 아닌 요소들'로만 이루어져 있다는 것이다. 그리고 우리가 종이가 아닌 요소들을 그 근원에 돌려 준다면, 종이란 절대로 있을 수 없다. '종이 아닌 요소들', 이를테면 마음과 벌목꾼, 햇빛 등이 없다면 종이는 있을 수 없다. 종이는 비록 얇지만 우주의 모든 것이 그 안에 들어 있다.

그런데 불교에서는 모든 존재는 공空이라고, 텅 비어 있다고 말한다. 즉 이 종이의 본성이 '공'이라고 말한다. 무엇이 텅 비어 있다는 것인가? 다시 말해 그 자체의 분리된 존재로서는 텅 비어 있다는 뜻이다. 그것은 그 자체만으로는 존재할 수가 없다는 뜻이다. 그것은 햇빛, 구름, 숲, 벌목꾼, 마음, 그리고 다른 모든 것들과 함께 존재하고, 분리된 자아로서는 텅 비어 있다. 하지만 분리된 자아로서 텅 비어 있다는 말은 결국 모든 것들로 가득 차 있다는 뜻이다.

그대가 태어난 날, 다시 말해 그대의 생일은 언제인가? 그날 이전에 그대는 이미 존재하고 있었는가? 태어나기 전, 그대는 이미 거기 있었는가? 태어난다는 것은 아무것도 없는 것에서 그대가 어떤 것이 된다는 것이다. 내가 묻고 있는 것은 이것이다. 태어나기 전, 그대는 이미 거기 있었는가? 그것에 대해 다시 한 번 생각해 보자. 사실 어떤 것이 이미 거기에 있다면, 그것은 태어날 필요가 없다. 태어난다는 것은 무에서 어떤 것이 된다는 말이다. 그대가 이미 어떤 것이 되어 있다면, 태어날 필요가 무엇인가?

그러므로 그대의 생일이라는 것은 실제로는 그대가 '계속 존재하게 된 날'이다. 그렇기 때문에 생일을 축하할 때는 '계속 존재하게 된 날을 축하한다'라고 말할 수 있어야 한다. 우리가 태어난 날을 정하는 더 좋은 방법이 있다. 열 달 전 아이를 임신한 날로 거슬러 올라가, 그날을 우리가 태어난 날로 정하는 것이다. 아마 그것이 출생 증명서에 기록하기에 더 적당한 날일 것이다. 중국과 베트남에서는 아이가 태어나면 이미 한 살을 먹은 것으로 여긴다. 따라서 우리는 엄마의 자궁에서 임신이 된 순간부터 우리가 존재한다고 말할 수 있다. 그리고 그 날짜를 출생 증명서에 기록할 수 있다.

하지만 문제는 여전히 남는다. 그날 이전에도 그대는 존재했는가, 존재하지 않았는가? '존재했다'고 말한다면, 그대는 올바로 대답한 것이다. 임신이 되기 전, 그대는 거기 있었다. 아마도 반은 그대의 아버지 안에, 반은 그대의 어머니 안에 있었을 것이다. 왜냐하면 아무것도 없는 것에서 우리가 어떤 것이 될 수는 없기 때문이다.

그대는 아무것도 아니었다가 무엇이 되었다고 말할 수 있는가? 구름은 어떤가? 그대는 구름이 무에서 태어날 수 있다고 생각하는가? 구름이 되기 전, 그것은 물이었다. 그 물은 아마 강을 따라 흐르고 있었을 것이다. 구름은 아무것도 아닌 적이 없었다. 그대는 어떻게 생각하는가?

우리는 어떤 것이 탄생한다고 말할 수 없다. 오직 연속만이 있을 뿐이다. 세월을 더욱 거슬러올라가 보라. 그러면 그대는 자신이 아버지와 어머니뿐 아니라, 조부모와 증조부모 안에 있음을 알게 될 것이다.

나 자신을 깊이 들여다볼 때, 나는 내가 전생에 구름이었음을 안다. 이것은 시가 아니다! 과학이다. 나는 왜 내가 전생에 구름이었다고 말하는가? 나는 지금도 구름이기 때문이다.

구름이 없다면, 나는 여기 존재할 수가 없다.

나는 지금 이 순간 구름이고 강이고 공기다. 따라서 나는 과거에 내가 구름이고 강이고 공기였음을 안다.

그리고 나는 바위였다. 나는 물 속에 있는 광물질이었다.

이것은 환생에 대한 믿음에 관한 문제가 아니다. 지구에서 펼쳐진 생명의 역사를 말하는 것이다. 우리는 한때 가스, 햇빛, 물, 세균, 식물이었다. 우리는 한때 단세포 동물이었다. 붓다는 자신의 전생 중에는 나무였던 때가 있었다고 말했다. 그는 물고기였다. 그는 사슴이었다.

이것은 미신이 아니다. 우리 모두는 과거에 구름과 사슴, 새와 물고기였고, 전생뿐 아니라 지금도 계속해서 그런 것들이다.

이것은 탄생만의 문제가 아니다. 그 어떤 것도 태어날 수 없으며, 그 어떤 것도 죽을 수 없다. 그대는 구름이 죽을 수 있다고 생각하는가? 죽는다는 것은 어떤 것이 무가 된다는 뜻이다. 그대는 우리가 어떤 것을 무로 만들 수 있다고 생각하는가?

다시 종이로 돌아가 보자. 어쩌면 그대는 종이를 없애려면 성냥에 불을 붙여 종이를 태우기만 하면 된다는 착각을 할지도 모른다. 하지만 종이를 태우면, 그중 일부는 연기가 될 것이다. 그리고 그 연기는 하늘로 올라가 어떤 형태로든 계속 존재할 것이다. 타는 종이에서 나오는 열기는 우주 속으로 들어가 다른 것들과 뒤섞일 것이다. 왜냐하면 열기는 그 종이의 다음 삶이기 때문이다. 타고 남은 재는 흙으로 돌아갈 것이다. 그리하여 종이는 다음 생에서 구름이자 동시에 장미꽃이 될 것이다. 종이가 태어날 수도 죽을 수도 없다는 사실을 깨닫기 위해서는 우리는 매우 주의를 기울여야 한다. 그것은 단지 다른 존재 형태를 가질 수 있을 뿐, 우리는 종이를 무로 변화시킬 수 없다.

모든 것이 그와 같다. 그대와 나도 마찬가지다. 우리는 탄생과 죽음의 지배를 받지 않는다. 선의 스승은 명상을 배우는 사람에게 다음과 같은 숙제를 던진다.

'부모가 태어나기 전, 그대는 어떤 얼굴을 갖고 있었는가?'

이것은 그대 자신이 누구인가를 깨닫는 여행을 시작하자는 초대의 말이다. 깊이 명상하면, 그대는 자신의 미래의 생뿐 아니라 과거의 생들도 알 수 있다. 우리는 지금 철학을 말하고 있는 것이 아니다. 실체에 대해 말하고 있는 것이다. 그대의 손을 바라보면서 이렇게 물어 보라.

"내 손은 언제부터 존재했는가?"

내 손을 깊이 바라보면서, 나는 30만 년이 넘는 오랜 세월 동안 내 손이 존재했음을 깨닫는다. 내 손 안에서 나는 수없이 많은 세대의 조상들을 본다. 과거에 존재했던 조상이 아니라 지금 이 순간에도 여전히 살아 있는 조상들을. 나는 단지 계속되고 있을 뿐이다. 나는 한 번도 죽은 적이 없다. 내가 만일 한 번이라도 죽었다면, 내 손이 어떻게 여기 있을 수 있겠는가?

프랑스의 과학자 라부아지에는 말했다.

"어떤 것도 창조될 수 없고, 어떤 것도 소멸될 수 없다."

그것은 불교의 〈반야심경〉이 말하는 것과 똑같다. 오늘날 최고의 과학자라도 먼지 입자나 전자처럼 미세한 것조차도 무로 만들지 못한다. 에너지의 한 형태는 오직 다른 형태의 에너지로 전환될 수 있을 뿐이다. 어떤 것도 결코 무가 될 수 없으며, 작은 먼지 입자라 해도 마찬가지다.

우리는 흔히 인간은 흙에서 나서 흙으로 돌아간다고 말한다. 아마도 그 말이 그렇게 유쾌하게 들리지는 않을 것이다. 우리는 흙으로 돌아가길 원치 않는다. 그런 생각 속에는 인간은 매우 가치 있는 존재고 흙은 전혀 가치가 없다는 차별 의식이 담겨 있다. 하지만 과학자들은 아직까지도 먼지 입자 하나가 무엇인지조차 알지 못한다! 그것은 여전히 신비에 싸여 있다.

먼지 입자 속의 원자에 대해 상상해 보라. 전자가 원자핵 주위를 1초에 30만 킬로미터의 속도로 돌고 있는 모습을. 그것은 매우 흥분되는 일이다. 우리가 먼지 입자로 돌아가는 것은 정말 신나는 모험일 것이다!

때로 우리는 먼지 입자가 무엇인지 이해하고 있다고 생각한다. 심지어 인간 존재를 이해하고 있는 것처럼 가장하기도 한다. 우리가 흙으로 돌아간다고 말하는 그 인간 존재를.

우리 옆에 앉아 있는 사람은 실로 신비로운 존재다! 우리는 단지 그를 알고 있다고 느낄 뿐이다. 하지만 우리는 아직 아무것도 모르고 있다. 붓다의 눈으로 보면, 심지어 그 사람의 머리카락 한 올조차 우주 전체임을 알 수 있다. 그의 머리카락 하나가 궁극적인 실체로 통하는 문이 될 수 있다. 하나의 먼지 입자가 천국이 될 수 있다. 그대와 먼지 입자, 그리고 모든 것이 함께 존재한다는 것을 알 때, 그대는 내 말이 사실임을 깨달을 것이다. 그대는 겸손해져야 한다. 중국에는 이런 속담이 있다.

'모른다고 말하는 것이 진정한 앎의 시작이다.'

가을 어느 날, 나는 공원에서 작지만 아름다운 하트 모양의 잎사귀 하나를 보면서 깊은 명상에 잠겨 있었다. 빨갛게 단풍이 든 잎사귀는 나뭇가지에 간신히 매달려 있어서 곧 떨어질 것만 같았다. 나는 잎사귀 곁에 오랫동안 머물면서, 잎사귀에게 많은 질문을 했다.

그 잎사귀가 나무의 어머니였다는 사실을 나는 발견했다. 우리는 대개 나무가 어머니이고 잎사귀는 단지 자식에 불과하다고 생각한다. 하지만 그 잎사귀를 보면서, 나는 잎사귀 또한 나무의 어머니임을 알았다. 뿌리가 빨아들이는 수액은 단지 물과 무기물이어서, 그것만으로는 나무를 성장시킬 수 없다. 그래서 나무는 그 수액을 잎사귀에게 전달한다. 그러면 잎사귀들은 자연 그대로의 수액을 태양과 공기의 도움을 받아 영양이 풍부한 수액으로 만드는 일을 도맡는다. 그리고 나무를 성장시키기 위해 그 수액을 다시 나무에게 돌려보낸다.

그러므로 잎사귀들 또한 나무의 어머니다. 그리고 잎사귀는 줄기를 통해 그 나무와 연결되어 있기 때문에 그들 사이의 의사 소통을 쉽게 할 수 있다.

대지는 우리의 어머니다. 우리는 우리 자신과 어머니 대지를 연결시켜 주는 수많은 줄기들을 갖고 있다. 우리를 구름과 연결해 주는 줄기도 있다. 만일 구름이 없다면 우리가 마실 물도 없을 것이다. 우리의 몸은 적어도 70퍼센트가 물로 이루어져 있다. 그리고 우리와 구름을 이어주는 줄기가 실제로 존재한다. 그것은 강과 숲, 벌목꾼, 농부에 대해서도 마찬가지다. 우리를 우주의 모든 것과 연결시켜 주는 수십만 개의 끈이 존재한다. 그리고 그렇기 때문에 우리는 존재할 수 있다.

그대와 나 사이를 연결하는 끈이 보이는가? 만일 그대가 거기 없다면, 나 또한 여기 없을 것이다. 그것은 확실하다. 만일 아직도 그것이 보이지 않는다면, 더욱 깊이 바라보라. 그러면 틀림없이 보게 될 것이다. 앞에서도 말했듯이, 이것은 철학이 아니다. 진정으로 보기만 하면 된다.

나는 그 잎사귀에게 물었다. 가을에 다른 잎사귀들이 떨어지는 것을 보면서 두려움을 느끼지 않느냐고.

잎사귀가 대답했다.

"아니에요. 봄과 여름 내내 난 생생히 살아 있었지요. 난 열심히 일해서 나무가 성장하도록 도와 주었어요. 그리고 나의 많은 부분이 나무 안에 있어요. 나를 단지 지금 이 모습으로 생각하지 마세요. 잎사귀 모양은 나의 작은 부분일 뿐이에요. 난 나무 전체랍니다. 난 내가 이미 나무 안에 있다는 것을 알고 있어요. 그리고 내가 다시 흙으로 돌아갈 때, 난 계속해서 나무의 자양분이 될 거예요. 그래서 난 걱정하지 않아요. 나뭇가지에서 떨어져 땅 위를 굴러다닐 때, 난 나무에게 손짓하며 말할 거예요. '난 곧 널 다시 만날 거야'라고요."

그 순간 나는 갑자기 큰 지혜를 얻었다. 그대는 '생명'을 볼 수 있어야만 한다. 그 나뭇잎의 생명이 아니라, 그 나뭇잎 속의 생명, 그 나무 속의 생명을 봐야만 한다. 나의 생명이 아니라 내 안에 있는 '큰 생명'을 봐야만 한다. 그 '큰 생명'에는 아무런 차이가 없다. 그대는 그것을 내 안에서도, 나무 속에서도 발견할 수 있다.

그날은 바람이 불고 있었다. 얼마 후 나는 그 잎사귀가 나뭇가지에서 떨어져 땅 위를 구르며 즐겁게 춤추는 것을 보았다. 비록 땅 위를 구르고 있었지만 잎사귀는 자신이 이미 나무 안에 있음을 알고 있었기 때문이다. 잎사귀는 매우 행복해 했다. 나는 그 잎사귀에게 인사를 했다. 그리고 우리가 잎사귀로부터 배울 점이 많다는 것을 알았다. 왜냐하면 잎사귀는 두려워하지 않았기 때문이다. 그 잎사귀는 어느 것도 태어날 수 없고, 어느 것도 죽을 수 없음을 이미 알고 있었다.

하늘의 구름 또한 두려워하지 않을 것이다.

때가 되면 구름은 비가 될 것이다.

비가 되어 허공을 떨어져내리며 노래하는 것은 즐거운 일이다. 그리하여 미시시피 강, 아마존 강, 메콩 강의 일부가 되고, 식물들 위에 떨어지고, 훗날 인간의 일부분이 되는 것은 기쁜 일이다. 그것은 매우 흥분된 모험이다. 구름은 자신이 대지로 떨어지면 드넓은 바다의 일부분이 된다는 것을 알고 있다. 그래서 구름은 두려워하지 않는 것이다. 오직 인간만이 두려워한다.

심장 박동이 멈추면, 우리의 생명의 흐름도 멈춘다는 사실을 우리는 알고 있다. 그래서 자신의 심장을 매우 소중히 여긴다. 하지만 우리의 몸 밖에 있으면서 생존에 반드시 필요한 것들에 대해서는 별로 주목하지 않는다. 우리가 태양이라고 부르는 거대한 빛을 보라. 만일 태양이 빛나지 않는다면, 우리의 생명의 흐름도 중단될 것이다. 따라서 태양은 우리의 두번째 심장이고, 우리의 몸 밖에 있는 심장이다. 이 거대한 심장은 지구의 모든 생명체가 존재할 수 있도록 온기를 준다. 식물이 살 수 있는 것도 태양 덕분이다. 식물의 잎사귀는 태양 에너지를 흡수하고, 공기 중에서 이산화탄소를 받아들여 나무와 꽃, 플랑크톤을 위해 영양분을 만들어낸다.

그리고 식물들 덕분에 우리뿐 아니라 다른 동물들이 살 수 있다. 사람과 동물, 식물은 모두 직접적이든 간접적이든 태양을 소비한다. 우리 몸 밖에 있는 거대한 심장인 태양의 영향에 대해 모두 설명하기조차 어렵다. 사실 우리의 몸은 피부의 경계선 안에만 있는 것이 아니다. 그것보다 훨씬 거대하다. 한순간이라도 지구를 덮고 있는 공기층이 사라진다면, 우리의 생명은 끝날 것이다.

우주에는 우리와 밀접한 관계가 없는 현상이란 존재하지 않는다. 바다 밑바닥에 놓인 작은 조약돌에서부터 수백억 광년 떨어진 은하계의 움직임까지 모든 것이 우리와 관련되어 있다. 시인 월트 휘트먼은 말했다.

"나는 별들의 운행 못지 않게 풀잎 하나가 중요하다고 믿는다."

이것은 철학적인 말이 아니다. 그의 영혼 깊은 곳으로부터 나온 말이다. 그는 또 말했다.

"나는 커다란 존재다. 나는 모든 것을 담고 있다."

어제 오후, 나와 함께 자두 마을에서 살고 있는 어린 탄투이가 학교 선생님을 놀라게 했다. 점심을 먹은 뒤, 아무도 시키지 않았는데 투이가 빗자루를 들고 교실 바닥을 쓸었던 것이다. 우리 마을에서 그렇게 자진해서 청소를 한 아이는 여태껏 없었다. 오후에 수업이 끝나자, 투이의 선생님은 아이를 따라 언덕에 있는 오두막을 찾아와 내게 그 이야기를 들려 주었다. 나는 선생님에게 베트남에 있는 모든 가난한 아이들이 투이와 똑같이 행동했을 거라고 말했다. 그 아이들은 어른들이 시키지 않아도 자발적으로 집안일을 돌본다.

오늘은 프랑스의 국경일이어서 투이는 학교에 가지 않았다. 아침에 나는 아이와 함께 산책을 하면서 둘이서 솔방울을 주워 모았다. 투이는 우리가 솔방울을 태워 겨울을 따뜻하게 보낼 수 있도록 대지가 솔방울을 만든 것이라고 말했다. 하지만 나는 아이에게 솔방울은 불을 피우기 위해서가 아니라 아기 소나무를 태어나게 하려고 생겨난 것이라고 말해 주었다. 투이는 내 설명에 실망하지 않고 더욱 초롱초롱한 눈빛으로 솔방울을 바라보았다.

명상 중에는 '참된 본성에 대한 명상'이라 불리는 것이 있다. 우리는 그 명상을 통해 있음과 없음에 대한 습관적인 사고 방식에서 벗어날 수 있다. 그 관념이 각각의 사물이 독립되어 있다는 잘못된 생각에서 비롯됐음을 깨닫기 때문이다. 사과나무에 꽃이 필 때, 우리는 아직 사과를 보지 못한다. 그래서 우리는 이렇게 말하곤 한다.

"이 나무에 꽃은 피었지만 사과는 없다."

꽃 속에 숨어 있는 사과를 보지 못하기 때문에 우리는 그렇게 말한다. 하지만 시간은 서서히 사과를 드러낼 것이다.

의자를 볼 때, 우리는 그 속에서 목재는 보지만 나무와 숲, 목수와 우리 자신의 마음은 보지 못한다. 의자에 대해 명상할 때, 우리는 의자와 불가분의 관계로 맞물려 있는 모든 관계를 통해 우주 전체를 볼 수 있다. 목재가 있다는 것은 나무가 있다는 것이다. 잎사귀가 있다는 것은 태양이 있다는 것이다. 사과꽃이 있다는 것은 사과가 있다는 것이다.

명상하는 사람은 여럿에서 하나를 보고, 하나에서 여럿을 볼 수 있다. 그들은 의자를 보기 전에도, 살아 있는 실체의 심장부에서 의자를 볼 수 있다. 의자는 따로 떨어져 있지 않다. 의자는 우주에 있는 다른 모든 것들과의 불가분의 관계 속에서만 존재한다. 다른 모든 것들이 존재하기 때문에 의자가 존재한다. 의자가 존재하지 않는다면, 다른 모든 것들도 존재하지 않는다.

우리가 '의자'라는 단어를 사용하고, 머릿속에 '의자'라는 개념을 떠올릴 때마다 실체는 반으로 갈라진다. '의자'와 '의자 아닌' 것들로 갈라지는 것이다. 이와 같은 분리는 너무 지나칠 뿐 아니라 불합리하기까지 하다. 우리는 의자가 의자 아닌 요소들로부터 생겨난다는 사실을 깨닫지 못하기 때문에 개념이라는 칼을 들이대 사물을 분리시키는 것이다. 의자 아닌 요소들이 의자 속에 들어 있는데 어떻게 그것들을 따로 떼어낼 수 있는가? 깨어 있는 사람은 의자를 바라볼 때 의자 아닌 요소들을 생생히 바라본다. 그리고 의자를 다른 것과 분리하는 경계선이 없으며, 의자에는 시작도 끝도 없음을 깨닫는다.

의자의 존재를 부인하는 것은 우주 전체의 존재를 부인하는 것이다. 이미 존재하는 의자는 없어질 수가 없다. 우리가 의자를 잘게 쪼개거나 불태워 버리더라도 의자는 없어지지 않는다. 하나의 의자를 소멸시키는 데 성공한다면, 우리는 우주 전체를 소멸시킬 수 있을 것이다.

'시작과 끝'은 '있음과 없음'이라는 관념과 매우 가까운 관계에 있다. 예를 들어, 우리는 어느 순간부터 자전거가 생겨나고 어느 순간부터 더 이상 존재하지 않는다고 말할 수 있는가? 마지막 부품을 조립하는 순간 자전거는 존재하는가? 그렇다면 부품이 하나만 부족해도 그것을 자전거라고 불러선 안 되지 않는가? 또 자전거가 고장나서 탈 수 없을 때, 우리는 왜 그것을 '고장난 자전거'라고 부르는 것일까? 자전거가 존재하고, 더 이상 존재하지 않는 순간에 대해 명상한다면 우리는 자전거를 '있음과 없음' 또는 '시작과 끝'과 같은 범주 속에 넣을 수 없음을 알게 될 것이다.

인도의 시인 라빈드라나드 타고르는 자신이 태어나기 전에 존재했는가? 세상을 떠난 그는 여전히 존재하는가 아니면 더 이상 존재하지 않는가? 만일 불교 경전들과 현대 물리학이 말하는 '함께 존재함'의 법칙을 받아들인다면, 그대는 '타고르가 존재하지 않은 때'가 있었다고 말할 수 없다. 타고르가 태어나기 전이나 세상을 떠난 어느 때라도 그가 존재하지 않는다고 말할 수 없다. 타고르가 존재하지 않는다면 우주 전체가 존재할 수 없으며, 그대와 나 또한 존재할 수 없다. '탄생' 때문에 타고르가 존재하는 것이 아니고, '죽음' 때문에 그가 존재하지 않는 것도 아니다.

나는 몇몇 친구들이 붓다가 생존해 있던 시대에 살지 못해 유감이라고 말하는 것을 들은 적이 있다. 내 생각에 그들은 거리에서 붓다와 마주치더라도 그를 알아보지 못할 것이다. 타고르와 고타마 붓다뿐 아니라 우리 모두에게는 시작도 끝도 없다. 내가 여기 있는 것은 그대가 거기 있기 때문이다. 만일 우리 중 누군가가 존재하지 않는다면, 다른 사람들 또한 존재할 수 없다. 실체는 존재와 비존재, 탄생과 죽음의 관념에 의해 한계를 가질 수 없다.

'참된 본성'이라는 말로 우리는 실체를 표현할 수 있다. 또한 우리를 틀에 가두고 나누며, 인위적인 실체를 만들어 내는 모든 관념을 파괴할 수 있다. 만일 관념을 통해 생각하는 것에서 벗어날 수 없다면, 그대는 실체를 꿰뚫어볼 수 없다. 과학자들은 기존의

용어로는 실체를 표현할 수 없다고 깨닫기 시작했다. 그리하여 과학적인 용어들이 시처럼 상징적인 특징을 갖기 시작했다. 오늘날 과학자들은 소립자들의 특징을 설명하기 위해 '매력'이나 '색깔' 같은 단어들을 사용하고 있다. 언젠가는 실체가 모든 관념과 측정을 넘어서 자신의 모습을 드러낼 것이다.

내게는 그림을 그리는 친구가 한 명 있다. 그는 거의 40년 동안 자기 집을 떠나 있었다. 친구는 어머니가 보고 싶을 때마다 자기 손을 바라보면 기분이 한결 나아진다고 내게 말한 적이 있다. 전통적인 베트남 여성인 그의 어머니는 글을 거의 읽을 줄 몰랐다. 물론 서양의 철학이나 과학을 공부한 적도 없다. 친구가 베트남을 떠나기 전, 그의 어머니는 아들의 손을 잡고 말했다.

"얘야, 내가 보고 싶을 때마다 네 손을 들여다보렴. 그럼 바로 내가 보일 거야."

단순하지만 얼마나 깊은 통찰력이 담긴 말인가! 40년 동안 내 친구는 자신의 손을 수없이 들여다보았다.

내 친구의 어머니는 단지 유전자만을 아들에게 전해 준 것이 아니다. 친구 안에는 어머니의 영혼과 희망, 그리고 삶이 담겨 있다. 나는 친구가 명상을 한다는 것을 알고 있다. 하지만 그가 '네 손을 들여다보라'를 화두로 삼아 수행을 하고 있는지는 몰랐다. 그 주제는 그를 더욱 깊은 수행으로 이끌어 줄 것이다. 자신의 손을 통해 그는 시작도 끝도 없는 시간의 실체에 대해 깊은 통찰력을 얻을 수 있을 것이다. 자기 이전과 이후의 수천 세대들이 모두 자기 자신임을 친구는 깨달을 것이다.

태고적부터 지금 이 순간까지 그의 삶은 한 번도 중단된 적이 없었다. 그의 손도 여전히 거기 있다. 시작도 끝도 없는 실체 속에 있다. 그는 50억 년 전과 50억 년 후의 자신의 '진정한 얼굴'을 알 수 있다. 그는 시간의 축을 따라 가지를 뻗어 나가는 진화 속에 존재할 뿐만 아니라, 서로 떼려야 뗄 수 없는 관계의 그물망 속에도 존재한다. 그 결과 그의 몸에 있는 각각의 세포들도 그 자신처럼 탄생과 죽음으로부터 벗어나 있다. 이 경우에 '네 손을 들여다보라'는 주제는 일본의 하쿠인 선사가 내놓은 '한 손바닥이 내는 소리'라는 주제보다 더 깊은 영향을 미칠 것이다.

지난여름 미국에 사는 조카딸이 나를 찾아왔다. 그때 나는 그 아이에게 '네 손을 들여다보라'는 화두를 주면서 열심히 수행하라고 말했다. 나는 그 아이에게 명상 센터가 있는 언덕의 모든 조약돌과 나뭇잎, 벌레들이 지금 너의 손 안에 있다고 말했다.

바다의 파도에게는 시작과 끝, 탄생과 죽음이 있다. 파도는 물로 가득 차 있지만, 거기에 독립된 자아는 없다. 파도는 물과 바람을 통해 생겨나는 것이기 때문이다. 파도가 시작과 끝이 있는 자신의 모습만을 본다면, 탄생과 죽음을 두려워할 것이다. 하지만 자신이 바다와 다르지 않다는 것을 안다면, 파도는 탄생과 죽음에서 벗어날 것이다. 각각의 파도는 태어나고 죽는다. 하지만 바다는 탄생과 죽음으로부터 자유롭다.

따라서 구름과 물, 파도와 잎사귀, 그리고 변화하는 모든 것들로부터 우리는 많은 배움을 얻을 수 있다. 우주에 있는 모든 것들로부터 우리는 배울 수 있다. 모든 것을 주의 깊게 바라본다면, 그대는 함께 존재하는 것의 신비를 발견할 것이다. 그리고 일단 그것을 알게 되면, 더 이상 두려움의 노예가 되지 않는다. 탄생의 두려움, 죽음의 두려움으로부터 해방될 수 있다.

탄생과 죽음은 단지 우리의 머릿속에만 있는 생각일 뿐이다. 그 생각은 실체가 아니다. 그것은 아래와 위에 대한 우리의 관념과 다르지 않다. 우리는 손가락으로 위를 가리키면서 저곳이 위고, 아래를 가리키며 저곳이 아래라고 확신을 갖고 말한다. 천국은 위에 있고 지옥은 아래에 있다. 하지만 바로 그때 지구의 반대편에 사는 사람들은 그것이 틀렸다고 말할 것이다. 왜냐하면 위, 아래에 대한 생각은 우주에는 적용될 수 없기 때문이다. 탄생과 죽음도 그것과 마찬가지다.

그러므로 계속 과거로 거슬러올라가 보라. 그러면 자신이 언제나 거기 존재했음을 알게 될 것이다. 한 장의 잎사귀의 삶 속으로 깊이 들어가라. 그때 그대는 그 잎사귀와 하나가 될 수 있다.

구름 속으로 들어가 구름과 하나가 되라.

아니면 파도와 하나가 되라.

그때 그대는 자신의 본성을 깨닫고 두려움으로부터 자유로워질 것이다. 만일 깊이 바라본다면, 그대는 탄생과 죽음을 초월할 수 있다.

내일 나는 계속 존재할 것이다. 하지만 그대는 매우 주의 깊게 나를 봐야만 한다. 나는 꽃이나 잎사귀가 되어 있을 테니. 나는 꽃이나 잎사귀가 되어 그대에게 인사를 건넬 것이다. 그리고 그대가 충분히 주의를 기울인다면, 나를 알아보고 내게 인사할 것이다. 그러면 나는 매우 행복할 것이다.

우리는 자신이 죽으면 더 이상 인간 존재가 아닐 것이라고 생각하며 걱정을 한다. 우리는 다시 흙으로 돌아갈 것이다. 다른 표현을 쓴다면, 우리는 감소될 것이다.

하지만 그것은 사실이 아니다. 한 알갱이의 먼지 입자는 우주 전체를 담고 있다. 만일 우리가 태양만큼 크다면, 우리는 지구를 내려다보며 하찮게 여길 것이다. 인간인 우리는 먼지를 그런 식으로 내려다본다. 하지만 크고 작다는 생각은 우리의 머릿속에만 있는 관념일 뿐이다.

모든 것은 다른 모든 것을 포함한다. 그것이 함께 존재하는 것의 원리다. 종이 속에는 햇빛과 벌목꾼, 숲과 다른 모든 것이 포함되어 있다. 따라서 종이 한 장이 보잘것없고 중요하지 않다는 것은 단지 우리의 생각에 지나지 않는다.

우리는 종이 한 장조차도 소멸시킬 수 없다. 우리에게는 어떤 것도 소멸시킬 능력이 없다. 암살자들이 마하트마 간디와 마틴 루터 킹을 암살했을 때, 그들은 두 사람을 완전히 없애 버리길 원했다. 하지만 두 사람은 여전히 우리와 함께 있다. 아마 이전보다 더욱 가까이 있을 것이다. 왜냐하면 두 사람은 다른 모습으로 계속 살아 있기 때문이다. 우리 자신이 지금 그들의 존재를 이어가고 있다.

그러므로 사라지는 것을 두려워하지 말라.

그것은 달과 같은 것이다. 달은 차고 기울지만, 그것은 언제나 달일 뿐이다.

하루는 자두 마을에서 귤 파티를 열었다. 모든 사람들이 귤 한 개씩을 받았다. 우리는 귤을 손바닥에 올려놓고 바라보았다. 귤의 진정한 존재를 느끼면서 호흡을 했다. 귤을 먹을 때 우리는 대체로 귤을 바라보지 않는다. 다른 생각을 한다. 귤을 바라보는 것은 그 열매 속에 있는 꽃을 보는 것이다. 햇빛과 비를 보는 것이다.
  손바닥에 놓인 한 개의 귤은 경이로운 생명의 모습이다. 우리는 진정으로 그 귤을 바라볼 수 있다. 그리하여 그 꽃과 따뜻하고 눅눅한 흙 냄새를 맡을 수 있다. 귤이 진정한 존재가 될 때, 우리 또한 진정한 존재가 된다. 그 순간 우리의 삶이 진정한 삶으로 탈바꿈한다.
  우리는 깨어 있는 마음으로 귤 껍질을 벗기고 냄새를 맡기 시작했다. 그리고 조심스럽게 한 조각씩 떼어 입 안에 넣었다. 우리는 그것이 진정한 귤임을 느낄 수 있었다. 우리는 귤 조각 하나하나를 완전히 깨어 있는 마음으로 먹었다. 그렇게 귤 한 개를 먹었다.
  귤을 그런 방식으로 먹는 것은 매우 중요하다. 왜냐하면 귤과 귤을 먹는 사람 모두가 진정한 존재가 되기 때문이다. 이것은 또한 마음의 평화를 이루기 위한 근본적인 노력이다.
  우리는 5년이나 10년 뒤에 깨달음을 얻으려고 명상을 하는 것이 아니다. 삶의 매 순간을 진정으로 느끼기 위해 수행을 한다. 명상을 하면서 우리는 앉아 있기 위해 앉아 있는다. 다른 무엇인가를 위해 앉아 있는 것이 아니다.
  우리가 20분 동안 앉아 있다면, 그 20분은 우리에게 기쁨과 생명력을 가져다 줄 것이다. 만일 걷는 명상을 한다면, 우리는 단지 걷기 위해 걷는 것이지 어딘가에 도착하기 위해 걷는 것이 아니다. 우리는 모든 걸음마다 그 순간에 살아 있어야 한다. 그때 모든 걸음이 우리에게 진정한 삶을 되돌려 줄 것이다.
  아침을 먹거나 아이를 두 팔로 껴안을 때도 우리는 똑같이 깨어 있는 마음을 실천할 수 있다. 사람을 껴안는 것은 서양의 풍습이지만, 우리 동양인들은 그것에 호흡을 덧보탤 수 있다. 두 팔로 아이를 껴안을 때, 그대의 어머니와 남편, 친구를 껴안을 때, 세 번 숨을 들이쉬고 내쉬라. 그러면 그대의 행복은 적어도 열 배는 커질 것이다. 그리고 누군가를 바라볼 때, 깨어 있는 마음으로 그들을 바라보면서 그대의 호흡을 느끼라. 식사를 시작하기 전에 접시를 바라보며 조용히 말하라.

"내 접시는 지금 비어 있다. 하지만 잠시 후 내 접시는 맛있는 음식으로 가득 찰 것이다."

다른 사람이 음식을 갖다 주면, 세 번 호흡을 하고 나서 접시를 더욱 깊이 바라보라.

"지금 이 순간 세계의 수많은 사람들 또한 접시를 앞에 놓고 있다. 하지만 그들의 접시는 오랫동안 비어 있을 것이다."

매일 4만 명의 아이들이 굶주림으로 죽어 간다. 아이들 숫자만 그렇다. 우리는 맛있는 음식을 먹는 것에 매우 행복해 할 수 있지만 굶주리는 아이들을 생각하면 고통스럽다. 하지만 우리가 그런 식으로 바라볼 때, 그것은 우리에게 올바른 분별력을 되돌려 준다. 왜냐하면 그때 우리가 살아가야 할 삶의 방향이 분명해지기 때문이다. 그것은 우리 자신은 물론 세계와 평화롭게 지내기 위한 삶의 방식이다. 좋은 것과 나쁜 것을 보고, 경이로운 일과 고통스런 일을 보면서, 우리는 우리 자신과 세계 사이에 평화를 이룰 수 있는 방식으로 살아가야 한다. 이해는 명상의 열매다. 이해야말로 모든 것의 출발이다.

한 번 호흡하고, 한 걸음을 내딛고, 한 번의 미소를 짓는 일은 마음의 평화에 크나큰 영향을 미친다. 그것은 세계의 평화를 위해서도 반드시 필요한 일이다. '함께 존재한다'는 관점에서 볼 때, 그대가 나날의 삶 속에서 평화롭고 행복하려면 세계가 평화롭고 행복해야 한다.

내 얘기에 깊은 주의를 기울여 준 그대에게 감사한다. 그대가 거기 있기 때문에 나도 여기에 있다. 그것에 감사한다.

9
첫사랑에 대하여

그대의 첫사랑에는 처음도 끝도 없다. 그것은 언제나 변화하고 있을 뿐이다.
그대의 첫사랑은 여전히 이곳에 있으며, 끊임없이 그대의 삶을 만들어 가고 있다.
평화로운 마음으로 미소지으며 깨어 있는 상태로 호흡할 때, 그대는 그것을 이해하리라.

그대의 첫사랑에 대해 생각해 보라. 첫사랑이 어떻게 다가왔고 어디서 일어났으며, 무엇이 그대를 그 순간으로 인도했는지 돌이켜 보라. 그때의 일들을 하나하나 떠올리며 자비와 이해의 마음을 갖고 조용히, 그리고 깊게 관찰해 보라. 그러면 그 순간에는 미처 깨닫지 못했던 많은 것들을 발견할 것이다. 그리고 그대의 첫사랑이 사실은 맨 처음 사랑이 아니라는 것을 발견할 것이다.

많은 시냇물들이 그대의 삶의 강으로 흘러들어가 큰 줄기를 이룬다. 그대의 첫사랑에는 처음도 끝도 없다. 그것은 언제나 변화하고 있을 뿐이다. 그대의 첫사랑은 여전히 이곳에 있으며, 끊임없이 그대의 삶을 만들어 가고 있다. 평화로운 마음으로 미소지으며 깨어 있는 상태로 호흡할 때, 그대는 그것을 이해하리라.

'나'라는 것은 어디까지인가? 또 '나 아닌 것'은 어디서부터인가? 누가 그대의 첫사랑인가? 누가 마지막 사랑인가? 그대의 첫사랑과 마지막 사랑은 어떻게 다른가? 강물이 넘치는가 마르는가는 계절에 달려 있다. 물의 모양이 둥근지 모난지는 담는 그릇에 달려 있다. 봄에는 흐르고 겨울에는 얼지만, 물의 광대함은 무엇으로도 잴 수 없고 그 근원은 어디서도 발견되지 않는다. 에메랄드빛 작은 시냇물 속에도 물은 용왕을 숨겨 놓는다. 차가운 연못의 물은 환한 보름달을 담고 있다. 버드나무 가지 위에서 물은 자비심의 생명수를 뿌린다. 한 방울의 물만 있어도 열 곳에 있는 세상을 맑게 하고 변화시키기에 충분하다.

그대는 형태를 통해 물을 이해할 수 있는가? 그대는 그 근원을 추적할 수 있는가? 그것이 어디서 끝날지 아는가? 첫사랑도 마찬가지다. 그대의 첫사랑은 시작도 없고 끝도 없다. 그것은 그대의 존재의 흐름 속에 여전히 살아 있다. 그것을 단지 지나간 과거의 일로 생각하지 말라.

불교 심리학에서 '사묘자나'라는 단어는 가슴에 맺히는 일이나 구속, 또는 매듭을 의미한다. 예를 들어 누군가 그대에게 불쾌한 말을 할 때, 그가 왜 그런 말을 했는가 이해하지 않고 화를 낸다면, 그대 안에는 하나의 매듭이 묶일 것이다. 이해의 부족은 마음 속 모든 매듭의 원인이 된다. 그런데 우리는 분노와 두려움, 후회 같은 부정적인 감정을 가슴에 오래 담아 두고 있기가 힘들다. 그래서 그것들을 의식의 맨 뒤쪽에 묻어 두는 방법을 택한다. 우리는 자기 안에 그런 감정들이 존재한다는 사실을 부인하는 매우 정교한 방어 체제를 만들지만, 그것들은 언제나 표면으로 나오려고 애를 쓴다.

만일 그대가 깨어 있다면, 그대 안에 매듭이 묶이는 순간 그것을 알아차리고, 매듭 푸는 방법을 배울 수가 있다. 가슴에 맺히는 일이 생기자마자 그대는 그것을 자각해야 한다. 아직 느슨하게 묶여 있는 상태라면 풀기가 한결 쉽기 때문이다. 만일 그렇게 하지 않으면, 가슴에 맺힌 일은 점점 단단하고 강하게 묶일 것이다.

가슴에 맺힌 일들을 처리하는 첫번째 단계는 그것을 의식하려고 노력하는 것이다. 우리는 그것에 접근하기 위해 명상을 하고 깨어 있는 호흡 수행을 한다. 그러한 가슴에 맺힌 일들은 모습과 느낌, 생각과 말, 행동으로 나타날 수 있다. 그대는 불안감을 느끼면서 이렇게 물을지도 모른다.

"그녀가 그 말을 했을 때, 나는 왜 그렇게 불편함을 느꼈지?"

"난 왜 계속 그렇게 행동하는 걸까?"

"난 왜 영화에 나오는 그 인물을 그토록 미워한 걸까?"

자기 자신을 세밀하게 관찰하면, 가슴에 맺힌 일이 눈에 보일 것이다. 그대가 깨어 있음의 빛을 비출 때, 그것은 얼굴을 드러내기 시작한다. 그대는 그것을 계속 바라보는 데 어떤 저항감을 느낄지도 모른다. 하지만 조용히 앉아서 자신의 감정을 관찰하는 능력을 키운다면, 매듭의 근원이 서서히 모습을 드러내면서 그것을 푸는 방법을 그대에게 알려 줄 것이다. 그렇게 할 때 그대는 가슴에 맺힌 일을 깨닫고 마음의 평화를 얻을 수 있다.

우리가 다른 사람과 함께 살아갈 때, 그렇게 하는 것이 매우 중요하다. 서로의 행복을 지키기 위해 우리는 가슴에 맺힌 일이 생기자마자 그것을 변화시키는 법을 배워야 한다. 결혼식을 올린 지 3일밖에 안 된 한 신부가 남편으로부터 몇 가지 가슴에 맺히는 상처를 받았다고 내게 말한 적이 있다. 그리고 그녀는 그것을 30년 동안 마음속에 간직해 두었다. 그것을 남편에게 말하면 싸움이 일어날 것 같아 두려웠던 것이다.

진정한 의사 소통이 없는 이런 상태에서 우리는 과연 행복할 수 있을까? 하루 하루를 살아가면서 마음이 깨어 있지 않을 때, 우리는 종종 우리가 사랑하는 사람 안에 고통의 씨앗을 심어 놓을 수가 있다.

하지만 두 사람이 여전히 밝음을 갖고 살면서 많은 매듭을 갖고 있지 않다면, 그것을 푸는 것은 그다지 어려운 일이 아니다. 매듭을 불러일으킨 오해에 대해 두 사람이 함께 명상하고 그것을 풀면 된다. 예를 들어 남편이 친구들에게 자신이 한 일을 과장해서 말한다면, 아내는 남편을 경멸하면서 마음에 매듭이 생기는 걸 느낄 것이다. 하지만 그때 아내가 그 일을 곧바로 남편과 이야기한다면, 두 사람은 서로를 분명히 이해하게 되고 그 매듭은 쉽게 풀릴 것이다.

우리가 깨어 있는 마음으로 함께 사는 법을 수행한다면, 우리는 이렇게 할 수 있다. 우리는 다른 사람이 우리 자신처럼 내면에 꽃과 쓰레기를 함께 갖고 있음을 안다. 그리고 그것을 받아들인다. 우리의 수행은 그 사람 안에 있는 꽃에 물을 주고, 더 많은 쓰레기를 가져다 주지 않는 일이다. 우리는 서로를 비난하거나 다투는 일을 피한다. 우리가 꽃을 키우려고 하는데 꽃이 잘 자라지 않을지라도 그 꽃을 비난하거나 다투지 않는다. 오히려 꽃들을 잘 보살피지 못한 자기 자신을 비난한다. 우리의 배우자는 하나의 꽃이다. 남편이 아내를 잘 보살핀다면, 아내는 아름답게 피어날 것이다. 반대로 아내를 제대로 보살피지 않는다면 그녀는 시들어 버릴 것이다. 꽃이 잘 자라게 하기 위해, 우리는 아내의 진정한 모습을 이해해야 한다. 그녀가 얼마나 많은 물을 원하는지, 얼마나 많은 햇빛을 비춰야 하는지.

동양의 전통에서는 몸과 마음이 하나라고 말한다. 몸에 일어나는 일은 무엇이든 마음에도 일어난다. 몸이 건강할 때 마음도 건강하다. 몸이 상처를 입을 때 마음도 상처를 입는다. 화를 낼 때, 우리는 몸이 아니라 마음속에서 분노를 느낀다고 생각할 수 있지만, 사실은 그렇지 않다. 누군가를 사랑할 때 우리는 그 사람의 육체에 가까이 다가가길 원하지만, 누군가에게 화가 날 때는 그를 접촉하거나 그가 우리와 접촉하는 것을 원치 않는다. 즉 우리는 몸과 마음이 따로 떨어져 있다고 말할 수 없다.

성적인 관계는 육체와 정신 사이에 깊은 교감이 오가는 행위다. 그것은 매우 중요한 만남이어서 일상적인 다른 행동들과는 다르다. 그대는 그대의 영혼 안에 기억과 고통, 비밀 같은 개인적인 부분이 있음을 알고 있다. 그것은 오직 그대가 가장 사랑하고 신뢰하는 사람하고만 나누고 싶어하는 부분이다.

그대는 마음을 열고 그것을 아무에게나 보여 주지 않는다. 황제의 도시에는 금지된 도시라고 불리는 그대가 접근할 수 없는 지역이 있다. 오직 왕과 왕족만이 그곳을 돌아다닐 수 있다. 그것과 마찬가지로 그대의 영혼 안에는 그대가 가장 사랑하고 신뢰하는 사람을 제외하고는 누구도 들여보내지 않는 곳이 있다.

그것은 우리의 육체에 대해서도 진실이다. 우리의 육체에는 우리가 가장 존경하고 신뢰하고 사랑하는 사람이 아니라면 아무나 접촉하거나 다가오는 것을 원치 않는 부분이 있다. 다른 사람이 전혀 조심성 없이 거친 태도로 우리에게 다가올 때, 우리의 몸과 영혼은 모두 모욕당한 느낌을 받는다. 반면에 존경심을 갖고 부드럽고 조심스런 태도로 다가오는 사람이 있다면, 그는 우리와 깊은 차원의 의사 소통을, 영적인 교감을 하고 있는 것이다. 오직 그런 경우에만 우리는 마음의 상처를 받지 않고, 모욕당했다는 느낌을 갖지 않는다.

진정한 사랑과 약속이 없다면 그것은 이루어질 수 없는 일이다.

일상적인 성관계는 사랑이라고 말할 수 없다. 사랑은 깊고, 아름답고, 전체적인 것이다. 성적인 관계에서 존경은 가장 중요한 것 중의 하나다. 성적인 교감은 큰 존경심과 돌보는 마음, 사랑과 깨어 있는 마음으로 행하는 종교 의식과 같아야 한다. 만일 그대가 어떤 욕망에 의해 그런 자극을 받는다면 그것은 사랑이 아니다. 욕망은 사랑이 아니다. 사랑은 책임감을 훨씬 넘어선 어떤 것이다. 그 안에 보살핌이 자리잡고 있다.

동양에서는 에너지에는 세 가지 근원이 있다고 말한다. 그것은 성적인 것, 호흡, 그리고 정신이다. 정력, 곧 성적인 에너지가 그 첫번째다. 그대가 자신이 필요로 하는 것보다 더 많은 성적인 에너지를 갖고 있을 때, 그대의 몸과 존재는 균형을 잃는다. 따라서 그대는 그 균형을 다시 회복할 필요가 있다. 도교와 불교에 따르면 그것에 도움을 주는 수행이 있는데, 그것은 바로 명상과 무술이다.

두번째 에너지의 근원은 기, 즉 호흡 에너지다. 생명은 불태움의 과정이라고 말할 수 있다. 태우기 위해 우리의 몸을 구성하는 모든 세포는 영양분과 산소를 필요로 한다. '불의 설법'에서 붓다는 이렇게 말했다.

"눈이 타고 있다. 코가 타고 있다. 몸이 타고 있다."

매일의 삶 속에서 우리는 올바른 호흡법을 실천함으로써 우리의 에너지를 늘려야 한다. 우리는 공기와 산소의 은혜를 입고 있다. 따라서 우리는 오염되지 않은 공기를 들이마실 수 있어야 한다. 어떤 사람들은 담배를 끊고 말을 삼가거나, 말을 많이 한 뒤에는 의식적으로 호흡 수행을 함으로써 기를 키우기도 한다. 그대가 말을 할 때, 호흡하는 시간을 갖도록 하라. 자두 마을에서는 깨어 있음을 알리는 종소리가 들릴 때마다 모든 사람들이 하던 일을 멈추고 의식적으로 세 번 호흡을 한다. 기 에너지를 키우고 보존하기 위해 그런 방법으로 수행하는 것이다.

에너지의 세번째 근원은 신, 곧 정신 에너지다. 밤에 잠을 못 자거나 걱정을 많이 할 때, 그대는 이 에너지를 잃게 된다. 그대의 신경계는 지치게 되고, 그대는 공부나 명상을 할 수 없을 뿐더러 올바른 결정도 내리지 못한다. 잠이 부족하거나 걱정을 너무 많이 하기 때문에 맑은 마음을 가질 수도 없다. 걱정과 고민은 이 에너지의 근원을 소모시킨다. 그러므로 근심하지 말라. 밤늦게까지 잠을 안 자고 깨어 있어서는 안 된다. 그대의 신경계를 건강하게 만들라. 고민을 미리 막으라.

명상을 잘하려면 이 에너지의 근원이 필요하다. 영적인 탈바꿈에는 정신 에너지의 힘이 요구된다. 그리고 정신 에너지는 집중력과 그 에너지의 근원을 보호하는 방법을 아는 것에서부터 생겨난다. 강한 정신 에너지를 갖고 있을 때, 그것을 오로지 한 대상에 집중시키라. 그러면 그대는 영적으로 탈바꿈하게 될 것이다. 정신의 힘을 갖고 있지 않다면, 집중력의 빛은 밝게 빛나지 않을 것이다. 왜냐하면 발산되는 빛이 매우 약하기 때문이다.

이 세 가지 에너지의 근원은 서로 연결되어 있다. 한 가지를 수행하면 다른 모든 것에 도움이 된다. 그러므로 호흡을 자각하는 것이 우리의 영적인 삶에 그토록 중요한 것이다. 그것은 우리의 모든 에너지의 근원에 영향을 미친다.

성적인 관계에서 사람들은 상처를 입을 수 있다. 하지만 책임감을 갖고 행동할 때, 우리 자신과 다른 사람들이 상처받지 않는다. 우리는 종종 여자들만 상처를 받는다고 생각하지만 남자들 또한 상처받는다. 따라서 우리는 매우 조심스러워야 한다. 책임감을 갖고 행동하는 것은 우리 자신과 가족, 그리고 우리 사회 속에 평화와 변화를 가져오는 강력한 방법이다. 우리는 시간을 내어 이것과 관련된 문제들을 논의해야 한다. 이를테면 외로움과 상업 광고, 그리고 섹스 산업까지 말이다.

외로움은 누구나 느끼는 보편적인 감정이다. 우리는 다른 사람과 거의 의사 소통을 하지 않는 경우가 자주 있다. 심지어 가족 안에서도 그렇다. 그리고 외로움은 우리를 성적인 관계로 몰아간다. 순진하게도 우리는 성적인 관계를 가지면 외로움을 덜 느낄 것이라고 믿는다. 하지만 그것은 사실이 아니다. 마음과 영혼의 차원에서 상대방과 충분한 교감이 이뤄지지 않을 때, 성적인 관계는 두 사람 사이를 더욱 벌어지게 하고 둘 다를 파멸시킬 수 있다. 관계가 삭막해지고, 서로를 고통스럽게 만들 수가 있다. 성적인 관계를 가지면 외로움을 덜 느낄 것이라는 믿음은 일종의 미신이다. 우리는 그런 믿음에 속지 말아야 한다. 실제로 그런 관계를 가진 뒤에 우리는 더 큰 외로움을 느낄 것이다.

두 육체의 결합은 오직 마음과 영혼의 차원에서 이해와 교감이 있을 때만 긍정적이다. 남편과 아내의 관계에서조차도 마음과 영혼 차원의 교감이 없다면, 두 육체가 하나가 되는 것은 오직 상대방으로부터 더욱 멀어지는 일이 될 것이다. 그런 경우에 나는 그대에게 성적인 관계를 삼가고, 먼저 서로의 대화에서 돌파구를 찾으라고 충고하고 싶다.

　때로 우리는 누군가를 사랑한다고 느끼지만, 그 사랑은 단지 우리의 이기적인 요구를 만족시키기 위한 수단인지도 모른다. 아마도 우리는 안전하게 보호받기를 원하는 상대방의 요구를 이해할 만큼 그 사람을 깊이 들여다보지 않는 것인지도 모른다. 깊이 들여다볼 때, 우리는 상대방이 우리의 보호를 받고 싶어한다는 것을 깨닫는다. 따라서 우리는 어떤 남자나 여자를 단지 우리의 욕망의 대상이나 사고 파는 물건으로 여길 수가 없다. 우리 사회에서 성은 물건을 파는 수단으로 이용된다. 우리가 다른 사람을 붓다가 될 수 있는 한 인간 존재로 보지 않음으로써, 우리는 깨어 있는 마음으로 성적인 책임감을 갖는 일을 그냥 쉽게 지나쳐 버리는 것이다.

　모든 것들은 자기만의 본성을 갖고 있다. 우리가 사물을 인식할 수 있는 이유가 거기에 있다. 오렌지는 자신만의 본성을 갖고 있다. 그래서 우리는 그것을 레몬과 혼동하지 않는다. 자두 마을에서는 프로판 가스로 요리를 한다. 우리는 그것의 본성을 알고 있다. 즉 가스가 새고 있을 때 누군가 성냥에 불을 붙이면 매우 위험하다는 것이다. 하지만 프로판 가스가 맛있는 요리를 해먹을 수 있도록 우리를 도와 준다는 사실도 알고 있다. 그래서 우리는 그것을 집 안에 들여 놓고 함께 평화롭게 지내는 것이다.

　우리는 각자 저마다의 본성을 갖고 있다. 이렇듯 명상을 하는 것은 사물의 본성을 깊이 관찰하는 일이다. 거기에는 우리 자신의 본성과 우리 앞에 있는 사람의 본성도 포함된다. 그 사람의 진정한 모습을 알 때, 우리는 그 사람의 어려움과 소망, 고통과 고민을 발견한다.

진정한 사랑은 책임감을 포함하고 있으며, 상대방을 있는 그대로 받아들이는 것이다. 그 사람의 강점과 약점 모두를. 만일 우리가 상대방의 아주 좋은 점만을 좋아한다면, 그것은 사랑이 아니다. 우리는 그 사람의 약점을 받아들일 뿐 아니라, 인내하고 이해하고 에너지를 쏟아부어 그가 변화하도록 도와야 한다. 사랑에 대한 정의인 '오래 가는 약속'이란 표현은 사랑이라는 말을 잘 이해할 수 있게 해준다. 그것이 진정한 사랑이라면, 오직 '오래 가는 약속'만이 가능할 것이다.

"난 당신을 사랑하고 싶소. 당신을 돕고 싶소. 당신을 돌보고 싶소. 당신이 행복하길 바라오. 난 당신의 행복을 위해 노력할 것이오. 하지만 단 며칠 동안만."

이것이 말이 되는가? 우리는 약속하는 것을 두려워한다. 우리는 자유를 원한다. 하지만 자신의 자식을 깊이 사랑하고 우리가 살아 있는 동안 자식들이 삶을 헤쳐 나가는 것을 도우려면, 우리는 '오래 가는 약속'을 해야 한다. 우리는 이렇게 말할 수는 없다.

"난 너를 더 이상 사랑하지 않는다."

좋은 친구를 갖고 있을 때, 우리는 또한 오래 가는 약속을 한다. 우리에게는 친구가 필요하다. 우리의 삶과 영혼, 그리고 육체를 함께 나누고 싶어하는 사람이 우리에게는 얼마나 필요한가. '오래 가는 약속'이라는 말이 사랑의 깊이를 표현할 순 없지만, 상대방이 이해하도록 우리는 무엇인가를 말해야 한다.

자두 마을에서 결혼식을 올릴 때마다 마을 전체가 신혼 부부를 축하하고, 그들을 온 마음으로 축복한다. 보름날마다 행하는 의식이 끝난 뒤, 그 두 사람은 모든 사람들이 그들의 관계를 지지한다는 것을 기억하면서 다음의 '다섯 가지 서약'을 함께 읽는다.

 우리는 조상의 모든 세대들과 미래의 모든 세대들이 우리 안에 있음을 안다.
 우리는 조상들과 우리의 자식들, 그리고 손자들이 우리에게 갖고 있는 기대를 안다.
 우리는 우리의 모든 기쁨과 평화, 자유와 조화가 우리의 조상들과 자식들 그리고 손자들의 기쁨과 평화, 자유와 조화임을 안다.
 우리는 이해야말로 사랑의 중요한 토대임을 안다.
 우리는 비난과 다툼이 우리에게 결코 도움이 안 되며 단지 우리 사이를 더욱 멀어지게 할 뿐이고, 이해와 신뢰, 그리고 사랑만이 우리가 변화하고 성장하는 데 도움이 된다는 것을 안다.

그대의 관계가 법으로 묶여 있든 아니든, 그것이 공동체 앞에서 맺어진 관계라면 더욱 강하고 오래 지속될 것이다. 여기서 공동체란 그대를 사랑하고, 이해와 사랑의 정신 속에서 그대를 지지하는 친구들을 말한다.
 두 사람이 결혼을 하기 전에, 그들은 깨어 있는 수행을 함께 해야 하며, 남편과 아내가 된 뒤에도 그러한 삶을 계속 유지해 나가야 한다.

결혼한다는 것은 사랑을 실천하기 위해 두 사람만의 공동체를 만드는 것과 같다. 서로를 보살피고, 상대방이 꽃처럼 피어나게 하고, 행복을 현실로 만드는 것이다. 행복은 개인적인 문제가 아니다. 그대는 적어도 하루에 한 번 미소짓는 일을 실천해야 한다. 그대 자신만이 아니라 배우자를 위해. 그대는 걷는 명상을 해야 한다. 배우자만을 위해서가 아니라 그대 자신을 위해.

우리는 많은 다른 사람들과 생명체들에 연결되어 있다. 우리가 한 걸음을 내딛고 한 번의 미소를 지을 때마다, 그것은 우리 주변의 모든 사람들에게 영향을 미친다. 따라서 그대가 행복할 때 그대 주위의 수많은 사람들도 더불어 행복해진다.

떡갈나무를 보라. 떡갈나무는 행복해 보인다. 그리고 떡갈나무의 행복은 새들과 우리 모두의 행복이다. 우리 모두는 떡갈나무가 있음으로써 혜택을 누린다. 그대의 존재와 행복 또한 우리 모두를 위해 매우 중요하다. 그대가 행복하다면 우리는 행복할 것이다. 그대가 행복하지 않다면, 우리 또한 행복하지 않을 것이다. 그대는 다섯 가지 서약을 자기 자신뿐 아니라 모든 사람들을 위해 실천해야 한다. 만일 그대가 결혼식에서 자신이 한 약속을 철저히 실천한다면, 전 세계에 도움이 될 것이다. 하지만 자신의 서약을 깨닫기 위해 그대에게는 공동체가 필요하다. 떡갈나무와 명상 센터, 그리고 우리 모두가 필요하다.

"당신에 대한 내 사랑을 통해 나는 우주 전체와 전 인류 그리고 모든 존재에 대한 내 사랑을 표현하고 싶소. 당신과 함께 살면서 모든 사람들과 모든 존재들을 사랑하는 법을 배우고 싶소. 내가 당신을 사랑하는 데 성공한다면, 나는 모든 사람들과 지구상의 모든 생명체를 사랑할 수 있을 것이오."

이것이 사랑의 진정한 메시지다. 작은 발걸음을 내딛는 데 성공하지 않고 어떻게 큰 걸음을 내딛을 수 있겠는가? 처음 두세 해 동안 그것이 우리의 목표가 되어야 한다. 작은 공동체에서 평화와 행복 그리고 기쁨을 얻는 것이다. 동시에 보다 큰 공동체와 관련해서 우리의 작은 공동체를 바라볼 수 있어야 한다. 우리는 스승과 부모와 친구, 그리고 동물과 식물, 광물 세계의 살아 있는 모든 존재의 도움을 받아 삶을 살아가고 있다.

"나는 당신을 통해 보다 큰 공동체에 대한 나의 사랑을 표현합니다. 그러므로 나는 당신을 사랑하고, 보살피고, 행복하게 만들 수 있어야 합니다."

우리는 삶의 매 순간, 곧 삶에서 우리에게 주어지는 순간순간을 매우 깊이 살아야 한다. 그대가 삶의 한순간을 깊이 살 수 있다면, 그대 삶의 다른 모든 순간들도 그것과 똑같이 살 수 있다. 프랑스의 시인 르네 샤르는 말했다.

"한순간에 머물 수 있다면, 그대는 영원을 발견할 것이다."

각각의 순간을 깊이 있고, 행복하고, 평화롭게 사는 기회로 만들라. 모든 순간은 우리가 세상과 함께 평화를 만들고, 세상에 평화가 깃들게 하고, 세상에 행복을 줄 수 있는 더없이 좋은 기회다. 세상은 우리의 행복을 필요로 한다. 깨어 있는 삶을 실천한다는 것은 곧 행복과 사랑을 실천한다는 것에 다름 아니다. 행복해지는 능력, 사랑하는 능력은 우리의 삶에서 꼭 키워야만 하는 것이다. 이해는 사랑의 중요한 토대다. 그리고 무엇보다 깊이 바라보는 것이 중요하다.

모든 사람들은 비난과 다툼이 도움이 안 된다는 걸 알지만, 종종 그 사실을 잊어버린다. 자신의 호흡을 자각하는 일은 결정적인 순간에 멈춰 서서 비난과 다툼을 삼가는 능력을 키우는 데 큰 도움이 된다.

우리 모두는 더 나은 모습으로 변화할 필요가 있다. 결혼을 할 때, 우리는 우리 스스로 변할 뿐 아니라 상대방의 변화를 돕겠다고 약속한다. 그럼으로써 함께 성장하고, 삶의 결실과 변화를 함께 나눌 수 있는 것이다. 상대방을 보살피는 것은 우리에게 주어진 책임이다. 우리는 꽃이 피는 것을 도와 주는 정원사다. 우리가 이해한다면, 꽃들은 아름답게 피어날 것이다.

다른 사람이 무엇인가 좋은 일을 할 때마다, 다시 말해 변화와 성장의 방향으로 나아갈 때마다, 우리는 그런 변화를 인정한다는 표시로 그를 축하해 줘야 한다. 그것은 중요한 일이다. 그런 일들을 당연하게 여기지 말아야 한다. 다른 사람이 사랑과 행복을 위해 노력할 때, 우리는 그것을 알아보고 고마운 마음을 표현해야 한다. 그것이 행복의 씨앗에 물을 주는 방법이다. 우리는 다음과 같이 상대방을 해치는 말을 하지 말아야 한다.

"당신이 그런 일을 할 수 있을지 모르겠군. 정말 할 수 있을지 무척 의심스러워."

그 대신 이렇게 말해 보라.

"그것은 어려운 일이에요. 하지만 당신이라면 그 일을 할 수 있으리라고 난 믿어요."

그런 말은 상대방을 더욱 강하게 만든다. 그것은 아이들에게도 마찬가지다. 우리는 아이들의 자부심을 키워 줘야 한다. 아이들이

첫사랑에 대하여 241

성장하는 것을 돕기 위해 그들이 좋은 말과 행동을 할 때마다 고마움을 표시하고 칭찬해야 한다. 결혼 생활을 할 때, 우리는 언제나 더 나은 방향으로 변하고 성장하는 것을 격려함으로써 서로를 사랑할 수 있다.

10년이나 20년 동안 결혼 생활을 계속한 사람들에게도 이런 수행은 필요하다. 그대는 계속해서 깨어 있는 마음으로 살아갈 수 있고, 계속해서 상대방으로부터 배울 수 있다.

우리는 행복을 창조하는 기술을 배울 필요가 있다. 어린 시절에 엄마, 아빠가 가족 안에서 행복을 창조하는 모습을 보았다면, 우리는 이미 어떻게 해야 할지 알고 있다. 하지만 부모가 어떻게 행복을 만드는지 몰랐다면, 우리는 어떻게 해야 행복을 만들 수 있는지 모를 수도 있다. 그것은 옳고 그름의 문제가 아니라, 기술이 뛰어난가 모자란가의 문제다. 함께 사는 것은 하나의 기술이다.

선한 마음을 많이 갖고 있더라도, 그대는 여전히 다른 사람을 매우 불행하게 할 수 있다. 선한 마음만으로는 충분하지 않다. 우리는 다른 사람을 행복하게 만드는 기술을 알아야 한다. 기술은 삶에서 필수적인 것이다. 말과 행동을 더욱 기술적으로 하도록 노력하라. 그 기술의 핵심은 깨어 있는 마음이다. 깨어 있는 마음일 때, 그대는 더욱 기술적으로 행동할 수 있다. 이것이 내가 지금까지 수행을 하면서 배운 것이다.

그대와 마찬가지로, 인간은 누구나 사랑하고 사랑받기를 원한다. 사랑이 없다면 우리의 영혼은 길에 던져진 열매처럼 메말라 버릴 것이다. 언제 어디서나 우리를 지탱해 주는 것은 사랑이다.

그대는 자신이 세상을 바꿀 수 있다고 생각하지만, 너무 순진하게 생각하진 말라. 그대는 세상의 조화에 대해 아름답게 말할 수 있지만, 그대가 준비되어 있지 않다면 자신의 말을 실천에 옮길 수 없을 것이다.

우리는 밖으로 나가 우리가 배운 것을 나눠 주고 싶어한다. 하지만 우리가 우리 안에 있는 고통의 매듭을 푸는 호흡을 수행하지 않는다면, 다른 사람들에게 무엇을 가르칠 수 있겠는가? 우리는 먼저 분노와 슬픔, 질투의 매듭을 풀어야 한다. 누구나 저마다의 가슴속에 있는 고통과 분노를 극복하는 방법을 알아야 한다. 우리가 진리에 대해 말할 때, 우리의 말은 에너지를 갖고 있어야 한다. 우리의 말이 단순히 생각이나 이론, 심지어 경전에서 나온 것일지라도 그것은 에너지를 가질 수 없다. 우리는 자신이 직접 경험한 것만을 가르칠 수 있다.

몇 해 전, 나는 미국의 베트남 전쟁 퇴역 군인을 위한 명상 캠프를 열었다. 명상 캠프에 참석한 많은 사람들이 자신들이 행동하고 목격한 일에 대해 심한 죄의식을 갖고 있었다. 그래서 나는 그들을 변화시키기 위해 새롭게 시작할 수 있는 방법을 생각해 내야만 했다.

한 퇴역 군인은 자신이 베트남에 있을 때, 부상을 당해 거의 죽어 가는 소녀를 구하려고 했던 일을 말했다. 그는 소녀를 헬리콥터에 태웠지만 끝내 그녀의 생명을 구할 수 없었다. 소녀는 그를 똑바로 쳐다보면서 죽었다. 그는 소녀의 눈을 결코 잊을 수가 없었다. 그녀는 그물 침대인 해먹을 갖고 있었다. 소녀는 게릴라여서 밤이면 숲에서 잠을 잤기 때문이다. 소녀가 죽자 그는 해먹을 버리려고 하지 않았다. 때로 우리는 고통을 받을 때, 자신의 고통을 놓으려 하지 않는다. 해먹은 그의 모든 고통과 모든 부끄러움을 상징하고 있었다. 그런데도 그는 늘 그 해먹을 들고 다녔다.

명상 캠프에 참가해 있는 동안 퇴역 군인들은 둥글게 둘러앉아 자신의 고통에 대해 말했다. 어떤 사람들은 처음으로 자신의 이야기를 했다. 그리고 어떤 퇴역 군인들은 걷는 명상에 참가하려고 하지 않았다. 왜냐하면 베트남의 정글을 끝없이 걸어다닌 일이 생각났기 때문이었다. 정글 속에서 그들은 언제든 지뢰를 밟거나 적들의 매복 공격을 당할 수 있었다. 한 남자는 아예 우리로부터 멀찌감치 뒤떨어져서 걸어왔다. 무슨 일이 생기면 재빨리 도망치기 위해서였다. 퇴역 군인들은 그런 심리 상태에서 평생을 살아가고 있었던 것이다.

명상 캠프의 마지막 날, 우리는 죽은 사람들을 위한 의식을 행했다. 모든 퇴역 군인들이 자신이 알고 있는 사망자의 이름을 적어서 우리가 만든 제단 위에 명단을 올려 놓았다. 나는 버드나무 이파리를 가져와 물에 적신 뒤, 그 죽은 자들의 명단과 퇴역 군인들에게 물을 뿌렸다.

그리고 우리는 호수까지 걷는 명상을 했고, 고통을 불태우는 의식을 행했다. 소녀의 죽음을 목격한 퇴역 군인은 여전히 자신의 해먹을 포기하려 하지 않았지만 마침내 그것을 불 위에 올려 놓았다. 그것은 불타올랐고, 그의 가슴속에 있는 모든 죄의식과 고통도 함께 불탔다. 우리는 변화로 가는 길로 한 걸음, 두 걸음, 세 걸음을 내디뎠다. 우리는 그 길을 계속 가야만 했다.

또 다른 퇴역 군인은 자신이 이끄는 소대원 거의 전부가 게릴라들에게 무참한 죽임을 당했다고 말했다. 살아남은 군인들은 분노에 치를 떨면서 과자 속에 폭탄을 넣어 길가에 놓아 두었다. 지나가던 베트남 아이들이 과자를 보고 그것을 입에 넣는 순간 폭탄이 터졌다. 아이들은 고통을 참지 못해 땅바닥을 데굴데굴 굴렀다. 아이의 부모들은 아이의 생명을 구하기 위해 애를 썼지만, 그들이 할 수 있는 일이라고는 아무것도 없었다. 폭탄이 터져 아이들이 바닥을 구르며 죽어가는 모습이 그 퇴역 군인의 가슴에 깊이 아로새겨졌다. 그래서 30년이 지난 지금도 그는 아이들과 한 방에 앉아 있을 수가 없었다. 그는 지옥에서 살고 있었다. 그의 이야기를 다 들은 뒤, 나는 새롭게 시작하는 명상을 그에게 가르쳐 주었다.

새롭게 시작하는 것은 쉽지 않다. 매우 구체적인 방법으로 우리의 마음과 정신을 바꿔야 한다. 부끄러움을 느낄지도 모르지만, 우리의 마음을 변화시키려면 부끄러움만으로는 충분치 않다. 나는 그 퇴역 군인에게 말했다.

"그대는 그날 서너 명의 아이들을 죽였다. 그럼 오늘 서너 명의 아이들의 생명을 구해 줄 수 있는가? 세계 곳곳에서 아이들이 전쟁과 영양실조, 질병으로 죽어가고 있다. 그대는 과거에 죽인 아이들에 대해 계속 생각하고 있다. 하지만 지금 죽어가는 아이들은 어떻게 해야 하는가? 그대는 여전히 육체를 갖고 있고, 뛰는 가슴을 갖고 있다. 따라서 그대는 지금 이 순간 죽어가는 아이들을 위해 많은 일을 할 수 있다. 사랑하는 마음을 갖고 그대에게 남아 있는 시간 동안 아이들을 돕는 일을 하라."

그는 그렇게 하겠다고 말했다. 그것은 그의 죄의식을 변화시키는 데 큰 도움이 되었다.

새롭게 시작하는 것은 단순히 용서를 구하는 것이 아니다. 그대의 마음과 정신을 변화시키고, 잘못 행동하고 말하고 생각했던 무지함에서 벗어나는 일이다. 그리고 그대가 마음속에서 사랑을 키우도록 돕는 것이다. 그때 그대의 부끄러움과 죄의식은 사라지고, 그대는 살아 있는 기쁨을 느끼기 시작할 것이다. 모든 잘못된 행동은 우리의 마음속에서 생겨난다. 마찬가지로 우리는 마음을 통해 잘못된 행동을 없앨 수 있다.

모든 반대되는 것들은 그대의 마음이 창조한 것들이다. 그대는 언제나 행복과 고통을 거대한 갈등 속으로 밀어 넣는다. 만일 그대가 실체의 진정한 얼굴을 볼 수 있다면, 그대의 모든 슬픔과 불행은 연기처럼 사라질 것이다. 그리고 그대는 실제로 불행을 극복할 수 있을 것이다.

붓다의 미소를 보라. 그의 미소는 더없이 평화롭고 자비롭다. 그것이 그가 그대와 나의 고통을 심각하게 생각하지 않는다는 뜻일까? 그렇지 않다. 그는 자신이 누구도 가볍게 여기지 않는다는 사실을 분명히 했다. 왜냐하면 모든 존재는 붓다가 될 수 있기 때문이다.

붓다의 미소에 대한 나의 반응은 유치한 열등감에서 생긴 것인지도 모른다. 그것은 분명히 자부심에서 나온 것은 아니었다. 우리는 붓다 앞에서 자신이 하찮고, 모자라고, 바보 같다고 생각하기 쉽다. 그렇다, 그렇게 하기가 쉽다. 하지만 나는 붓다가 우리에게 자비심을 갖고 있다고 확신한다. 그 이유는 우리가 고통받기 때문이 아니라 우리가 가야 할 길을 모르기 때문이다. 그것이 우리가 가진 모든 고통의 원인이다.

젊은 시절 이후로 나는 자비심의 본질을 이해하기 위해 노력해 왔다. 하지만 내가 얼마만큼 배운 것이 있더라도 그것은 지적인 탐구에 의해서가 아니라 실제로 고통을 경험하면서 얻은 것들이 었다. 밧줄을 뱀으로 착각하고 공포에 사로잡힌 일을 자랑하지 않는 사람처럼 나는 내가 고통받은 것을 자랑스럽게 생각하지 않는다. 나의 고통은 단순한 밧줄이나 아무것도 아닌 것처럼 하찮기 때문에 새벽 안개처럼 사라져야만 했다. 하지만 그것은 사라지지 않았고, 나는 고통을 참을 수가 없었다. 붓다는 나의 고통을 모르는 것일까? 어떻게 그는 미소를 지을 수 있을까?

사랑은 표현될 방법을 찾는다. 낭만적인 사랑, 엄마의 사랑, 나라에 대한 사랑, 인간에 대한 사랑, 그리고 모든 존재에 대한 사랑으로 표현되려고 한다.

누군가를 사랑할 때, 그대는 상대방에 대해 절실한 느낌을 갖는다. 누군가를 사랑할 때, 그 사람이 안전하고 그대와 가까이 있기를 원한다. 그대는 사랑하는 사람을 간단히 생각에서 지워 버릴 수 없다. 살아 있는 존재들의 끝없는 고통을 볼 때, 붓다는 틀림없이 크게 걱정할 것이다. 어떻게 붓다가 편히 앉아서 미소를 지을 수 있겠는가?

하지만 그것에 대해 생각해 보라. 앉아서 미소짓는 모습으로 붓다를 조각한 것은 바로 우리다. 그리고 우리는 어떤 이유 때문에 그렇게 한 것이다. 밤새도록 사랑하는 사람에 대해 걱정할 때, 그대는 현상계에 너무 집착한 나머지 실체의 진정한 얼굴을 보지 못할 수도 있다.

환자의 상태에 대해 정확하게 이해하는 의사는 자리에 앉아 수천 가지 원인을 떠올리거나, 환자의 가족들처럼 걱정에 사로잡히지 않는다. 의사는 환자가 회복되리라는 걸 안다. 그래서 의사는 환자가 여전히 아픈 동안에도 미소지을 수 있는 것이다. 의사의 미소는 몰인정한 것이 아니다. 그것은 단순히 상황을 이해하고 불필요한 걱정에 사로잡히지 않는 사람의 미소일 뿐이다. 하물며 자비의 진정한 본질을 어떻게 말로 표현할 수 있겠는가?

검은 진흙과 하얀 눈이 더럽지도 아름답지도 않다는 것을 알 때, 그것을 구별해서 둘로 생각하지 않을 때, 그때 비로소 우리는 자비에 대해 이해하기 시작한다. 자비의 눈으로 보면 왼쪽과 오른쪽, 친구와 적, 가까운 것과 먼 것도 없다. 자비에는 생명이 없다고 생각하지 말라. 자비의 에너지는 밝게 빛나는 경이로운 힘이다. 자비의 눈으로 볼 때, 나와 너가 따로 떨어져 있지 않다. 나 자신도 분리되어 있지 않다. 자비의 마음을 방해할 수 있는 것은 아무것도 없다.

잔인하고 폭력적인 사람이 그대를 칼로 찌른다 해도, 그대는 미소를 지으며 사랑이 담긴 눈으로 그를 바라볼 수 있다. 그는 자신이 배운 것과 주변 환경, 그리고 무지함 때문에 어리석은 행동을 한 것이다. 그대의 사랑과 자비의 눈으로 그를 바라보라. 그대를 파멸시키려 하고 부당하게 대하는 그를 사랑의 눈으로 바라보라. 그대의 눈에서 자비심이 반사되어 나오게 하고, 그대의 가슴에서 비난과 분노의 물결이 일어나지 않게 하라. 그는 평화와 기쁨, 이해에 이르는 방법을 모르기 때문에 그대에게 터무니없는 죄를 저지르고 고통을 주는 것이다.

언젠가 누군가의 잔인한 행동 때문에 내가 죽었다는 소식을 듣는다면, 내가 평화로운 마음으로 세상을 떠났다고 생각하라.

내가 마지막 순간에 분노에 굴복하지 않았다고 생각하라.

우리는 결코 다른 존재를 미워해선 안 된다. 그런 깨달음을 얻을 수 있다면, 그대는 미소지을 수 있을 것이다. 누구도 빼앗을 수 없는 안식처를 갖게 될 것이다. 아무도 그대의 믿음을 방해할 수 없다. 왜냐하면 그 믿음은 현상계의 어떤 것에 의존한 것이 아니기 때문이다.

믿음과 사랑은 하나다. 믿음은 그대가 현상계 속의 '텅 빈 충만'에 대해 깊은 통찰력을 가질 때만 생겨날 수 있다. 그때 그대는 자신이 모든 것 안에 있고, 모든 것이 그대 안에 있음을 깨닫게 될 것이다.

오래전 나는 아랍의 한 수도승에 대한 이야기를 읽은 적이 있다. 그 수도승은 왕이 자신의 귀를 자르고, 칼로 자기 몸을 찔러도 잔인한 왕에게 화를 내지 않았다. 그 이야기를 읽었을 때, 나는 그 수도승이 신이나 다름없다고 생각했다. 왜냐하면 그때까지도 나는 자비의 본질을 깨닫지 못하고 있었기 때문이다.

그 수도승은 분노하는 마음을 전혀 갖지 않았다. 그가 가진 것은 진정으로 사랑하는 마음뿐이었다. 우리가 그 수도승처럼 되지 못하게 방해하는 것은 아무것도 없다. 사랑은 우리 모두가 그 수도승처럼 살 수 있음을 가르쳐 준다.

10
마음에는 평화 얼굴에는 미소

숨을 들이쉬면서, 마음에는 평화
숨을 내쉬면서, 얼굴에는 미소
나는 느낀다, 내가 살아 숨쉬는 지금 이 순간이
가장 경이로운 순간임을.

그대가 만일 진정으로 삶을 살아가는 법을 알고 있다면, 미소로 하루를 시작하는 일보다 더 좋은 것이 있을까? 그대의 미소는 평화와 기쁨 속에서 살겠다는 자각과 결심을 보여 준다. 얼마나 많은 날들이 무지와 망각의 상태에서 흘러가고 있는가? 그대는 삶 속에서 무엇을 하고 있는가? 깊이 바라보라. 그리고 미소지으라. 진정한 미소는 깨어 있는 마음에서 나온다.

잠자리에서 일어날 때, 그대가 어떻게 하면 미소짓는 일을 기억할 수 있을까? 그대는 그것을 떠올리기 위해 어떤 것을 매달아 둘 수도 있을 것이다. 작은 나뭇가지나 나뭇잎, 그림이나 영감을 주는 글을 창문이나 침대 위 천장에 붙여 놓는 것이다. 그렇게 하면 자리에서 일어날 때 그것이 맨 먼저 눈에 띌 것이다.

일단 미소짓는 일이 습관이 되면, 그대는 어떤 신호도 필요하지 않을 것이다. 새가 지저귀는 소리를 듣거나 창문으로 햇살이 비치는 것을 보자마자 그대는 미소를 지을 것이다. 미소로 인해 그대는 사랑과 이해로 하루를 시작할 수 있게 된다.

경전에는 '사랑과 친절이 담긴 눈으로 모든 살아 있는 존재를 바라본다'는 구절이 있다. 이해 없이는 누군가를 사랑할 수 없다. 타인을 이해하기 위해 우리는 그들을 알아야만 한다. '그들의 피부 속에 있는 것'을. 그런 다음에야 비로소 우리는 그들을 사랑과 친절함으로 대할 수 있다. 사랑의 근원은 우리의 활짝 깨어 있는 마음이다.

잠에서 깨어난 뒤 그대는 어쩌면 커튼을 열고 밖을 내다볼 것이다. 나아가 창문을 열고 신선한 아침 공기와 함께 풀잎에 맺힌 이슬을 느낄지도 모른다. 하지만 그대가 바라보는 것이 참으로 '바깥'인가? 사실 그것은 그대의 마음이다. 태양이 창문으로 햇살을 던질 때, 그대는 단지 그대 자신이 아니다. 그대 역시 창문으로 내다보는 그 아름다운 풍경인 것이다.

새소리, 다정한 햇살, 한 잔의 차, 이 모든 것이 곧 진리의 표현이다. 우리 또한 우주의 그 경이로움들과 똑같은 본성을 지니고 있다.

창문을 열고 그 진리의 표현들을 바라보는 순간, 우리는 삶의 무한한 경이로움을 느낀다. 그 순간 우리는 스스로 결심할 수가 있다. 하루 종일 깨어 있겠다고. 그리하여 전 생애를 통해 기쁨과 평화와 자유를 실현하겠다고. 그렇게 할 때, 우리의 마음은 고요히 흐르는 강물과 같다.

삶은 언제나 변화한다. 각각의 것들은 존재하기 위해 다른 모든 것들에 의존한다. 우리의 마음이 평화롭고 맑다면, 잠자리에서 일어나 화장실에 가는 것 또한 향을 피우는 일만큼 신성한 일일 수 있다. 삶을 받아들인다는 것은 탄생과 죽음, 이익과 손해, 기쁨과 슬픔, 더러움과 순수함을 받아들이는 일이다. 〈반야심경〉에 따르면 사물을 있는 그대로 볼 때, 우리는 반대로 보이는 것들을 구별하지 않게 된다.

모든 것은 함께 존재한다. 둘로 나누어질 수 없는 실체를 이해할 때, 우리는 모든 고통을 넘어서 갈 수 있다.

우리의 아름다운 지구는 지금 위험에 처해 있다. 우리는 강과 호수, 바다를 오염시킴으로써 지구의 자원을 바닥나게 하고 있다. 그 결과 많은 생물들의 서식지가 파괴되고, 우리 자신의 안식처도 함께 사라지고 있다. 우리는 숲과 오존층을 파괴하고 맑은 공기를 더럽히고 있다. 우리의 무지와 두려움, 서로에 대한 증오심 때문에 지구에서 인간이 살기에 적합한 환경이 사라지고 있다.

대지는 물을 저장하고, 물은 생명을 준다. 손을 씻고 세수를 할 때, 물이 흘러내리는 그대의 손을 바라보라. 그대는 아름다운 행성, 어머니 지구를 보존하고 보호할 만큼 깊은 통찰력을 갖고 있는가?

만일 자신의 손바닥을 깊이 들여다본다면, 그대는 그 속에서 부모는 물론 모든 세대의 조상들을 볼 것이다. 그들 모두는 지금 이 순간에 살아 숨쉬고 있다. 그들은 모두 그대의 몸 안에 있다. 그대 안에서 모든 조상들이 계속 존재를 이어가고 있다. 그대의 손이 그대가 태어난 적이 없고 죽지 않으리란 것을 증명하고 있다. 지금까지 생명의 흐름은 시작된 적도 중단된 적도 없었다. 단세포 생물까지 거슬러 올라가는 모든 과거 세대들이 지금 이 순간 그대의 손 안에 살아 있다. 그대는 그것을 관찰하고 경험할 수 있다. 언제든 자신의 손을 주제로 명상할 수 있다.

바쁘게 돌아가는 세상에서, 종종 생각을 멈추고 자신의 호흡을 자각할 수 있다는 것은 큰 행운이다. 그 순간 우리의 몸과 마음은 평화롭게 한 곳에 집중하고, 우리는 기쁨과 평화, 편안함을 느낄 수가 있다. 우리는 명상을 하면서 앉아 있는 동안이나 하루의 어느 때라도 자신의 호흡을 의식할 수 있다. 그리고 호흡을 하면서 다음의 시를 암송할 수 있다.

> 숨을 들이쉬면서, 마음에는 평화
> 숨을 내쉬면서, 얼굴에는 미소
> 나는 느낀다, 내가 살아 숨쉬는 지금 이 순간이
> 가장 경이로운 순간임을.

숨을 들이쉬면서, 마음에는 평화를 떠올리라. 그리고 숨을 내쉬면서, 얼굴에는 미소를 지으라. 한 번의 미소가 그대 얼굴의 수백 개의 근육을 이완시킬 수 있다. 그리고 그대가 자신의 주인이 되게 한다. 붓다와 현자들이 언제나 미소를 짓는 이유가 바로 그것이다.

그대가 머물고 있는 지금 이 순간이야말로 가장 경이로운 순간이다. 여기 앉아 있는 동안 나는 다른 생각을 하지 않는다. 나는 여기 앉아 있고, 내가 어디 있는지 안다.

흔들림 없이 편안히 앉아, 자신에게로 돌아간다는 것은 기쁜 일이다. 우리의 호흡과 부드러운 미소, 그리고 우리의 진정한 본성으로 돌아가는 것은 기쁜 일이다. 우리는 그 순간들에 감사할 수 있어야 한다. 우리는 자신에게 이렇게 물을 수도 있다.

"지금 평화와 기쁨을 누리지 못한다면, 언제 평화와 기쁨을 누릴 수 있을 것인가? 내일이나 그 다음 날? 지금 이 순간 내가 행복해지는 것을 방해하는 것은 무엇인가?"

숨을 들이쉬면서 마음에는 평화, 숨을 내쉬면서 얼굴에는 미소! 이것은 단순히 초보자만을 위한 수행이 아니다. 50년 동안 명상 수행을 해온 사람들도 계속해서 그 수행을 한다. 왜냐하면 그것은 너무도 중요한 수행이기 때문이다.

사랑스런 이가 그대에게 다가온다고 상상해 보라. 그대가 진정으로 지금 이 순간에 있지 않다면, 사랑하는 이가 앞에 있어도 그대에게는 존재하지 않는 것이나 마찬가지다. 과거의 일을 생각하고 미래를 걱정하고 분노와 두려움에 사로잡혀 있다면, 그대는 사랑하는 이를 볼 수가 없다. 그때 그는 유령과 같으며, 그대 또한 유령처럼 떠돌게 된다. 사랑하는 이를 만나고 싶다면, 그를 만나기 위해 지금 이 순간으로 돌아오지 않으면 안 된다. 사랑하는 이를 껴안고 싶다면, 지금 이 순간 그대는 그를 껴안을 수 있다.

그러므로 자신의 호흡을 자각하라. 그리하여 몸과 마음을 하나로 만들고, 자신을 다시 유령이 아닌 진짜 인간으로 만들라. 우리가 진정한 인간이 될 때, 아이 또한 진정한 존재가 된다. 아이는 경이로운 존재이고, 그 순간 우리는 삶과 만날 수 있다. 만일 우리가 아이를 두 팔로 안고 계속 자신의 호흡을 자각한다면, 그 순간 삶이 그곳에 존재한다.

몇 해 전, 나는 몇 명의 아이들에게 물었다.
"아침을 먹는 목적이 뭘까?"
한 남자 아이가 대답했다.
"하루의 에너지를 얻기 위해서죠."
다른 아이가 말했다.
"아침을 먹는 목적은 아침을 먹기 위한 것이죠."
나는 두번째 아이의 대답이 더 정확하다고 생각한다. 먹는 것의 목적은 먹는 것에 있다.

깨어 있는 마음으로 음식을 먹는 것은 매우 중요한 수행이다. 우리는 텔레비전을 끄고, 신문을 내려 놓고, 5분이나 10분 동안 함께 준비해서 식탁을 차리고 필요한 모든 일을 끝낸다. 그 몇 분 동안 우리는 매우 행복할 수 있다. 음식이 식탁에 차려지고 모두 자리에 앉을 때, 우리는 호흡 명상을 시작한다.

'숨을 들이쉬면서, 마음에는 평화……. 숨을 내쉬면서 얼굴에는 미소.'

이렇게 세 번을 하라. 세 번 그렇게 호흡을 하고 나면, 완전히 우리 자신으로 되돌아올 수 있다.

그런 다음 호흡을 하면서 각각의 사람을 바라본다. 그것은 우리 자신과, 그리고 식탁에 앉은 모든 사람들과 진정으로 만나기 위함이다. 다른 사람을 보기 위해 두 시간이 필요한 것은 아니다. 우리의 내면이 평화로울 때, 우리는 단지 1, 2초만 바라보면 된다. 그것은 상대방을 바라보기에 충분한 시간이다. 한 가족이 다섯 명이라면, '바라보는' 수행을 하는 데 필요한 시간은 5초나 10초에 불과할 것이다.

호흡을 한 다음 우리는 미소를 짓는다. 다른 사람들과 함께 식탁에 앉아 있을 때, 우리는 사랑과 이해를 담은 진정한 미소를 보낼 기회를 갖는 것이다. 그것은 매우 쉬운 일이지만, 많은 사람들이 그렇게 하지 않는다. 내게 그것은 가장 중요한 수행이다. 우리는 한 사람 한 사람을 바라보고 그에게 미소를 짓는다.

호흡을 하고 함께 미소짓는 것은 매우 중요한 수행이다. 만일 가족들이 서로에게 미소지을 수 없다면, 그것은 매우 위험한 상황이다.

호흡과 미소를 지은 다음에는 진정으로 음식을 느끼면서 그것을 내려다본다. 그 음식은 우리와 대지와의 관계를 보여 준다. 모든 음식마다에는 태양과 대지의 생명이 들어 있다. 음식이 그 자신을 얼마나 드러낼 것인지는 우리에게 달려 있다. 우리는 빵 한 조각에서 우주 전체를 보고 또 맛볼 수 있다! 음식을 먹기 전에 음식에 대해 깊이 느끼고 깨어 있는 마음으로 그것을 먹을 때, 우리는 큰 행복을 느낄 수 있다.

가족과 친구들과 함께 앉아 맛있는 음식을 즐기는 것은 소중한 일이지만, 그것이 누구나 누리는 일은 아니다. 세계 곳곳에서 많은 사람들이 굶주리고 있다. 밥이나 빵이 담긴 그릇을 갖고 있을 때, 나는 내가 참으로 행운아라고 생각한다. 그리고 먹을 음식이 없고, 친구나 가족이 없는 모든 이들에 대해 자비의 마음을 느낀다. 이것은 매우 의미 있는 수행이다. 이 수행을 하기 위해 절이나 교회에 갈 필요가 없다. 바로 우리의 저녁 식탁에서 그것을 수행할 수 있다.

깨어 있는 마음으로 음식을 먹을 때, 우리는 내면에서 자비의 씨앗을 키울 수 있다. 그때 우리는 굶주리고 외로운 사람들의 처지를 개선하는 일을 할 만큼 강해질 수 있다.

종교와 평화에 대한 회의가 열리던 중에 있었던 일이다. 식사 시간이 끝나갈 무렵 한 목사님이 내게 다가와 물었다.
"당신은 모든 일에 감사합니까?"
나는 깜짝 놀랐다. 나는 천천히 식사를 하면서 마음속으로 생각했다. 그리고는 대답했다.

"네. 저는 모든 일에 감사합니다."

목사님은 계속해서 말했다.

"당신이 정말 모든 일에 감사한다면, 어떻게 하느님을 믿지 않을 수 있지요? 하느님은 먹는 음식은 물론 우리가 즐기는 모든 것을 창조하셨습니다. 따라서 하느님을 믿지 않는 당신은 어느 것에도 감사하지 않는 것입니다."

나는 가만히 생각해 보았다. 그러자 나 자신이 모든 일에 더없이 감사해 한다는 생각이 들었다. 음식을 마주하고, 꽃을 보고, 신선한 공기를 호흡할 때마다 나는 언제나 고마움을 느낀다. 그런데 목사님은 왜 내 고마움을 모른다고 말하는 것일까?

나는 그 일을 여러 해 동안 마음에 담고 있었다. 그러다 자두 마을에 있는 친구들에게 우리도 매년 불교식 추수감사절을 갖자고 제안했다. 그날 우리는 진정으로 감사하는 시간을 가질 것이다. 어머니와 아버지, 조상과 친구들 그리고 다른 모든 존재들에게. 만일 그대가 그 목사님을 만날 기회가 있다면, 우리가 감사할 줄 안다는 것을 말해 주기 바란다. 우리는 모든 사람들, 모든 것들에 대해 깊이 감사한다.

식사를 할 때마다 우리는 감사하는 마음을 수행한다. 우리는 함께 모여 하나의 공동체를 이룬 것에 감사한다. 먹을 음식이 있고, 그 음식을 진정으로 즐길 수 있는 것에 감사한다. 서로의 존재에 감사한다. 식사를 하는 동안, 하루를 보내는 동안 계속 감사한다. 그리고 음식을 완전히 느끼고, 매 순간을 깊이 사는 방식으로 감사의 마음을 표현한다. 이것이 나와 우리가 모든 생명에 대해 감사를 표현하는 방법이다.

유대교 전통에서는 식사 시간의 신성함을 매우 강조한다. 그대는 음식을 만들고, 식탁을 차리고, 하느님 앞에서 식사를 한다. 유대교에서 '경건함'은 중요한 단어다. 모든 생명 속에는 신이 깃들여 있고, 그 생명들은 성스러움의 무한한 근원이기 때문이다. 세상 전체 그리고 우리 삶의 모든 좋은 것들이 신에게 속해 있다. 따라서 무엇인가를 즐길 때, 그대는 신의 존재를 생각하고 신 앞에서 그것을 즐긴다.

이것은 불교의 '함께 존재함'과 '상호 침투'라는 생각과 매우 비슷하다. 아침에 일어나면서, 그대는 신이 세상을 창조했음을 자각한다. 창문으로 비치는 햇살을 보면서, 신의 존재를 느낀다. 자리에서 일어나 맨발로 바닥을 밟으면서 대지가 신에 속해 있음을 안다. 세수를 할 때 물이 신이라는 걸 안다. 경건함이란 모든 것이 신과 연결되어 있음을 매 순간 자각하는 것이다.

예를 들어, 유월절 만찬은 이스라엘인들이 자유를 얻게 된 사건을 축하하면서 음식을 먹는 의식이다. 다시 말해 노예로 살았던 이집트를 탈출해서 집으로 향한 사건을 축하하는 것이다.

그날 음식에 들어간 일정한 채소와 약초, 소금, 그리고 다른 양념들은 유대인들이 과거의 일을 떠올리는 데 도움을 준다. 그들이 고통받았던 일과 소망한 일을 상기시켜 주는 것이다. 이것이 바로 깨어 있는 마음의 수행이다.

기독교에서 성찬식을 할 때, 사람들은 빵과 포도주를 하느님의 몸으로 여기며 서로 나눠 먹는다. 모두 경건한 마음으로, 깨어 있는 마음으로 그것을 먹는다. 또한 자신들이 살아 있고 지금 이 순간을 즐기고 있음을 느낀다. '최후의 만찬'으로 알려져 있는 유월절 만찬에서 예수의 메시지는 분명했다. 제자들은 오랫동안 예수를 따라다녔다. 제자들에게는 예수의 눈을 바라보고 그분을 직접 접할 기회가 있었다. 하지만 그들은 예수의 놀라운 실체와 진정으로 만나지 못했다. 그래서 예수는 빵을 자르고 포도주를 잔에 부으면서 말했다.

"이것은 나의 몸이다. 이것은 나의 피다. 이것을 먹고 마시라. 그러면 그대들은 영원한 생명을 얻을 것이다."

이것은 깨어 있는 마음을 갖지 못한 제자들을 일깨우기 위한 극적인 방법이었다.

주위를 둘러보면, 자신 안에 성령이 없는 것처럼 보이는 사람들이 많이 있다. 그들은 죽은 듯 보인다. 마치 자신의 육체를 시체처럼 끌고 다니는 것 같다.

성찬식은 그들을 다시 살려내 생명의 왕국과 만나게 해주는 의식이다. 성당에서는 미사 때마다 성찬식을 행한다. 성당을 대표하는 신부가 예수와 제자들의 최후의 만찬에 관한 성경 구절을 읽는다. 그런 다음 '성체'로 불리는 특별한 빵 조각을 함께 나눠 먹는다. 모든 신도들이 예수의 생명을 자신의 몸 안으로 받아들인다고 생각하며 빵을 먹는다. 성찬식을 행할 때, 신부의 역할은 신도들의 공동체에 생명을 가져다 주는 것이다. 이런 기적이 일어나는 것은 신부가 성경 구절을 정확히 말하기 때문이 아니라 모두가 깨어 있는 마음으로 먹고 마시기 때문이다. 성찬식은 깨어 있는 마음을 일깨우는 강력한 종소리다.

우리는 언제나 먹고 마신다. 하지만 우리는 보통 자신의 생각과 계획, 걱정과 불안만을 자신 속에 받아들인다. 우리는 진정으로 음식을 먹지 않고 차를 마시지 않는다. 진정으로 음식을 깊이 느낄 수 있다면, 그 순간 우리는 다시 태어날 것이다. 우리가 먹는 음식은 생명 자체이기 때문이다. 음식을 깊이 느끼면서 먹을 때, 태양과 구름과 대지 그리고 우주의 모든 것과 만난다. 우리는 삶과 만나고 신의 왕국과 만난다.

나는 장 다닐로 추기경에게 성찬식을 그렇게 이해해도 되느냐고 물었다. 추기경은 "그렇다"고 대답했다.

빵 한 조각을 집어들 때, 우리는 깨어 있는 마음으로 성령 안에서 그렇게 할 수 있다. 성체로 불리는 빵은 우리가 깊이 사랑하는 대상, 마음을 집중하는 대상이 된다. 만일 충분히 집중할 수가 없다면, 우리는 마음속으로 "빵!" 하고 조용히 그 이름을 부를 수 있다. 마치 사랑하는 사람의 이름을 부르는 것처럼. 그렇게 할 때, 빵은 우리에게 완전한 모습을 드러낼 것이다. 그리고 우리는 빵을 입 안에 넣고 진정으로 느끼면서 씹을 수 있다. 우리의 생각이나 두려움, 심지어 욕망처럼 다른 것들을 씹지 않을 것이다.

이것이 성찬식이며, 믿음을 갖고 사는 삶이다. 우리가 이렇게 수행할 때, 모든 식사는 최후의 만찬이 된다. 사실 우리는 그것을 최초의 만찬이라고 부를 수도 있다. 왜냐하면 모든 것이 신선하고 새롭기 때문이다.

때로는 깨어 있는 마음으로 침묵 속에서 음식을 먹으라. 처음에는 아무 말 없이 음식을 먹는 것이 조금 어색할 수도 있다. 하지만 일단 그것에 익숙해지면, 조용히 음식을 먹을 때 큰 평화와 행복을 누릴 수 있음을 깨달을 것이다. 그것은 음식을 먹기 전에 텔레비전을 끄는 것과 같다. 우리는 음식을 즐기고 서로의 존재를 느끼기 위해 '대화'를 끄는 것이다.

날마다 침묵 속에서 식사를 하라는 것이 아니다. 나는 대화를 나누는 것 역시 서로를 느낄 수 있는 훌륭한 방법이라고 생각한다. 하지만 대화에도 여러 종류가 있음을 알아야 한다. 어떤 대화는 우리를 서로 멀어지게 할 수 있다. 이를테면 우리가 다른 사람의 약점을 말하는 경우다. 식탁에서 그런 대화만 나눈다면, 정성껏 준비한 음식도 아무 가치가 없어질 것이다.

그 대신 음식에 대한 느낌과 우리가 함께 존재한다는 사실을 일깨워 주는 이야기를 나눌 때, 우리는 함께 행복을 키워 갈 수 있다. 타인의 결점을 이야기하는 것과 비교할 때, 한 조각의 빵을 입에서 느끼는 것이 훨씬 값진 경험일 것이다. 그것은 진정으로 삶을 느끼게 한다.

식사를 하는 동안 가족과 음식을 느끼지 못하게 하는 이야기는 되도록 나누지 말라. 반면에 자각과 행복을 키울 수 있는 일들에 대해서는 자유롭게 말해야 한다. 예를 들어 식탁에 그대가 매우 좋아하는 음식이 놓여 있다고 하자. 모두가 그 음식을 즐기는데 한 사람만 그것을 먹지 않고 있다면, 그대는 정성껏 준비한 음식 맛을 그가 감상하도록 도와 줄 수 있다. 누군가 식탁에 차려진 맛있는 음식이 아니라 다른 것을 생각하고 있다면, 이를테면 직장에서 생긴 문제나 친구와 다툰 일을 생각한다면, 그것은 그가 지금 이 순간과 음식에서 떠나 있다는 뜻이다. 그때 그대는 이렇게 말할 수 있다.

"이 음식은 정말 훌륭하군요. 그렇지 않아요?"

그대가 그런 식으로 말할 때, 그는 자신의 생각과 걱정거리에서 벗어나 지금 이 순간으로 돌아올 것이다. 그리고 그대의 존재를 느끼고 맛있는 음식을 즐길 것이다.

입맛을 당기는 음식이 가득한 접시를 볼 때, 우리는 굶주리는 사람들의 끔찍한 고통을 생각해야만 한다. 매일 수만 명의 사람들이 굶주림과 영양실조로 사망한다. 날마다 그렇게 죽는 것이다! 그 숫자를 들을 때마다 우리는 큰 충격을 받는다. 우리는 음식 접시를 바라보면서 어머니 대지와 농부, 그리고 굶주림과 영양실조로 생긴 비극까지도 볼 수 있어야 한다.

북미와 유럽에 사는 우리는 제3세계에서 수입한 곡물과 다른 음식들을 먹는 일에 익숙하다. 콜롬비아의 커피, 가나의 초콜릿, 그리고 태국의 맛있는 쌀이 날마다 우리의 식탁에 올라온다. 하지만 알아야 할 것이 있다. 일부 부잣집 아이들을 제외한 그 나라의 아이들은 그렇게 좋은 음식을 구경도 하지 못한다는 사실이다. 그 아이들은 훨씬 더 열악한 음식을 먹으며, 우리가 먹는 좋은 음식들은 외화를 벌기 위해 수출용으로 따로 떼어 놓는다. 심지어 어떤 부모들은 먹을 것이 풍족한 집에 하인으로 아이를 팔아 버리기도 한다. 자신들의 힘으로는 아이를 먹여 살릴 방법이 없기 때문이다.

일상 생활 속에서 자주 우리의 몸과 마음은 하나가 되지 않는다. 때로 몸은 여기 있지만 마음은 과거나 미래의 어딘가를 헤매고 있다. 분노와 미움, 질투와 고통에 사로잡혀 있을 수도 있다. 깨어 있는 마음으로 호흡하는 것을 실천할 때, 그대는 마음과 몸을 불러모아 다시 하나로 만들 수 있다. 그것이 '몸과 마음의 하나됨'이라는 말에 담긴 의미다.

　몸과 마음이 하나가 되고 활짝 깨어 있을 때, 그대는 그대 자신이 되고 그대가 마시는 한 잔의 차와 만날 수 있다. 한 잔의 차가 진정한 존재가 되면, 우리 또한 진정한 존재가 된다. 우리가 진정으로 한 잔의 차와 만날 수 있을 때 삶은 존재한다. 차를 마실 때, 우리는 자신이 차를 마시고 있음을 잘 알고 있다. 그 순간 차를 마시는 일은 삶에서 가장 중요한 것이 된다.

　15년 전 나는 캐나다 몬트리올에서 한 젊은이를 만났다. 그는 자신이 불치의 병으로 죽어가고 있다고 내게 말했다. 그는 암에 걸려 있었다. 의사들은 그가 3주밖에 살지 못할 것이라고 말했다. 어쩌면 그것보다 약간 더 길 수도 있고, 더 짧을 수도 있었다.

　아침 식사를 할 때 나는 그 청년의 옆자리에 앉아 있었다. 나는 깨어 있는 마음으로 아침을 먹었다. 그를 어떻게 도와 줄 것인가에 대해선 생각하지 않았다. 다만 나의 아침 식사를 깨어 있는 마음으로 먹었다.

　식사를 마쳤을 때 나는 그 청년에게로 돌아앉으며 그에게 지금 이 순간에 깊이 사는 일에 대해 말했다. 설령 그대가 단 일주일이나 2주일밖에 살 날이 남아 있지 않다 해도 그대는 삶의 매순간을 깊이 있게 살 수 있다. 나는 그 청년에게 어떤 사람들은 7,80년을 살지만 삶의 매 순간을 깊이 사는 법에 대해 알지 못한다고 말했다. 그들은 그렇게 할 기회를 갖지 못했다. 7,80년을 사는 것은 그다지 큰 의미가 아닐지도 모른다. 만일 그대가 삶의 모든 순간들을 깊이 있게 사는 법을 안다면, 3주일이라 해도 그것은 충분히 의미 있는 기간이다.

청년은 내 말에 깊은 흥미를 보이며 귀를 기울였다. 그래서 나는 그에게 호흡을 즐기고, 걷는 일을 즐기는 법을 가르쳐 주었다. 그후 그는 의사가 내린 진단에도 불구하고, 15년이 지난 지금까지도 매 순간을 깊이 있게 사는 법을 실천해 오고 있다. 나는 그에게 '진정한 삶True Life'이라는 이름을 주었다.

파리에 있는 〈엘르〉 잡지의 편집장이 자두 마을에 찾아왔다. 그는 이곳의 수행자들과 방문객들을 인터뷰한 뒤 나와도 인터뷰하기를 원했다. 그녀는 내게 명상을 시작하는 방법을 일러 달라고 말했다. 나는 말했다.

"젊은 연인이나 부부들은 먼저 텔레비전을 끄고, 화면을 바라보는 대신 서로를 바라봐야만 한다."

내가 그렇게 말한 데는 배경이 있다. 프랑스의 유명한 작가 생텍쥐페리는 서로 사랑한다는 것은 서로를 바라보는 것이 아니라 같은 방향을 바라보는 것이라고 말했다. 그가 옳을지도 모른다. 하지만 그가 말한 의미가 함께 텔레비전 화면을 바라보라는 뜻은 아닐 것이다.

나는 정반대의 충고를 하고 싶다. 텔레비전을 끄고 서로를 바라보라. 그런 다음 서로에게 이렇게 물을 수 있다.

"우리는 행복한 연인인가요?"

그것이 진정한 질문이다. 만일 행복하지 않다면, 왜인가? 그대들이 처해 있는 진정한 상황을 관찰하라.

"우리는 직업과 집과 텔레비전과 모든 것을 갖고 있다. 그런데도 우리는 행복하지 않다. 서로를 편안하게 바라볼 수가 없다. 그래서 우리는 텔레비전을 바라본다."

그것이 첫번째 명상 수행이다. 텔레비전을 끄라. 그리고 서로를 바라보며 진정한 물음을 던지라. 만일 그 두 사람이 왜 자신들이 행복하지 않은가에 대해 30분만 대화를 나눈다면, 그들은 자신들의 불행의 원인을 알게 될 것이고 진정한 행복을 향해 함께 노력할 수 있을 것이다.

  깨어 있는 마음으로 함께 식사할 때, 우리는 우리가 먹고 있는 음식을 통해 우주와 연결된다. 그리고 그 음식이 우주로부터 온 선물임을 깨닫는다. 주의를 기울인다면, 우리는 햇빛과 구름, 대지, 모든 것들과 대화할 수 있다.

  나는 자두 마을의 윗동네에서 한 명의 제자와 함께 식사를 하곤 한다. 나는 대개 빵 한 조각과 소금을 뿌린 요구르트를 먹는다. 창밖으로 언덕을 내다보면 그곳에서 풀을 뜯고 있는 소들의 모습이 보인다. 요구르트를 바라보면서 나는 내가 한 마리의 소와 같음을 안다. 나의 어머니는 소이며, 나는 그녀의 우유를 마시는 것이다. 나는 소들이 내게 줄 우유를 만들기 위해 풀을 뜯고 있음을 본다. 그 요구르트를 바라보면서 나는 다음번 내가 할 법문이 요구르트로 만들어져 있음을 깨닫는다. 그러한 침묵의 식사는 매우 깊은 대화이다. 따라서 나는 식사를 하면서 다른 말을 할 필요를 전혀 느끼지 않는다.

  깨어 있는 마음으로 호흡을 하면서 한 잔의 차를 마실 때, 그대는 다시 자신을 되찾고, 한 잔의 차는 가장 높은 가치를 지니게 된다. 깨어 있지 않을 때 마시는 것은 차가 아니라 그대의 환상과 고통이다.

  분노 역시 마찬가지다. 마음속에서 분노를 느낄 때, 그 순간 자신의 호흡으로 돌아가야 한다. 그리고 불행의 근원이라고 생각되는 그 상대방을 보지 말고 그의 말을 듣지 말아야 한다. 어떤 것도, 어떤 말도 할 필요가 없다. 다만 자신의 호흡으로 돌아가 숨이 들어오고 나가는 것을 자각하면서, 그대에게 고통을 주는 것은 다른 사람이 아니라 그대 자신의 분노임을 깨달아야만 한다.

그대가 분노를 느낄 때, 호흡으로 돌아가라. 그리고 마음속으로 다음을 떠올리라.

"숨을 들이쉬면서, 나는 분노 때문에 내 모습이 추해진다는 것을 안다. 숨을 내쉬면서, 나는 분노로 내 얼굴이 일그러지는 것을 원치 않는다. 숨을 들이쉬면서, 나는 나 자신을 돌봐야 한다는 것을 안다. 숨을 내쉬면서, 나는 사랑만이 유일한 해답임을 안다."

호흡을 하면서 이렇게 떠올리는 것은 거울로 자신의 모습을 보는 것과 같다. 우리는 자신의 모습을 분명하게 바라보면서 무엇을 하고 무엇을 하지 말아야 하는지를 안다. 분노에 차 있을 때, 우리는 다른 사람이 고통의 근원이라고 생각하기 쉽다. 우리는 상대방에게서 사악함을 본다.

"그는 잔인해."

"그녀가 나를 괴롭히고 있어."

"그가 나를 파멸시키려고 해!"

사실 우리를 파괴하는 것은 우리 자신의 분노다.

따라서 그대는 자신의 분노를 잘 처리해야 한다. 집에 불이 났을 때, 그대는 먼저 집으로 들어가 불을 꺼야 한다. 불을 지른 사람을 찾기에는 상황이 너무 다급하다. 그것이 호흡을 하면서 우리가 깨닫는 것이다.

명상을 하면서, 우리는 이해가 사랑과 용서의 본질임을 배운다. 행복하지 않은 사람은 다른 사람을 불행하게 하는 행동이나 말을 한다. 만일 우리가 자비심이라는 생명수를 마셔 새로워진다면, 우리는 자신 안에서 행복의 근원을 느낄 것이다. 그리고 그 행복은 다른 사람에게 전해질 것이다. 우리가 싫어하는 그 사람은 우리의 증오가 아니라 자비심을 필요로 한다. 왜냐하면 그 사람은 너무도 불행하기 때문이다.

분노가 그대를 찾아왔을 때, 호흡으로 돌아가라. 그리고 미소를 지으라. 그 미소는 그대의 얼굴을 편안하게 해줄 것이다. 그런 다음 문을 열고 밖으로 나가서 걷는 명상을 할 수 있다. 신선한 공기와 야외에서 느끼는 활기는 그대에게 큰 도움이 될 것이다. 그리하여 다시 집으로 돌아올 때, 반드시 자연스럽고 부드럽게 미소를 짓고 있어야 한다. 미소를 지을 때, 우리는 자신의 분노가 이해와 용서로 변화되었음을 안다.

자동차를 운전할 때 우리는 도착지를 생각하는 경향이 있다. 그리고 도착을 위해 우리의 여행 과정을 희생한다. 하지만 삶은 미래가 아니라 지금 이 순간에 있다. 사실 우리는 목적지에 도착한 뒤에 더 큰 고통을 받을지도 모른다. 목적지에 대해 말해야 한다면, 우리의 마지막 목적지인 무덤에 대해 말해야만 하지 않을까? 우리는 죽음을 향해 가기를 원치 않는다. 삶을 향해 가기를 원한다.

하지만 삶은 어디에 있는가? 삶은 오직 지금 이 순간에서만 발견될 수 있다. 따라서 자동차를 타고 가는 것, 한 걸음을 옮기는 것이 우리를 지금 이 순간으로 안내할 수 있어야 한다.

빨간 불이나 정지 신호를 볼 때, 우리는 그것에 미소를 짓고 감사할 수 있다. 왜냐하면 그것은 우리를 지금 이 순간으로 돌아오게 해주는 신호이기 때문이다. 빨간 불은 깨어 있는 마음을 가지라는 신호다. 우리는 그동안 그것을 자신의 목표를 이루지 못하게 하는 적으로 생각했을지도 모른다. 하지만 지금 우리는 빨간 불이 우리의 협력자임을 안다. 빨간 불은 우리를 서둘지 않게 하고 삶과 기쁨, 평화를 만날 수 있는 지금 이 순간으로 돌아오라고 말하고 있는 것이다. 그대가 운전하는 사람이 아니더라도, 호흡을 하고 미소를 짓는다면 차 안에 있는 모든 사람들을 도울 수 있다.

여러 해 전, 나는 명상 센터에서 사람들을 가르치기 위해 캐나다로 갔다. 나는 한 친구의 차를 타고 몬트리올 시내를 가로질러 가고 있었다. 그런데 내 앞에 차들이 설 때마다 차들의 번호판에 쓰여진 글이 눈에 띄었다. 번호판에는 프랑스어로 이렇게 적혀 있었다.

'나는 기억한다.'

나는 그들이 무엇을 기억하고 싶어하는지 알 수 없었다. 아마도 자신들이 원래 불어를 사용했음을 기억하라는 듯했지만, 그때 내게 한 가지 생각이 떠올랐다. 나는 친구에게 말했다.

"이곳의 모든 사람들에게 줄 선물이 있습니다. 당신 앞에 '나는 기억한다'라고 적힌 차가 멈춰 설 때마다, 당신은 그것을 깨어 있는 마음을 가지라는 신호로 여기십시오. 그 번호판이 당신에게 호흡과 미소를 기억하도록 도와 줄 겁니다. 이제부터 당신은 몬트리올에서 자동차를 운전하면서, 호흡과 미소를 수행할 수 있는 기회가 많을 겁니다."

내 친구는 무척 기뻐했다! 그는 그것을 너무 좋아한 나머지 명상 센터에 있는 2백 명이 넘는 사람들에게 그 수행법을 가르쳐 주었다.

나중에 그 친구가 프랑스에 있는 나를 찾아왔다. 그런데 그가 파리는 운전 수행을 하기에는 좋은 곳이 아니라고 말하는 것이었다. 왜냐하면 파리에는 '나는 기억한다'라는 문장이 적힌 차 번호판이 없기 때문이었다. 나는 그에게 빨간 불과 정지 신호를 통해서도 똑같은 수행을 할 수 있다고 말했다. 그가 자두 마을을 떠나 몬트리올로 돌아간 뒤, 그는 내게 다음과 같은 아름다운 편지를 보냈다.

"파리에서 수행하기는 정말 쉬웠습니다. 나는 빨간 불과 정지 신호를 이용해 명상 수행을 했을 뿐 아니라 내 앞에 차가 설 때마다 붓다가 내게 눈을 깜박이는 것을 보았습니다. 나는 그렇게 깜박이는 눈을 보며 미소짓지 않을 수 없었습니다."

다음에 그대가 혼잡한 차들 사이에 갇힌다면 짜증을 내지 말라. 짜증 내는 것은 소용없는 일이다. 만일 그대가 의자에 편히 등을 기대며 자신에게 미소짓는다면, 그대는 지금 이 순간을 즐기고 차 안에 있는 모든 사람들을 행복하게 만들 것이다. 그때 그대 자신이 곧 붓다가 된다. 명상을 하는 것은 지금 이 순간으로 돌아오는 것이다. 꽃과 파란 하늘, 아이들과 눈부신 빨간 신호등을 만나기 위해.

누군가 스승에게 물었다.
"당신과 제자들은 어떤 수행을 합니까?"
스승이 대답했다.
"우리는 앉고, 걷고, 먹는다."

11
모든 발걸음마다 평화가

"하지만 선생님, 모든 사람들이 앉고, 걷고, 먹지 않습니까?"
그러자 스승이 말했다.
"앉아 있을 때, 우리는 앉아 있다는 걸 안다. 걸을 때, 우리는 걷고 있다는 걸 안다.
그리고 먹을 때, 우리는 먹고 있다는 걸 안다."

걷는 명상이란 걸으면서 하는 명상이다. 우리는 천천히 걸으면서, 긴장을 풀고 입가에 미소를 짓는다. 그렇게 할 때, 우리는 가슴 깊이 평화로움을 느끼고, 우리의 발걸음은 세상에서 가장 흔들림 없는 사람의 발걸음이 된다. 모든 슬픔과 걱정은 사라지고, 평화와 기쁨만이 우리의 가슴을 채운다.

누구든지 그렇게 할 수 있다. 걷는 명상을 하기 위해서는 단지 약간의 시간과 깨어 있는 마음, 그리고 행복해지고 싶은 소망이 필요할 뿐이다.

누군가 한 영적 스승에게 물었다.
"당신과 제자들은 어떤 수행을 합니까?"
그 스승이 대답했다.
"우리는 앉고, 걷고, 먹는다."
질문한 사람이 말했다.
"하지만 선생님, 모든 사람들이 앉고, 걷고, 먹지 않습니까?"
그러자 스승이 말했다.
"앉아 있을 때, 우리는 앉아 있다는 걸 안다. 걸을 때, 우리는 걷고 있다는 걸 안다. 그리고 먹을 때, 우리는 먹고 있다는 걸 안다."

대부분의 시간에 우리는 과거를 생각하거나 미래의 일에 사로잡혀 있다. 깨어 있는 마음으로 지금 이 순간과 깊이 만날 때, 우리는 지금 일어나는 일을 깊이 이해할 수 있다. 그리고 그때 용서와 기쁨, 평화와 사랑으로 채워지기 시작한다.

깨어 있음의 씨앗은 우리 모두에게 들어 있다. 하지만 우리는 대개 그 씨앗에 물을 주는 것을 잊어버린다. 우리는 오직 미래에만 행복해질 수 있다고 생각한다. 집이나 차를 사고 박사 학위를 받는 미래에. 우리는 자신의 몸과 마음에 고통을 주면서, 지금 당장 얻을 수 있는 평화와 기쁨을 누리지 않는다. 파란 하늘과 초록 잎사귀, 사랑하는 사람의 눈을 보지 않는다.

우리에게 가장 중요한 것은 무엇인가? 많은 사람들이 시험에 합격하고, 집을 사고, 차를 샀다. 하지만 그들은 여전히 행복하지 않다. 우리에게 가장 중요한 것은 평화를 발견하고 그것을 남들과 나누는 것이다. 평화를 얻기 위해 그대는 평화롭게 걷는 일에서부터 시작할 수 있다. 모든 것이 그대의 발걸음에 달려 있다.

불교에는 아프라니비타無心라는 말이 있다. 그것은 바라는 것이나 목표가 없다는 뜻이다. 다시 말해 앞에 있는 것을 바라보며 쫓아가지 않는다는 뜻이다. 걷는 명상을 할 때, 우리는 그런 정신으로 걷는다. 특별한 목표나 목적지 없이 단지 걷는 것을 즐기기 위해 걷는다. 우리가 걷는 것은 목표를 위한 수단이 아니다. 오로지 걷기 위해 걷는다.

A. J. 무스테는 말했다.

"평화로 가는 길은 없다. 평화가 곧 길이다."

깨어 있음 속에서 걷는 일은 우리에게 평화와 즐거움을 주고, 우리의 삶을 진정한 삶으로 만든다. 왜 서둘러 달려가는가? 우리의 최종 목적지는 오직 무덤일 뿐이다. 왜 모든 걸음마다 매 순간 평화를 느끼며 삶의 방향으로 걸어가지 않는가? 투쟁할 필요가 없다. 모든 걸음 걸음을 즐기라. 다시 말하지만 우리는 이미 목적지에 도착해 있다.

만일 그대가 평화와 행복이 다른 어느 곳에 있다고 생각한다면, 그대는 결코 그곳에 이르지 못할 것이다. 지금 이 순간 속에서 평화와 행복이 얻어진다는 것을 깨달을 때, 오직 그때만이 휴식할 수 있다.

삶 속에는 너무도 할 일이 많고 시간은 없다. 그대는 하루 종일 뛰어다녀야 한다는 압박을 받을지도 모른다. 그냥 멈추라! 지금 이 순간 대지를 깊이 느끼라. 그러면 그대는 진정한 평화와 기쁨을 만날 것이다.

파리에 사는 수행자 중 한 사람이 깨어 있는 마음으로 걷는 명상을 실천하고 있었다. 하지만 때로 그녀는 너무 바빠 뛰어다닐 수밖에 없었다. 어느 날 그녀는 엘리베이터 안에서 한 늙은 부인과 마주서게 되었다. 그녀는 그 노부인을 바라보며 말했다.

"언제나 뛰어다녀야 하니, 이건 사는 게 아녜요."

그러자 노부인이 그녀를 올려다보며 말했다.

"맞아요. 하지만 당신은 뛰어다닐 수라도 있지요. 난 뛸 수가 없어요. 너무 늙었거든요. 뛰려다간 자빠지고 말지요."

튼튼한 두 다리를 갖고 있다는 것, 뛸 수 있다는 것은 하나의 행복이다. 그것은 불평할 요소가 아니다. 왜냐하면 어떤 사람들은 뛰고 싶지만 그럴 수가 없기 때문이다. 그대는 자신이 젊고, 튼튼한 다리를 갖고 있음을 안다. 그대의 그러한 자각과 깨어 있음이 그대에게 행복을 가져다 줄 수 있다.

"숨을 들이쉬면서 나는 안다, 내 두 다리가 튼튼함을. 나는 달릴 수가 있다. 숨을 내쉬면서 나는 미소짓는다."

늙음 역시 그 나름의 장점을 갖고 있다. 깨어 있을 수 있다면 늙음도 큰 행복을 가져다 줄 수 있다. 왜냐하면 그들은 삶이 얼마나 빨리 지나가는가를 깨닫고 있기 때문이다. 그들은 성숙해 있으며, 순간 순간을 음미할 줄 안다. 자신들의 좋은 점들을 지혜롭게 인정할 줄도 안다. 그들은 달리지 않지만, 조용히 앉아 그들 삶의 모든 순간을 더 깊이 느낄 수 있다.

젊었을 때의 그대는 산꼭대기에서 세차게 흘러내리는 계곡 물과 같다. 그리고 늙었을 때의 그대는 파란 하늘과 대지를 비추며 평화롭게 흐르는 넓은 강물과 같다. 산꼭대기에서 쏟아져내리는 계곡 물은 그렇게 할 수가 없다. 만일 늙음에 이르러 자신들의 삶 속에 깃든 긍정적인 요소들을 자각할 수 있다면, 그들 역시 행복할 수 있다. 자각이야말로 행복의 근본이다.

만일 깊이 바라본다면, 그대는 사람들이 걸어가면서 이 지구 위에 새겨 놓는 불안과 걱정의 발자국들을 볼 수 있을 것이다. 우리의 발걸음은 대개 무겁고, 슬픔과 두려움으로 가득 차 있다. 우리는 불안감을 느끼며, 우리의 발걸음이 그것을 드러낸다.

세상에는 많은 길이 있다. 어떤 길은 아름다운 나무들이 줄지어 늘어서 있고, 또 어떤 길은 향기로운 들판 사이로 구불구불 이어져 있다. 무성한 나뭇잎과 꽃들로 뒤덮인 길도 있다. 하지만 무거운 마음으로 걷는다면, 우리는 그 길들의 아름다움을 전혀 느끼지 못할 것이다.

한밤중에 별빛과 달빛은 오직 나무와 잎사귀의 모습을 어렴풋

이 보여 준다. 하지만 해가 갑자기 비추면 나뭇잎의 초록색이 곧바로 나타난다. 4월의 나뭇잎의 연초록색은 햇빛이 있기 때문에 존재한다. 어느 날 나는 숲 속에 앉아서 수첩에 이렇게 적었다.

'햇빛은 초록색 나뭇잎이다.

초록색 나뭇잎은 햇빛이다.

햇빛은 초록색 나뭇잎과 다르지 않다.

초록색 나뭇잎은 햇빛과 다르지 않다.'

걱정과 불안을 떨쳐 버리고 싶다면 미소를 지으라. 보일 듯 말 듯한 미소일지라도, 그 미소가 입가에 계속 머물게 하라. 그것은 붓다의 미소와 매우 비슷하다. 붓다처럼 걷는 법을 배울 때, 그대는 붓다처럼 미소지을 수 있다. 완전히 변화되고 깨달음을 얻을 때까지 왜 기다려야 하는가? 그대는 바로 지금 잠깐 동안 붓다가 되는 일을 시작할 수 있다.

걷는 동안 걸음의 수를 세면서 자신의 호흡을 자각하라. 숨을 들이쉬고 내쉬면서 호흡을 할 때마다 내딛는 걸음의 수를 세라. 숨을 들이쉬면서 세 걸음을 걷고, 숨을 내쉬면서 세 걸음을 걸을 수도 있을 것이다.

그대의 호흡을 통제하려고 노력하지 말라. 그대의 폐가 자신이 원하는 만큼의 공기를 원하는 시간만큼 들이마시게 하라. 단지 자신의 폐가 가득 찰 때까지 몇 걸음을 걷고, 폐가 텅 빌 때까지 몇 걸음을 걷는가를 알라. 그대의 호흡과 발걸음 모두를 놓치지 말라. 그 둘을 연결해 주는 것이 걸음의 수를 세는 일이다.

언덕을 올라가거나 내려갈 때는, 한 번의 호흡에 걷는 걸음의 수가 달라질 것이다. 언제나 그대의 폐가 요구하는 것을 따르라.

그대의 호흡과 걸음을 통제하려고 노력하지 말라. 단지 그것들을 지켜보라.

처음 수행을 시작할 때는 숨을 내쉬는 시간이 들이쉬는 시간보다 길 것이다. 그대는 숨을 들이쉬면서 세 걸음을 걷고, 내쉬면서 네 걸음을 걷거나, 두 걸음과 세 걸음씩을 걸을 것이다. 그것이 편하게 느껴지면 그렇게 하라. 어느 정도 걷기 명상을 하고 나면, 들이쉬고 내쉬는 호흡이 같아질 것이다.

다만 미소짓는 것을 잊지 말라. 부드럽게 미소지을 때, 그대는 고요하고 즐겁게 걸으면서 호흡과 집중력을 잃지 않게 될 것이다. 30분이나 한 시간쯤 걷고 나면, 자신의 호흡과 발걸음, 걸음을 세는 일과 부드러운 미소가 깨어 있는 마음속에서 놀라운 균형을 이루고 있음을 발견할 것이다.

만일 길을 가면서 깨어 있는 마음으로 만나고 싶은 어떤 것을 발견한다면, 그저 발걸음을 멈추기만 하면 된다. 파란 하늘과 언덕, 나무와 새를 보면 그 자리에 멈춰 서기만 하면 된다. 하지만 그렇게 보고 있는 동안에도 계속해서 깨어 있는 마음으로 호흡해야 한다.

며칠 정도 수행을 했다면, 내쉬는 숨에서 한 걸음을 더 걸으려고 노력하라. 예를 들어 보통 때 한 호흡에 두 걸음씩 걷는다면 걸음을 빨리 하지 않고 내쉬는 숨을 늘여 세 걸음을 걸으라. 그렇게 네다섯 번 정도 걸은 뒤 다시 두 걸음으로 돌아오라.

평소에 숨을 쉬면서, 우리는 폐 안의 공기를 완전히 내보내지 않는다. 언제나 약간의 공기가 남아 있다. 숨을 내쉬는 시간에 한 걸음을 더 걸음으로써, 그대는 폐 안의 탁한 공기를 더 많이 내보낼 수 있다. 지나치게 많이 하지는 말라. 네다섯 번이면 충분하다. 그보다 많이 하면 지칠 수가 있다. 그런 식으로 네다섯 번 호흡한 뒤, 평상시의 호흡으로 돌아가라. 그리고 5분이나 10분 뒤, 그 과정을 다시 반복할 수 있다. 숨을 들이쉴 때가 아니라 숨을 내쉴 때 한 걸음을 더 걷는다는 사실을 잊지 말라.

몇 달 뒤, 그대의 폐는 더욱 건강해지고 더욱 힘차게 피가 순환할 것이다. 그대의 숨쉬는 방법도 달라져 있을 것이다.

때로는 공원이나 다른 어떤 아름답고 고요한 곳에서 걷는 명상을 하는 것이 큰 도움이 된다. 우리는 천천히 걸어야 하지만, 그렇다고 너무 천천히 걸어선 안 된다. 다른 사람들이 우리를 이상한 눈으로 바라보는 것을 우리는 원치 않기 때문이다. 이것은 일종의 눈에 보이지 않는 명상이다. 우리는 다른 사람들을 불편하게 하지 않으면서 자연을 느끼고 마음의 평화를 얻을 수가 있다.

깨어 있는 마음으로 걸음을 옮기다가 자신이 느끼고 싶은 것이 보일 때, 이를테면 파란 하늘과 언덕, 나무와 새가 보일 때, 우리는 걸음을 멈추기만 하면 된다. 하지만 그렇게 하는 동안에도 계속 자신의 호흡을 자각해야 한다. 자신의 호흡에 깨어 있지 않는다면, 그대는 금방 생각에 사로잡히고 새와 나무는 눈앞에서 사라질 것이다. 그러므로 언제나 자신의 호흡을 놓치지 말아야 한다.

자두 마을에서 우리는 어딘가로 갈 일이 생길 때마다 걷는 명상을 한다. 그곳이 아무리 가까운 거리에 있더라도 깨어 있는 마음으로 걸어간다. 명상을 하는 방이나, 식당, 심지어 화장실에 갈 때조차도 그렇게 걷는다. 누군가 걸으면서 명상하는 모습을 볼 때마다, 그 사람은 내게 깨어 있음을 일깨우는 종소리와 같다. 그 사람을 보는 순간, 나는 곧바로 깨어 있는 나 자신으로 돌아온다. 하나의 공동체로서 우리는 서로에게 많은 도움을 줄 수 있다.

한 걸음을 내디딜 때마다 그대는 더욱 흔들림이 없어진다. 흔들림이 없을 때, 그대는 더욱 자유롭다. 명상은 즐거운 것이어야 한다. 행복을 느낄 때, 그대의 흔들림 없는 상태와 자유는 더욱 커질 것이고, 그대는 자신이 올바로 명상을 하고 있음을 알 것이다. 거기에 교사는 필요 없다. 그대가 그 수행을 즐겁게 하고 있는가를 말해 줄 누군가가 필요한 것이 아니다. 그대가 그것을 즐겁게 하고 있다면, 그대는 존재의 중심을 되찾을 것이고 자유로움을 느낄 것이다.

그대로 하여금 존재하게 하라. 그대가 걷는 명상을 할 때, 모든 걸음이 그대로 하여금 지금 이 순간에 도착하게 도와 준다. 그대는 진정한 행복과 만나기 위해 다른 어느 곳으로 갈 필요가 없다. 코가 막혀 있을 때는 숨쉬는 일을 즐기기가 어렵다. 하지만 지금 그대는 자유롭게 숨쉴 수 있다. 그러니 모든 호흡을 즐기라. 거기 이미 평화와 행복이 있다. 숨을 들이쉬면서 '마음에는 평화', 숨을 내쉬면서 '얼굴에는 미소'를 떠올리라.

걸어갈 때, 그대는 아이의 손을 잡고 갈 수 있다. 그러면 그 아이는 그대의 집중력과 흔들림 없는 존재를 느낄 것이고, 그대는 아이의 신선함과 순수함을 느낄 것이다. 때로 아이는 앞으로 뛰어가 그대가 다가오기를 기다릴 것이다. 아이는 우리에게 깨어 있는 마음을 주고, 삶이 얼마나 아름다운가를 일깨워 주는 종소리와 같은 존재다.

분노가 일어날 때, 걷는 명상은 큰 도움이 될 수 있다. 분노를 마주할 수 있을 정도로 마음이 가라앉을 때까지, 자신의 호흡과 발걸음을, 그리고 아름다운 풍경을 느끼라. 얼마 지나지 않아 분노는 가라앉을 것이다. 그때 그대는 자신이 충분히 강해졌다고 느끼면서 분노를 바라볼 것이고, 그 원인을 이해하려고 노력할 것이다. 그리고 분노를 변화시키기 시작할 것이다.

공기는 이른 아침과 저녁에 가장 깨끗하다. 그때가 즐거운 마음으로 걷는 명상을 할 수 있는 가장 좋은 시간이다. 순수한 공기에 담긴 에너지가 그대 안으로 들어오게 하라.

아침에 걷는 명상을 하면, 그대의 움직임은 부드럽고 그대의 마음은 깨어 있을 것이다. 그래서 그날 하루 자신이 하는 일에 더 많이 깨어 있을 것이다. 어떤 결정을 할 때, 그대는 자신이 통찰력과 자비심을 갖고 더욱 침착하고 분명하게 판단하는 것을 발견할 것이다. 그대가 평화로운 발걸음을 내디딜 때마다 가깝고 먼 곳에 있는 모든 존재들이 도움을 받을 것이다.

베트남 전쟁은 양쪽 편에 있는 사람들 모두의 몸과 마음에 말할 수 없는 상처를 주었다. 많은 군인들과 시민들이 팔이나 다리를 잃었고, 그래서 지금 그들은 절에서 합장을 할 때 두 손을 모을 수도 없고 걷는 명상도 할 수가 없다. 지난해 그런 처지에 있는 두 사람이 우리 명상 센터를 찾아왔다. 우리는 그들이 걷는 명상을 할 수 있도록 다른 방법을 찾아야 했다. 나는 두 사람을 휠체어에 앉게 하고 나서, 함께 걷기 명상을 할 사람을 선택하라고 말했다. 그리고 그 사람과 하나가 되어 깨어 있는 마음으로 그 사람의 발걸음을 따라가라고 말했다. 그런 방법으로 그들은 자신들의 동반

자와 함께 평화롭고 침착하게 걷는 명상을 했다. 비록 그들이 자신들의 발로 걸을 순 없었지만, 나는 그들의 눈에서 기쁨의 눈물을 보았다.

두 다리를 가진 우리는 쉽게 걷는 명상을 할 수 있다. 우리는 감사하는 마음을 잊지 말아야 한다. 우리는 자기 자신을 위해 걷고, 걷지 못하는 사람을 위해 걷는다. 모든 살아 있는 존재를 위해 걷는다. 과거와 현재, 그리고 미래에도 우리는 그렇게 걸을 것이다.

1976년 나는 바다에서 표류하고 있는 보트 피플을 돕기 위해 시암 만으로 갔다. 우리는 세 척의 배를 빌려 그들을 구해 안전한 항구로 데려왔다. 7백여 명의 난민들이 바다 위에서 흔들리는 우리 배에 타고 있었다. 그때 싱가폴 당국은 그들을 모두 버려 두고 즉시 자기 나라를 떠나라고 내게 명령했다. 시간은 새벽 두 시였고, 나는 스물네 시간 안에 그곳을 떠나야 했다.

그처럼 어려운 순간에 평화를 발견할 수 없다면, 결코 평화를 찾을 수 없을 것이라고 나는 생각했다. 그래서 나는 밤새도록 나의 작은 선실 안에서 걷는 명상을 했다. 새벽 여섯 시, 뿌옇게 동이 터오는 순간 해결책이 머릿속에 떠올랐다! 심한 공포에 사로잡혀 있을 때, 그대는 무엇을 해야 할지 알 수가 없다. 하지만 호흡을 하고, 미소를 짓고, 걷는 명상을 하면, 해결책이 저절로 나타날 것이다.

붓다가 깨달음을 얻은 뒤 최초로 한 가르침은 고통의 존재를 자각하라는 것이었다. 그 보트 피플들을 구한 뒤 프랑스로 돌아왔을 때, 그곳에서의 삶이 내게는 너무도 이상하게 보였다. 나는 방금 난민들이 바다에서 강도를 당하고 성폭행을 당하고, 목숨을 잃는 상황을 보고 왔었다. 그런데 파리에는 가게들에 온갖 종류의 물건들이 넘쳐나고, 사람들이 화려한 조명등 아래서 커피와 와인을 마시고 있었다. 그것은 하나의 꿈과도 같았다. 어떻게 그런 모순이 있을 수 있단 말인가? 세상에 존재하는 고통의 깊이를 자각하고서, 나는 결코 피상적인 삶을 살지 않겠다고 맹세했다.

처음 걷기 명상을 시작할 때, 마치 걸음마를 배우는 아이처럼 균형이 안 잡히는 느낌이 들 것이다. 그대의 호흡을 따라가고, 깨어 있는 마음으로 발걸음에 집중하라. 그러면 곧 자신의 균형 감각을 찾을 것이다.

걷는 명상을 하기 위해 두 손을 모으거나 근엄한 표정을 지을 필요가 없다. 또한 가능하다면 공원이나 호숫가 또는 강둑에 있는 조용한 길을 걷는 것이 좋다.

가장 좋은 걷기 명상법은 특별한 형식을 취하지 않는 것이다. 사람들이 그대를 이상하게 쳐다보지 않도록, 사람들이 그대가 수행을 하고 있다는 사실을 눈치채지 못할 만큼 그냥 평범하게 걸으라. 길을 가다 누군가를 만나면, 단지 미소만 짓고서 계속 걸어가라.

그대는 회의 사이에 남는 시간과 자동차로 걸어가는 도중에 그리고 계단을 오르내리면서도 걷는 명상을 할 수 있다. 어딘가로 걸어갈 때, 걷는 명상을 위해 시간을 충분히 남겨 두라. 3분이 아니라 8분이나 10분 정도의 시간을 남겨 두라. 나는 언제나 한 시간 일찍 공항으로 나간다. 그러면 공항에서 걷는 명상을 할 수 있기 때문이다. 친구들은 마지막 순간까지 나를 붙잡아 두려고 하지만, 나는 그들의 말을 물리친다. 나는 그들에게 내게는 시간이 필요하다고 말한다.

몸을 똑바로 펴고, 차분하고, 위엄 있고, 기쁜 마음으로 걸으라. 마치 자신이 황제가 된 것처럼 걸으라. 황제가 왕실의 법령에 옥새를 찍듯 대지 위에 자신의 발자국을 찍으라. 그 법령은 사람들에게 행복 또는 불행을 가져다 줄 수 있다. 그대의 발걸음도 똑같은 일을 할 수 있다. 만일 그대의 발걸음이 평화롭다면, 세상은 좀 더 평화로워질 것이다. 그대가 평화로운 한 걸음을 내딛을 수 있을 때, 세상의 평화가 가능하다.

세상에 태어났을 때, 아기 붓다는 일곱 걸음을 내디뎠다. 그리고 발자국마다 연꽃이 피어났다. 걷는 명상을 할 때, 그대도 똑같이 할 수 있다. 발이 대지에 닿는 순간 발 아래서 연꽃이나 튤립, 치자꽃이 피어나는 모습을 마음에 그리라. 그렇게 아름답게 수행을 할 때, 그대의 친구들은 그대가 어디를 걸어가든 그곳에서 꽃밭을 볼 것이다.

아미타불의 극락 정토에는 연꽃이 만발한 연못들과 일곱 그루의 보석 나무들, 황금으로 포장된 길들, 그리고 천상의 새들이 있다고 한다. 하지만 내게는 들판에 난 흙길과 레몬나무들이 훨씬 더 아름답다. 행자 시절에 나는 스승에게 말했다.

"만일 극락 정토에 레몬나무가 없다면 전 그곳에 가지 않을 겁니다."

스승은 나를 고집 센 친구로 여겼을 것이다. 그는 아무 말도 하지 않았다. 훗날 나는 이 세상과 극락 정토는 둘 다 마음에서 비롯된다는 사실을 배웠다. 그것을 알고 나는 무척 기뻤다. 깨어 있는 마음으로 걸음을 걸을 때, 우리는 이미 극락 정토에 도착해 있음을 나는 알았다.

만일 내게 초능력이 있다면 나는 그대들 모두를 극락 정토로 데려갈 것이다. 모든 것들이 아름다운 그곳으로. 하지만 만일 그대가 걱정과 염려들을 그곳으로 가져간다면, 그대는 그곳을 오염시킬 것이다. 극락 정토에 들어가기 위해 그대는 먼저 평화롭고 걱정 없이 걷는 법부터 배워야만 한다.

사실 그대가 이 대지 위를 평화롭고 아무런 걱정 없이 걸을 수 있다면 그대는 굳이 극락 정토에 들어갈 필요가 없다. 그대가 평화롭고 자유로울 때, 세상은 이미 극락 정토다. 다른 곳으로 갈 필요가 없다.

나는 그대와 내가 우주 비행사라고 상상한다. 우리는 함께 달에 착륙했는데, 우리의 우주선이 수리가 불가능할 만큼 고장 나서 다시는 지구로 돌아갈 수 없게 되었다. 우리는 휴스턴 공군 기지에서 구조대를 파견하기도 전에 산소가 바닥날 것이다. 우리는 단지 이틀밖에 더 살 수가 없다. 그때 우리는 무엇을 기도할 것인가? 우리가 아름다운 지구로 돌아가 그 위를 걷는 일만큼 우리를 행복하게 할 수 있는 일이 무엇인가? 죽음과 직면할 때 우리는 푸른 대지 위를 걷는 일의 소중함을 깨닫는다.

이제 우리는 기적적으로 생존해 지구로 귀환했다. 다시 우리의 아름다운 지구별 위를 깊은 평화로움 속에 걷게 된 것을 축하해야 하지 않겠는가?

사람들은 물 위를 걷는 것을 기적이라고 말한다. 하지만 내게는 땅 위를 평화롭게 걷는 것이 진정한 기적이다. 대지는 하나의 기적이다. 발걸음 하나하나가 기적이다. 우리의 아름다운 지구별 위에서 발걸음을 옮길 때, 우리는 진정한 행복을 느낄 수 있다. 걸어가면서 자신의 발과 대지를 온 존재로 느끼라. 그리고 그대의 발과 대지의 관계를 온 마음으로 느끼라. 그 둘 사이를 연결하는 것은 바로 그대 자신의 호흡에 대한 자각이다.

〈마음에는 평화 얼굴에는 미소〉에 실린 틱낫한의 저서들과 참고 문헌들은 다음과 같다.

Being Peace
Touching Peace
Teachings on Love
The Sun My Heart
Present Moment Wonderful Moment
The Heart of Understanding
The Diamond that cuts through Illusion
Living Buddha, Living Christ
Breathe! You are alive
The Long Road turns to Joy
Call Me by My True Names
Interbeing
Fragrant Palm Leaves
Stepping to Freedom
Be free where you are
A pebble for Your Pocket
Transformation & Healing
Love in Action
The Stone Boy

* *Living Buddha, Living Christ*(Riverhead Books)를 제외한 모든 책들은 미국 버클리의 Parallax Press 출판사에서 펴냈다.

류시화

시집 〈그대가 곁에 있어도 나는 그대가 그립다〉〈외눈박이 물고기의 사랑〉과 산문집 〈삶이 나에게 가르쳐준 것들〉, 엮은시집 〈지금 알고 있는 걸 그때도 알았더라면〉, 인도 여행기 〈하늘 호수로 떠난 여행〉 등이 있다. 〈성자가 된 청소부〉〈나는 왜 너가 아니고 나인가〉〈티벳 사자의 서〉〈마음을 열어주는 101가지 이야기〉〈가슴 뛰는 삶을 살아라〉〈조화로운 삶〉〈달라이 라마의 행복론〉〈예언자〉 등을 번역하였다.

www.shivaryu.co.kr

마음에는 평화 얼굴에는 미소

1판 1쇄 발행 2002. 6. 5.
1판 61쇄 발행 2023. 7. 17.

지은이 틱낫한
옮긴이 류시화

발행인 고세규
발행처 김영사
등록 1979년 5월 17일(제406-2003-036호)
주소 경기도 파주시 문발로 197(문발동) 우편번호 10881
전화 마케팅부 031)955-3100, 편집부 031)955-3200 | 팩스 031)955-3111

값은 뒤표지에 있습니다.
ISBN 978-89-349-5684-6 03840

홈페이지 www.gimmyoung.com   블로그 blog.naver.com/gybook
인스타그램 instagram.com/gimmyoung   이메일 bestbook@gimmyoung.com

좋은 독자가 좋은 책을 만듭니다.
김영사는 독자 여러분의 의견에 항상 귀 기울이고 있습니다.